煤炭企业安全生产责任制量化考核体系建设

——河南能源新疆公司安全绩效管理实践

张建英　张　诚　王华清　张志立　仝　鹏　主编

中国矿业大学出版社
·徐州·

内 容 提 要

本书系统构建了煤炭企业安全生产责任制量化考核指标体系建设的全过程，并对河南能源新疆公司安全绩效管理实践过程进行了介绍。本书包括企业绩效管理理论篇、安全绩效管理行业应用篇、煤炭企业安全生产责任制推进策略篇、河南能源新疆公司安全生产责任制实施路径篇、河南能源新疆公司安全生产责任制案例篇五部分内容。

本书介绍河南能源新疆公司践行安全绩效管理的过程，可以为煤炭行业其他企业开展煤炭企业安全生产责任制量化考核指标体系建设工作提供参考。

图书在版编目(CIP)数据

煤炭企业安全生产责任制量化考核体系建设：河南能源新疆公司安全绩效管理实践 / 张建英等主编. —徐州：中国矿业大学出版社，2022.7

ISBN 978-7-5646-5486-3

Ⅰ. ①煤… Ⅱ. ①张… Ⅲ. ①煤炭企业—安全生产—生产责任制—管理体系—体系建设—河南 Ⅳ. ①F426.21

中国版本图书馆CIP数据核字(2022)第125740号

书　　名　煤炭企业安全生产责任制量化考核体系建设——河南能源新疆公司安全绩效管理实践
主　　编　张建英　张　诚　王华清　张志立　仝　鹏
责任编辑　马晓彦
出版发行　中国矿业大学出版社有限责任公司
（江苏省徐州市解放南路　邮编 221008）
营销热线　(0516)83884103　83885105
出版服务　(0516)83995789　83884920
网　　址　http://www.cumtp.com　**E-mail**：cumtpvip@cumtp.com
印　　刷　徐州中矿大印发科技有限公司
开　　本　787 mm×1092 mm　1/16　**印张** 13　**字数** 248 千字
版次印次　2022 年 7 月第 1 版　2022 年 7 月第 1 次印刷
定　　价　48.00 元
（图书出现印装质量问题，本社负责调换）

编审委员会

序

煤矿安全生产关系人民群众的生命财产安全，关系改革发展和社会稳定大局。搞好煤矿安全生产工作，切实保障人民群众的生命财产安全，体现了最广大人民群众的根本利益，反映了先进生产力的发展要求和先进文化的前进方向。随着煤炭市场竞争程度和行业监管力度不断提升，煤炭企业想要进一步提高自身生存能力、抵御市场风险能力和竞争能力，把企业做大、做强，就要不断推进管理方式、方法的创新，向管理要安全、要质量、要产量、要效益。河南能源化工集团新疆投资控股有限公司（简称“河南能源新疆公司”）是河南能源化工集团有限公司（简称“河南能源”）在新疆的子公司，自2008年以来，大力推行安全绩效考核管理方法并不断优化、改进，形成了一套完整、成熟、可行、有效的安全生产责任考核体系。

本书开篇阐述了企业绩效管理起源、发展和不断完善的全过程，并通过在其他行业的深入推广应用引申至煤炭企业，进一步详细、全面地阐述了绩效考核在煤炭企业发展中存在的目的和发挥的重要作用。同时指出，绩效管理模式发展至今由于概念不清、理解不够、随意性大等原因，导致很多煤炭企业的绩效管理流于表面，并未完全发挥出应有的作用。这就需要持续完善绩效管理制度和绩效考核制度，制定与战略规划一致的关键绩效指标，并进行严格、客观、公平、公正的绩效评估，真正发挥绩效管理的激励作用，提升员工的绩效能力，使企业的经营管理得到提升和发展。

本书着重介绍了河南能源新疆公司的企业发展历程、文化理念、安全生产框架、安全生产责任制量化考核机制，以及近年来的安全生产工作成效。河南能源新疆公司始终秉承“团结拼搏、务实创新、担当作为、追求卓越”的企业精神，严格坚持“忠党报国、扎根边疆、不辱使命、创新发展”的企业信念，深入践行“从零开始，向零奋斗”的安全理念，连续10余年保持安全生产并持续盈利，安全管理效果在新疆维吾尔自治区（下文所称“自治区”均指“新疆维吾尔自治区”）煤炭企业中始终处于领先地位。企业在发展进程中，严格按照国家、自治区及河南能源对安全工作的一系列指示、批示精神，扎实做好安全生产工作，用实、用好各级煤矿主管部门安全大检查、专项检查成果，强化隐患排查治理，严格隐患责任追究，坚持安全环保考核系统化、标准化和精细化，深入开展打击违法违规、瓦斯专项整治等专项专题活动，强化安全责任落实和技术管理等安全实效工作，积极推进双重预防体系建设，将风险控制在隐患之前，将隐患消灭在事故之前，持续提升企业安全管理水平和安全保障能力，实现企业持续安全健康稳定发展。

煤炭企业加强绩效考核管理工作，就是要不断强化各项基础管理工作，全面系统地剖析影响企业安全生产经营效益的诸方面因素，全方位判断企业的管理情况，促使企业及其管理者及时转变管理方式和方法，找准最符合自身实际的管理模式和机制。通读整篇，深入了解到一家优秀企业在安全生产、运营管理等方面的成功经验和先进成果，从中得到感悟，受到启迪，学以致用地实现企业管理能力的提升，推动企业置身于经济蓬勃发展的长河中勇往直前。

上官书民

2022年3月

前　言

通过对绩效管理相关著作查阅发现，关于绩效管理的论著主要可以分为绩效管理思想理念和绩效管理工具方法两类，而关于企业如何推行安全绩效管理的框架、推进策略、实施路径和典型案例的书籍较少。本书是一本关于煤炭企业安全生产责任制量化考核指标体系建设的工具书，全面介绍了煤炭企业安全生产责任制绩效管理的全过程。本书由企业绩效管理理论篇、安全绩效管理行业应用篇、煤炭企业安全生产责任制推进策略篇、河南能源新疆公司安全生产责任制实施路径篇、河南能源新疆公司安全生产责任制案例篇等五部分内容组成。

企业绩效管理理论篇。自19世纪企业绩效管理理论萌芽以来，经过长期发展，企业管理理论日益成熟，形成了绩效目标设定与指标体系构建、绩效管理过程控制、绩效考核与评价、绩效反馈与面谈、绩效考核结果应用等五部分内容。目前，企业绩效管理理论已经广泛应用于各个行业。第一章详细介绍了企业绩效管理的概念、作用、常见问题、理论发展历程。第二章对企业绩效管理的管理系统进行了详细介绍，明晰企业绩效管理的全过程。第三章对安全绩效管理的概念、管理范畴、安全绩效评估、安全绩效管理研究现状、存在问题及展望进行了详细阐述。通过第一部分企业绩效管理理论篇的描述，读者可以明晰企业绩效管理发展脉络，并对企业绩效管理有较为清晰的了解。

安全绩效管理行业应用篇。在本部分中，我们分析了安全绩效管理在各行各业的应用情况，具体包括建筑工程行业、航空业、医疗服务行业、机械制造行业、煤炭行业等，对于安全绩效管理的行业应用情况做了较为全面的描述。在本部分中，我们首先回顾了建筑工程行业、航空业、医疗服务行业、机械制造行业的安全绩效管理应用概况。随着安全绩效管理应用的深入，煤炭行业安全绩效管理应用得到了越来越多的关注。在此基础上，针对煤炭行业安全绩效管理的研究意义、应用概况、存在问题和解决对策进行简要的分析，为后续内容奠定基础。

煤炭企业安全生产责任制推进策略篇。在前文企业绩效管理理论与行业应用两方面分析的基础上，我们结合煤炭企业的特点，提出了煤炭企业安全绩效考核指标体系构建原则，并构建了煤炭企业安全绩效考核指标体系结构，建立了面向煤炭企业的普适性安全绩效考核指标体系，包括安全管理系统绩效考核指标体系、采煤系统安全管理绩效考核指标体系、掘进系统安全管理绩效考核指标体系、机电系统安全管理绩效考核指标体系、运输系统安全管理绩效考核指标体系、通风系统安全管理绩效考核指标体系、灾害防治系统绩效考核指标体系。在此基础上，分别从煤炭企业安全绩效过程控制、煤炭企业安全绩效考核组织与计算、煤炭企业安全绩效考核结果反馈与申诉、煤炭企业安全绩效考核结果应用等部分详细阐述了煤炭企业安全生产责任制推进策略。煤炭企业安全生产责任制推进策略的具体内容，将在第四部分详细展示。

河南能源新疆公司安全生产责任制实施路径篇。按照第三部分搭建的煤炭企业安全生产责任制推进策略框架，本部分从河南能源新疆公司概况及文化理念、安全生产系统框架两部分内容详细阐述河南能源新疆公司安全生产责任制的实施路径。在本部分中，基于前文构建的煤炭企业安全绩效考核指标体系结构等，围绕率先达到世界一流煤炭企业水平的目标，搭建了河南能源新疆公司安全生产系统框架。

河南能源新疆公司安全生产责任制案例篇。在河南能源新疆公司安全生产责任制量化考核体系建设的道路上，涌现了一大批有代表性的实践典型，本部分从河南能源新疆公司部室与基层单位安全生产责任制考核表、2020 年度河南能源新疆公司安全环保工作实施成效、2021 年度河南能源新疆公司安全环保工作实施成效三部分内容对河南能源新疆公司安全生产责任制量化考核体系建设实施成效进行阐述。通过这三个章节的典型案例，可以让读者真切地体会到安全绩效管理在河南能源新疆公司推行的具体细节，感受安全绩效管理思想、思维和方法在各业务领域取得的长足进步，不少成果让人眼前一亮。

本书的撰写得益于团队协作，是团队成员的共同努力保证了本书的顺利完成。本书的具体编写分工如下：王桂强负责编写第一章和第二章，刘涧负责编写第三章、第四章和第五章，王华清和张明慧负责编写第六章和第八章，田建胜负责编写第七章，仝鹏负责编写第九章和第十章，王海、陈强强、李亚楠、孙宏玲、郭志坚和周新贞负责编写第十一章至第十五章的内容。张建英、张诚、王华清和仝鹏负责统稿工作。感谢方舒琪、安霓和王倩在文字梳理方面做的工作。在本书完成之际，我们特别感谢为本书出版作出贡献的领导、同事和朋友。同时，本书在撰写过程参考了大量绩效管理相关文献，在此向所有作者表达深深的谢意。

本书的撰写目的是向煤炭行业兄弟单位介绍河南能源新疆公司践行安全绩效管理的过程，分享我们探索出的煤炭企业安全生产责任制量化考核体系建设之路。由于时间关系，以及作者知识水平和阅历有限，本书难免存在错漏，恳请各位读者批评指正。

编　者

2022 年 3 月

目　录

第一部分　企业绩效管理理论篇

第二部分　安全绩效管理行业应用篇

第三部分　煤炭企业安全生产责任制推进策略篇

第四部分 河南能源新疆公司安全生产责任制实施路径篇

第五部分 河南能源新疆公司安全生产责任制案例篇

第一部分

企业绩效管理理论篇

经济全球化和竞争国际化成为所有企业不得不面对的客观现实。组织和个人为了在如此激烈的竞争环境下取胜，必须能够随时在特定时间内对工作行为进行衡量，并对个人和群体的工作素质和能力进行评价，使其改进和完善。为了解决这一问题，绩效的概念应运而生。

现代绩效考核起源于19世纪的西方文官制度，也就是现在的公务员制度。1854—1870年，英国文官进行制度改革，旨在解决由论资排辈的晋升制度而导致公务员不思进取的工作状态，重点考核公务员的才能和日常表现。1887年，美国政府效仿此法，也建立了公务员考核制度，进一步完善了考核内容，具体体现在德、能、勤、绩四个方面。而这一时期对公务员进行考核的目的在于奖惩和晋升。政府的这种考核制度，后来被企业引入，对员工进行绩效考核。考核结果的应用主要体现在奖惩、培训、职务任用与升降以及辞退方面。随着管理理论的出现和发展，绩效考核的形式也发生了变化。1895年，科学管理之父泰勒提出了“差别计件工资制”，对工人不同的工作效率给予有差别的工资，旨在提高生产率。1916年，法约尔将对员工的奖罚技巧和对组织的定期检查列入管理者的职责。20世纪30年代后，随着员工激励理论走向成熟，员工的需求、心理以及性格被纳入绩效考核的范畴，并开始采用定量分析的方法实施绩效考核。20世纪40年代，员工绩效考核的方法主要有“行为锁定评定尺度”“混合标准尺度”“行为观察尺度”“关键事件法”。1954年，管理大师德鲁克提出目标管理，强调目标分解、逐级授权并让员工参与管理，将目标作为考核任务完成情况的依据。首次将工作的产出和结果作为考核依据，而非工作行为。19世纪60年代，责任会计产生。它以分权管理为前提，在企业内部建立若干责任单位，并将它们分工负责的经济活动进行规划、控制、考核与业绩评价。19世纪80年代，360度绩效考核方法在欧美广泛应用。19世纪90年代后，关键绩效指标法(KPI)、平衡计分卡法(BSC)、目标与关键成果法(OKR)等考核方式开始流行。此后，历经将近200年的发展，绩效思想逐渐出现在各个行业。

在本篇中，我们将系统介绍企业绩效的起源与发展以及企业绩效管理的基本流程，并着重介绍了安全方面的绩效管理，旨在帮助想要了解绩效管理的读者更深刻地认识绩效管理的内容。

第一章　企业绩效管理起源与发展

一、企业绩效管理的概述

（一）绩效的定义

经济全球化、竞争国际化已成为所有组织与个人不得不面对的客观现实。现代组织日益感受到绩效在生存竞争中的决定性作用。是否能以尽可能低的资源消耗获得尽可能高的成果和效率，已经成为组织管理成功与否的一个基本评价标准。为了提高竞争能力和市场适应能力，各类组织都开始积极寻求提高生产力和改善绩效的有效途径。各种新型的管理理念和经营实践，从扁平化组织、学习型组织，到基于共赢的供应链联盟，逐渐成为组织管理人员竞相使用的手段与工具。

然而，绩效到底是什么？应该如何衡量与评价绩效？如何通过有效的管理而最终实现绩效提升？是否存在标准化的绩效评价与管理流程？是不是采用了当前流行的绩效管理系统和工具就能从根源上解决绩效不佳的状况？到目前为止，以上这些问题仍没有统一的答案，甚至对"绩效"的概念范畴也没有形成一致的定义。例如，在经济管理活动方面，绩效可以是指社会经济管理活动的结果和成效，或者是项目或活动的投入产出比；在人力资源管理方面，绩效可以是指人员的态度、行为表现和劳动生产率等情况；在公共部门中衡量政府活动效果方面，绩效显然又是一个包含多元目标的更广泛的概念。

绩效是指员工按照职责所达到的阶段性结果，以及在达到阶段性结果过程中的行为表现。目前对绩效的界定主要有三种观点：一种观点认为，绩效是结果；另一种观点认为，绩效是行为；再一种观点则强调员工潜能与绩效的关系，关注员工素质，关注未来发展。

（二）绩效管理的含义

"绩效"概念的复杂性决定了与之相关的绩效评价与管理必然是多角度、多方位和多层次的。一项调查表明，8％的被调查者认为绩效管理过程显著提高了个人绩效，47％的员工不能确定绩效管理对提高个人绩效的效果，只有约 40％

的员工接受了较为合理的绩效评估。从这个调查数据可知，绩效管理的难度相当大。

“绩效管理”的概念于20世纪70年代由美国管理学家奥布里·丹尼尔斯（Aubrey Daniels）正式提出。之后，人们对其展开了系统全面的研究。由于论述的角度与切入点不同，人们对绩效管理的定义也各不相同。一些学者认为，绩效管理是管理组织绩效的系统，其核心在于确定和监控组织战略的实现状况，通过组织结构、业务流程、技术等方面的调整与控制，实施组织战略并保证其实现。因此，绩效管理更多地体现为战略规划/计划管理，而个体人员的行为过程与结果控制并不在其主要考虑范围之内。战略管理、经营卓越、全面质量管理等相关研究与实践都可以归入这一范畴。与之相反，也有很多学者认为，绩效管理是管理员工绩效的系统，是组织对个体关于其工作成绩及发展潜力的评估与奖惩，且往往体现为周期性过程，这也是人力资源管理的核心内容。基于以上两种观点，又出现了第三种描述，即绩效管理应该既强调组织的绩效，又关注人员的绩效，即绩效管理是管理组织和员工绩效的综合系统。

绩效管理着重于组织目标和个人目标的统一性，强调组织和个人能够同步成长，形成“多赢”局面。绩效管理是从上至下各层级的管理人员和员工为完成组织的目标任务而一同参与制订绩效管理计划、绩效沟通辅导、绩效评价考核、绩效考核结果应用和绩效目标提升的持续循环过程，目的是持续提升员工和部门的绩效，从而使组织绩效得到不断提升。

（三）绩效管理在企业管理中的作用

1. 绩效管理促进组织和个人绩效的提升

绩效管理通过设定科学合理的组织目标、部门目标和个人目标，为企业员工指明努力方向。管理者通过绩效辅导沟通及时发现下属工作中存在的问题，给下属提供必要的工作指导和资源支持，下属通过工作态度以及工作方法的改进，保证绩效目标的实现。在绩效考核评价环节，对个人和部门的阶段工作进行客观公正的评价，明确个人和部门对组织的贡献，通过多种方式激励高绩效部门和员工继续努力提升绩效，督促低绩效部门和员工找出差距并改善绩效。在绩效反馈面谈过程中，通过考核者与被考核者面对面的交流沟通，帮助被考核者分析工作中的长处和不足，鼓励其扬长避短，促进其个人得到发展；对绩效水平较差的被考核者，考核者应帮助被考核者制订详细的绩效改善计划和实施举措；在绩效反馈阶段，考核者应和被考核者就下一阶段的工作提出新的绩效目标并达成共识，被考核者承诺目标的完成。在企业正常运营情况下，部门或个人新的目标应超出前一阶段目标，激励组织和个人进一步提升绩效。经过这种绩效管理循环，组织和个人的绩效就会得到全面提升。

另一方面，绩效管理通过对员工进行甄选与区分，保证优秀人才脱颖而出，同时淘汰不适合的人员。通过绩效管理能使内部人才得到成长，同时能吸引外部优秀人才，使人力资源能满足组织发展的需要，促进组织绩效和个人绩效的提升。

2. 绩效管理促进管理流程和业务流程优化

企业管理涉及对人和对事的管理，对人的管理主要是激励约束问题，对事的管理就是流程问题。所谓流程，就是一件事情或者一个业务如何运作，涉及因何而做、由谁来做、如何去做、做完了传递给谁等几个方面的问题。上述四个环节的不同安排都会对产出结果有很大的影响，极大地影响着组织的效率。

在绩效管理过程中，各级管理者都应从公司整体利益以及工作效率出发，尽量提高业务处理的效率，应该对上述四个方面不断进行调整优化，使组织运行效率逐渐提高，在提升组织运行效率的同时，逐步优化公司管理流程和业务流程。

3. 绩效管理保证组织战略目标的实现

绩效管理的过程是公司使其绩效与公司团体的战略及目标相一致的过程。绩效管理是对人力资源管理绩效实现过程中各要素的管理，是基于企业战略和人力资源战略基础之上的一种管理活动。它通过对企业战略的建立、目标分解、业绩评价，并将绩效成果用于企业人力资源管理活动中，以激励员工业绩持续改进，并最终实现组织战略及目标。在这个过程中，绩效管理关心绩效的持续改善，以便实现组织及个体的效率，其意义在于通过改善组织中个体的绩效并开发团队和个人的能力，为组织拥有持久并强大的成功动能提供支持。因此，通过建立科学有效的绩效管理体系，使得人们不仅将绩效管理当作一个管理工具来推行，而且将其当作一种思维方式、一种行为习惯，将个人行为与企业战略结合起来提供机会，使企业竞争优势得到加强。

企业一般有比较清晰的发展思路和战略，有远期发展目标及发展规划，在此基础上，根据外部经营环境的预期变化以及企业内部条件制订出年度经营计划及投资计划，然后制定企业年度经营目标。企业管理者将公司的年度经营目标向各个部门分解就成为部门的年度业绩目标，各个部门向每个岗位分解核心指标就成为每个岗位的关键业绩指标。

二、绩效管理的发展过程

随着经济全球化和信息时代的到来，世界各国企业都面临着越来越激烈的国内和国际市场竞争。为了提高自己的竞争能力和适应能力，许多企业都在探索提高生产力和改善组织绩效的有效途径。在这一背景下，研究者拓展了绩效的内涵，并在总结绩效评价不足的基础上，于20世纪70年代后期提出了“绩效管理”的概念。20世纪80年代后半期和90年代早期，随着人们对人力资源管理理论和实践研究的重视，绩效管理逐渐成为一个被广泛认可的人力资源管理过程。

（一）科学管理理论下的绩效管理

科学管理理论由科学管理之父—弗雷德里克·温斯洛·泰勒在他的主要著作《科学管理原理》中提出。科学管理理论阶段研究的重点是标准动作、标准时间、劳动定额、工艺规程、差额管理。

这个阶段绩效管理的特点是：考核计划和考核执行分离，由两个部门分工实行，各司其职；以控制为目的，主要考核员工的结果；注重数量而非质量。

（二）行为科学理论下的绩效管理

行为科学作为一种管理理论，开始于20世纪20年代末30年代初的霍桑试验，而其真正发展却在20世纪50年代。行为科学的研究，基本上可以分为两个时期。前期以人际关系学说（或人群关系学说）为主要内容，从20世纪30年代梅奥的霍桑试验开始，到1949年在美国芝加哥讨论会上第一次提出行为科学的概念止。在1953年美国福特基金会召开的各大学科学家参加的会议上，正式定名为行为科学。在行为科学研究时期，研究重点是：人的行为及其产生的原因（需要、欲望、动力、目的）。

这一时期绩效管理的特点为：在关注绩效考核结果的同时间，员工的态度和行为成为考核的重要方面；考虑需求层次，提高激励结果；通过提高个人绩效达成组织绩效；重视非正式组织对员工的绩效影响。

（三）“以人为本”管理理论下的绩效管理

行为科学思想的提出，改变了管理界的许多认识，“以人为本”是一种现代管理理论，强调以人的管理为中心，在尊重人、理解人的基础上，通过科学、合理地组织以及人性化的管理，充分调动人的主动性和能动性，激发人的内在潜力，挖掘人的社会价值，提高经济效益和社会效益。“以人为本”强调以人为主体，以文化为先导，以制度为保证，以价值为中心。这一阶段的研究重点是：管理归根结底是对人的管理，帮助实现人的价值才能实现组织和个人的共同发展。

第二章　企业绩效管理基本流程

绩效管理流程是一个由前馈控制、过程控制和反馈控制构成的具有前瞻性、人文性和建设性的动态循环系统，在实际工作中可分解为环环相扣的五大工作流程：绩效计划与指标体系构建、绩效管理过程控制、绩效考核与评价、绩效反馈与面谈以及绩效考核结果应用。每一流程都有自己特定的理论原则、实践方法和可迁移的应用技术，能有效保证个体职业能力的良性发展和组织绩效的持续提升。这五个环节环环相扣，只有重视每个环节，才能持续改进各环节的一致性、连贯性和有效性。

一、绩效计划与指标体系构建

绩效计划作为绩效管理流程的第一个环节，是绩效管理实施的基础和关键。绩效计划制订的科学性将直接影响绩效管理的实施效果。在这个阶段，管理者和员工需要共同参与，如果只是管理者单方面布置任务，员工接受要求，就变成了传统的管理活动，失去了协调性的意义。那么我们就要搞清楚绩效计划是什么。

企业绩效管理流程的首要步骤就是确定企业绩效计划，这也是企业绩效管理实施的重点。企业绩效计划主要通过管理者以及员工协同分析，确定下一阶段所需完成的工作内容，研究完成目标遇到的难题、难度和处置措施，同时对不同类型的工作任务编写协议。制订企业绩效计划后，需依据之前制订的计划内容建立参数指标体系。构建企业绩效指标，可让企业员工更清楚企业经营的总体方向，提高员工工作效率。

绩效计划是关于工作目标和工作标准的契约，是绩效双方在充分沟通的基础上，就绩效目标和绩效标准达成的一致认识，是对企业战略目标的细化和分解，已经成为企业控制其战略目标落地，并得以实现的主要手段。绩效计划是一个确定组织对员工的绩效期望并得到员工认可的过程。

设计绩效指标有五项原则：第一，定量为主与定性为辅的原则，提高评价的客观性；第二，少而精的原则，选择有助于实现企业和组织战略目标的关键指标，克难攻坚；第三，指标本身可测性原则，保证指标的级别标志和等级标度，区分指标的层次和难度；第四，界限独立与内涵明确兼顾原则，指标外延不相互重复，内涵界定明确、无歧义;第五,目标一致性原则,各个评价指标所支持的绩效目标应该具有一致性。制订绩效计划需要遵循三大战略。其一是战略相关性,即绩效计划工作标准与组织战略目标的相关程度;其二是上下一致性,即绩效计划要让组织中不同层次的人员对组织目标达成一致的见解,促使个人、部门和组织朝共同的目标努力,而达成共识的主要策略是让员工全面参与和正式承诺或公开表态,这符合社会心理学"前期亲身积极参与可保证后期不轻易改变和放弃"的研究结论;其三是具体可测性,即依据具体标准,将工作业绩与标准逐一比较,以确定工作完成的质量与等级。有了明确的绩效计划后,就需要根据绩效计划构建指标体系。绩效评价指标是衡量绩效目标实现程度的考核工具,是对绩效目标的细化和量化描述。指标体系构建是员工了解企业目前经营的重点,为员工日后的工作提供指引。构建绩效指标体系需要知道绩效指标分为硬指标(量化指标)和软指标(非量化指标)。硬指标是指可以以统计数据为基础,把统计数据作为主要评价信息,建立评价数学模型,以数学工具求得评价结果,并以数量表示评价结果的评价指标;软指标是指通过人的主观评价方能得出评价结果的评价指标,通常采用专家评价法,多个评价主体共同进行。

提取绩效指标需要一定的方法,常见的有工作分析法、个案研究法(即典型任务研究与资料研究)、业务流程分析法、专题访谈法、经验总结法和问卷调查法。建立绩效指标体系的基本步骤分为以下四步:通过工作分析与业务流程分析确定绩效评价指标→粗略划分绩效指标的权重→通过各个管理层面员工之间的沟通,确定绩效评价指标体系→修订。当然,在绩效指标体系设定过程中一定会遇到各种问题,作为设计者,要尽量注意到这些问题。第一是要意识到指标的设定原则是简单、明确和清晰,避免出现设计拖沓的指标。第二是指标的有效性。第三是在量化指标和定性指标之间寻求基本的平衡;要在绩效考评指标之间保持内在的相关性和一定的互补性;重视绩效考核指标及其结构本土化的问题;要重视国内企业和国外企业设计绩效指标时的差别。

二、绩效管理过程控制

制订绩效计划、构建指标体系之后,被评估者就开始按照计划开展工作。绩效管理体系是企业为了实现战略目标,以工作目标设定和关键绩效指标为载体,通过绩效管理的几个环节实现对各岗位人员工作绩效的客观衡量和有效指导,从而调动全员积极性,以实现组织的整体目标的管理体系。真正的绩效管理从来就是将战略落地的一个过程,是一个衡量能力的尺度,更是推动价值观从理念到行为的一个过程。绩效不仅仅强调结果导向,更强调在过程中组织行为的改进,而事实上围绕绩效达成的过程控制是战略落地的关键因素。绩效管理不仅关注于最终任务完成情况、目标完成情况、结果或产出，同时，还要关注绩效形成过程。在绩效形成过程中，管理者要对被评估者的工作进行指导和监督，对发现的问题及时给予解决，并随时根据实际情况对绩效计划进行调整。在企业绩效形成的阶段，管理者必须监督被评估者的工作，如果发现其存在问题，必须及时处理。同时，从实际情况入手，优化企业绩效计划。企业绩效管理属于系统性过程，也是上级和下级的对话过程，因此必须加强对企业绩效管理的过程控制。在整个绩效管理期间，都需要管理者不断地对员工进行指导和反馈，即进行持续的绩效沟通。

绩效反馈失败是绩效管理过程中极易出现的问题，主管人员对下属进行绩效反馈的目的是双方认可绩效改进计划，提高绩效。当主管人员不愿意将评估信息反馈给被评估者或者双方对评估结果认识不一致而发生，就代表绩效反馈失败。绩效沟通是主管人员和员工共同讨论工作绩效，以分享有关信息的过程，例如工作进展情况、潜在的障碍和问题、解决问题的措施以及主管人员如何才能帮助员工等，是连接绩效计划和评估的中间环节，且贯穿于绩效管理循环的整个过程。如果企业战略目标发生变化，需要各个部门进行战略调整，各个部门的管理者就可以召开部门会议，向部门员工传达企业的战略调整；如果个别员工出现绩效偏差，则建议采用书面报告和一对一面谈相结合的方式进行绩效计划沟通。制订绩效计划的过程是一个不断暴露问题的过程。其中，员工绩效目标制定出现偏差是最常出现的问题。

三、绩效考核与评价

企业绩效考核必须充分考虑企业的实际情况，采取月度考核或其他考核方式。企业绩效考核工作就是依据制定的工作目标检测和评估考核期内员工工作目标的完成情况，评估员工在考核期内的工作态度。目前，企业的绩效考评方法有关键事件法、平衡计分卡法等，不同企业运用的方法不同。对企业而言，选取科学的企业绩效考评手段，在一定程度上能显示企业绩效管理的成功性。此外，每种企业绩效评价方法都存在不足，企业应结合自身的实际情况，选取最佳的评估措施。

绩效考核的目的：① 考核员工工作绩效；② 建立公司有效的绩效考核制度、程序和方法；③ 达成公司全体职工，特别是管理人员对绩效考评的认同、理解和操作的熟知；④ 绩效考评制度的促进；⑤ 公司整体工作绩效的改进和提升。

四、绩效反馈与面谈

企业绩效管理并不是简单的考核，其更需要管理者与被考核者积极沟通。一是将企业绩效考核详细情况告知被考核者，为其今后改进工作提供详细的方向和信息；二是从被考核者那里详细了解企业绩效考核制度及运行机制方面存在的问题，为下一步改进绩效考核奠定基础。为保证信息与沟通的充分有效性，面谈的效果显然远远大于书面通知。

绩效反馈的积极作用：① 有利于为企业的发展提供强大的生命力。通过绩效考核反馈，企业管理者可了解特定时期企业中存在的问题，将问题进行合理排序和分类，实现企业资源的高效利用。绩效考核要与企业发展相适合，提高考核指标的科学性与合理性，充分发挥绩效考核的激励作用，进而促进企业健康发展。② 有利于严格规范企业员工的工作行为。通过绩效反馈，方便企业了解自身工作行为和表现，确保员工行为与企业目标达成一致。如果员工对自身的绩效存有看法，要加强沟通与交流，为下一步绩效改进计划的制订奠定基础。同时，员工可以充分认识到自身存在的优点和缺点，通过绩效反馈面谈使员工认识到自己的成绩，发挥绩效管理特有的积极作用，做到有则改之，无则加勉。

五、绩效考核结果应用

绩效考核结果的应用是企业绩效管理的最后一个环节，也是衡量绩效管理是否发挥其应有作用的关键环节。多数企业将绩效考核结果应用仅限于员工薪酬与职位调整，忽视了绩效改进和反馈沟通的重要性，忽视了绩效管理工作的目的是通过有效的反馈沟通进行绩效改进，进而不断提升员工工作能力，促使企业整体绩效水平的持续提升。

绩效考核是运用科学的方法、标准和程序衡量员工绩效的过程。绩效考核的核心是促进企业经营水平和管理水平的提升以及企业竞争力和综合实力的增强，其本质是促成员工工作业绩与岗位要求的紧密结合，最大限度地发挥人力资源管理功能。企业绩效考核结果直接影响员工的薪酬调整、职位调整、培训开发、招聘选拔、员工职业生涯规划等人力资源相关环节的实施。企业的价值管理有三个环节，即价值创造、价值评判和价值分配，其中绩效考核管理承担价值评判的重任，而薪酬管理则承担价值分配的重任。绩效考核是现代企业不可或缺的管理工具，唯有充分利用绩效考核才能促进价值分配的公平，只有公平才能起到激励的作用，从而更好地创造价值。

第三章　安全绩效管理概述

一、安全绩效的定义

安全绩效(safety performance)的定义差异较大,但大体可以分为 3 种:一是直接用安全生产事故发生情况及其后果定义安全绩效;二是用企业现实表现来考量安全工作的运行效果;三是用事故发生情况与企业现实表现来定义安全绩效。

传统上,安全绩效常用某一项工作不进行特定的管理时所出现的伤害或伤害造成的损失来衡量。有学者将其直接定义为意外事故发生对个人所造成的伤害程度。但用伤害来衡量安全绩效,其效度与信度是令人质疑的,而且对于事故预防的贡献是有限的,尤其在考虑企业性质的不同,遭遇危害状况有所差异的情况下,并无比较价值存在。

在现有安全绩效定义的基础上,统一认识为:安全生产工作的最终目标是降低企业事故发生率,减少事故损失,提升职业安全健康水平;评价企业安全绩效,对安全事故后果资料进行考虑是毋庸置疑的,而由于安全生产效果的滞后性特点,仅安全事故后果资料并不能反映企业的现实情况,也不能发挥安全工作的预防作用。因此,本研究在没有特别之处的情况下,采用事故发生资料和企业安全生产的现实表现情况来定义企业安全绩效:企业安全绩效是一段时期内事故发生、职业伤害情况与企业安全工作系统整体运行状况的综合。

二、安全绩效的范畴

通常认为,安全绩效是组织绩效的次系统,安全绩效的好坏势必影响组织绩效的表现。但对安全绩效评估应包含哪些内容却存在很大差异。美国工业卫生协会(AIHA)对安全绩效的评估包含了损失工时、安全行为百分比、事故发生数、员工建议与批评的接受性、法定安全卫生训练实施百分比、完成校正性行动所需平均日数、暴露监测结果、员工听力损失、劳工补偿损失、其他客观指标等 10 项。

美国国际损失控制协会的国际安全评分系统包括 20 项的项目,分别是领导与管理、管理阶层训练、定期检查、作业分析及步骤、事故调查、作业观察、紧急应变、组织规则、事故分析、员工训练、个人防护、健康控制、方案评估系统、工程控制、个人沟通、团体会议、一般倡导、雇用与配工、采购控制及下班后安全等。

亚太地区职业安全卫生组织(APOSHO)评估绩效包括5项:检查测试与监视、校正性及预防性行动、事故调查、记录与资讯管理、职业安全卫生管理系统稽核。中国台湾劳工委员会发布劳工卫生优良单位评选项目包括6项:安全卫生组织与运作、安全卫生计划及管理、灾害预防设施、安全卫生教育训练及活动、职业灾害调查统计及处理、自主管理。

Cooper(1998)主张安全绩效的评估项目应包含事故统计、事故发生数、无事故日数、事故成本、安全稽核分数、安全检查次数、员工安全训练次数、管理高层安全巡视次数、员工安全行为水平、员工安全态度调查分数及安全示范等11项内容。

综上,虽然不同的组织、学者主张的安全绩效所包含内容有所不同,但还是可以归纳为两个主要方面:事故发生情况和安全管理系统运行情况。其中事故发生情况包括事故损失(如工时损失、事故发生数量、事故损失等)和事故处理(如事故分析、事故调查、事故统计等);安全管理系统运行情况所包括的项目因研究角度、研究对象的不同差异比较大,比较一致地认为其应包括员工安全教育培训、安全设备设施、安全检查的运作情况。

三、安全绩效的评估

安全绩效评估是对组织和个人与安全有关的优缺点进行系统描述,是企业推动执行各项安全管理措施成效好坏的一项必要工作,是对危险设备和操作进行有效安全管理的关键。在进行安全绩效评估时,首要任务是设计绩效评估指标,并要选择适宜的评估方法。

设计或选取安全绩效评估指标时,要考虑的因素很多,主要包括:① 评估项目不应局限于伤害事故,为避免范围及周期产生偏差,评估周期不宜太短;② 评估项目应与执行的所有生产作业效能息息相关,尤其是作业能力相关方面,如此才能抑制某些系统受危害所致的严重后果;③ 评估所得的量化数值,能够由任何学过此评估技术的人员加以复制与应用。

安全绩效可以通过多种方法评估,大体分为两类:系统评估和机体测量。系统评估是传统的安全绩效定量评估方法,关注的是整个系统的效果、所设计目标的完成情况,如死亡的减少和开支的节省等。最为普遍的系统评估方法是用意外事故(一般为具体的伤害类别)和暴露率,通常以时间的函数形式陈述。频率、严重率、事故率是整体评估中常用的几种指标,有其各自的优缺点。机体测量评估的是各要素的运行状况，关心的是安全系统运行的各个方面，常用的技术有检查表、审计、描述和调查等。

系统评估采用的方法有统计的方法、期望函数的方法、成本对比法等。统计的方法能计算内在的变化和不确定性以预测事故的损失，能够比较不同特定时期的安全绩效。其中常用的统计方法有相关分析、回归分析、方差分析等，测量指标一般为事故严重率、频率等。期望函数的方法探求的是事故的概率特征，该方法将期望事故数与实际发生的事故数进行比较以确定企业安全绩效情况。成本对比法将每年的事故预防费用与事故损失进行比较，该方法的主要问题是如何将伤害和生命进行合理估价。

系统评估时用意外事故来对安全绩效进行评估，使其在应用时会受到多种因素的限制：① 意外事故为少数发生的事故，其资料容易受到变异数的限制，使得统计上其信度会遭受质疑；② 意外事故并非总是在工作现场控制的状态下发生，亦即不论员工如何遵守安全程序，其外在随机因素仍会导致意外事故的发生，易产生信度的误差；③ 意外事故发生的记录容易受到主观态度的影响，可能会有过度夸大的报告或过于省略保守的记载。而且这种测量方法对事故预防贡献不大，无法明确指出其是否有效、诊断是否正确、系统是否在控制下等问题。

学者们转而开始关注机体测量。有的采用任务绩效（安全服从行为）和情境绩效（安全参与行为）两个维度来评估安全绩效，有的通过对行为的监测来评估安全绩效。这些非传统测量并不是没有局限性，如常使用的事故控制图能够较好地反映目前安全管理的状况但受到事故发生低频率的影响；态度量表是主观的，提供的是定性的而非定量的安全管理测量等。

通过文献综述可以看出，每一种安全绩效测量都有其自身的局限性，这些方法的综合应用也许能更全面地反映企业的安全绩效，可以尝试将安全绩效评估分为事故前评估（进行主动式测量）和事故后评估（进行被动式测量），并将二者相结合使用。

四、安全绩效管理的相关研究

关于安全绩效影响因素的研究，主要是围绕安全氛围对安全绩效的影响、安全文化对安全绩效的影响、安全态度对安全绩效的影响、行为对安全绩效的影响、安全绩效的提升展开的。

首先界定安全氛围、安全文化、安全态度这三个比较容易混淆的概念。安全氛围又称安全气候，其概念最早出现在 Keenan 等研究中，之后 Zohar 在研究中使用安全氛围的概念，并把安全氛围定义为组织内员工共享的对具有风险的工作环境的认知。安全文化最早是在国际原子能机构（IAEA）对切尔诺贝利核电站事故的调查报告中提出来的，比较受认可的是国际核安全咨询组（INSAG）对安全文化的定义：安全文化是组织及成员的特性与态度的组合。安全态度是指劳动者对安全生产所持的稳定的、概括的反应倾向。

尽管词源不同，但安全文化和安全氛围通常被交替使用。文化研究强调的是揭示深层次的与事物、礼节、规范、仪式以及社会制度随时间推移演化相联系的组织价值、潜在的假设和象征。相反地，氛围研究强调的是劳动力对工作环境等方面的认知，采用定量的方法收集数据。安全氛围可以看作安全文化在行为上的显现和职工态度的表示，有了安全文化，个人安全态度才得以形成并持续。

五、安全绩效管理的水平提升

企业改进安全绩效管理的典型路径包含以下元素：运用技术的/物理的/工程的控制，建立一个能有效进行安全管理的安全管理系统，通过人来改善安全。

前面提到的诸多学者通过对安全氛围、安全文化、安全态度、安全行为与安全管理绩效关系的研究，提出从安全氛围和安全文化的建设、安全良好态度的培养、行为的监控等出发来提升企业的安全绩效。另外，有学者通过对多家企业安全绩效的对比分析，发现安全绩效管理水平较高的企业的共同特征，从而着手确定提升安全绩效管理水平的方法。如 Shannon 等学者提出具有较低的工时损失伤害的企业的特征：管理者意识到多让工人参与决策制定，管理者和工人之间的关系较为和谐，鼓励长期的职业协议签订，制订有长短期伤残的防备计划，每个管理者的工作描述中明确安全卫生责任，高层管理者频繁地参加职业安全卫生会议。

另外，有学者还尝试了多种方法来改善企业的安全绩效管理。如 Earlh 等研究者以领导者影响安全绩效管理的 7 个关键点为视角，提出了领导者在改进组织安全绩效管理时行之有效的“7E”方法：建立期望、工程支持、行为示范、员工教育、提高员工能力、鼓励员工、评估绩效。孙淑英和申利明把群体动力理论引入企业安全管理中，利用群体动力提高家具企业的安全绩效管理水平。廖海江研究发现已建立职业安全健康管理体系的企业在安全管理、工伤事故、经济与社会效益三方面有显著的改进，并且已建企业在建前阶段、建中阶段和建后一年绩效也有较明显提高。由此表明，建立职业安全健康管理体系是提升企业安全管理绩效水平的一个有效方法。王宝通过分析发现，企业实施安全评价后安全意识得到增强，同时，安全设施、安全管理水平、事故率方面也都取得了一定程度的效果，开展安全评估能够促进安全绩效管理水平的提升。

六、安全绩效管理存在的问题

安全绩效管理的研究随着企业生产的发展而发展，众多学者、组织机构从安全绩效管理的定义、测量维度、指标及测量方法等方面进行了尝试和研究。如Reason提出：我们所面临的社会技术系统日益复杂，事故致因已由过去的技术缺陷转向人因失误、人机匹配不协调以及组织缺陷，但如何在绩效测评中体现对这些缺陷的预防，目前的研究尚不深入，理论上也缺少合理的论证。同时，企业在生产实践的摸索中仍会遇到新的问题。

安全绩效管理的研究从学术研究转向了企业实践，从组织机构和学术研究转向了政府层面。与此同时，安全绩效管理的测量维度也从行业安全技术向安全管理的本质过渡。企业安全绩效管理测评的目的并不强调企业如何进行安全管理，而在于依据评价体系评判安全管理的效果，从而实现对企业的监管职能。尽管组织、企业、学者们从不同角度研究了企业安全绩效管理，但安全绩效管理的定义、维度指标和测评方法仍存在如下问题。只有解决好这些问题，才可以进一步将集团化企业安全绩效管理研究结果扩展到政府层面，并为今后的安全绩效管理评判提供基础依据。

（一）安全绩效管理定义需与公司的安全生产实践相结合

安全绩效管理的产生与发展源于实践需求的推动，众多研究对安全绩效管理进行了定义。但首先，这些定义仅停留在理论层面，未能与实践结合，而且未考虑我国企业的特点，理论上的定义在实践中如何具有更好的可操作性尚需进一步界定；其次，安全绩效管理的定义主要针对企业，没有考虑到集团化作业的特点，以及安全绩效管理的内涵已由测评企业安全状况转向测评成员企业安全管理状况。因此，安全绩效管理的研究应进一步采用文献综述的方法梳理组织、企业及学者等在安全绩效管理方面的研究成果，在此基础上，分析我国集团化企业的组织结构特点，确定集团化企业安全绩效管理及安全绩效管理测评的定义与内涵。

（二）安全绩效管理维度和指标的确定缺少理论依据和实践检验

安全绩效管理维度和指标的选取主要是行业或企业根据各自特点总结而成，它们的确定缺少系统的理论支撑。无论结果性指标还是先行性指标，其最终目的是达到预防事故的效果。尽管诸多学者从安全文化、安全行为、安全管理体系多个分支研究绩效指标，但是却忽略了与绩效测评目的最密切的事故致因理论，而且测评内容仅限于安全管理的一些具体事项，未能体现监管的高度，不能满足集团化企业的需求。另外，在安全绩效管理指标体系中，结果性指标往往是客观的，先行性指标的选取却存在较大的主观性，目前的研究对两者之间的关系缺少分析，因此出现测评维度难以达成一致的现象。

基于前面的分析，尽管前人在安全绩效管理维度和指标方面做了不少尝试，但由于行业不同、出发点不同，绩效测评维度和指标具有较大的差异性。因此，在选取安全绩效管理指标时应基于事故致因理论，无论是结果性指标还是先行性指标，都应结合企业自身特点，从理论论证和实践验证两方面确定集团化企业安全绩效管理维度和指标。安全绩效管理维度研究的最终目的是激励成员企业根据绩效标杆提升自身的安全管理水平，因此安全绩效管理维度应淡化行业安全技术，将重点锁定在反映成员企业安全管理的共性问题上。

（三）安全绩效管理测评方法与企业生产的实际特点缺少系统联系

安全绩效管理的结果性指标是客观存在的，而先行性指标却难以量化，其对结果性指标的影响程度更是缺少令人信服的结论，因此在研究和实践中，针对已确定的安全绩效管理维度和指标，加强对于安全绩效管理优秀的企业进行调研，了解他们关于安全绩效管理测评的结果性指标、先行性指标以及测评办法，明确实际应用中存在的问题，并进一步分析我国集团化企业的特点，建立适合我国企业的安全绩效管理测评模型。安全绩效管理测评方法是集团企业用于测评各成员企业安全绩效管理的统一方法，测评方法应简单合理并具有普遍性。

（四）实证研究缺少反复验证

绩效测评的研究目的是为企业提供安全绩效管理测评工具，工具设计应该是为企业量体裁衣，需经过企业的反复验证，而现有的研究缺少对绩效测评的实证研究。因此，今后应从典型行业中选取适当的企业，依据结果性和先行性安全绩效管理指标对企业进行安全绩效管理测评，并依据不同行业测量评价结果对安全绩效管理指标和评价方法进行反复修正直至其完善，不仅可以确保其对企业具有普遍适用性，而且可以进一步为政府宏观监控提供基础数据和建议。

第二部分

安全绩效管理行业应用篇

正如上一篇所述，随着企业规模的扩大，自19世纪以来，各国学者对企业绩效管理领域进行了深入研究，构建了企业绩效管理理论体系。安全绩效管理是企业绩效管理的重要组成部分，对于企业安全生产水平提升作用明显。近年来，越来越多的行业逐渐开展了安全绩效管理实践工作。

在本部分中，我们首先回顾了建筑工程行业、航空业、医疗服务行业、机械制造行业的安全绩效管理应用概况。随着安全绩效管理应用的深入，煤炭行业安全绩效管理应用得到了越来越多的关注。在此基础上，本部分对煤炭行业安全绩效管理的研究意义、应用概况、存在问题和解决对策进行简要分析，为后续内容研究奠定基础。

综合而言，本部分内容详细分析了安全绩效管理的实际应用情况，有助于明确各行业安全绩效管理的实践应用概况、煤炭行业与安全绩效管理结合应用的必要性，以及煤炭行业安全绩效管理实践概况等，为煤炭行业相关企业实践工作提供必要参考。

第四章　安全绩效管理行业应用概述

改革开放以来，我国市场得到充分激活，经济得以快速增长，人民生活水平得到较大改善，但与之相对的安全生产事故频繁爆发，严重威胁了人民的生命和财产安全，造成巨大的损失。根据国家安全生产监管部门历年举办的安全形势报告会公布的数据，我国每年因安全生产事故造成的经济损失均占当年 GDP 的2%以上。交通、建筑、煤矿等方面安全事故多发，给人民群众生命和财产安全造成了巨大损失，教训十分惨痛和深刻。

党的十八大以来，习近平总书记高度重视安全生产工作，作出一系列关于安全生产的重要论述。2013 年 11 月 24 日，青岛黄岛经济开发区东黄输油管线泄漏引发爆燃事故，造成 62 人死亡、136 人受伤，直接经济损失 7.5 亿元。习近平总书记专程到青岛查看并作出重要指示，强调所有企业都必须认真履行安全生产主体责任，做到安全投入到位、安全培训到位、基础管理到位、应急救援到位，确保安全生产。中央企业要带好头、做表率。各级政府要落实属地管理责任，依法依规，严管严抓。2015 年 5 月 29 日，在中央政治局第二十三次集体学习时，习近平总书记指出切实抓好安全生产，坚持以人为本、生命至上，全面抓好安全生产责任制和管理、防范、监督、检查、奖惩措施的落实，细化落实各级党委和政府的领导责任、相关部门的监管责任、企业的主体责任，深入开展专项整治，切实消除隐患。2019 年 3 月，江苏盐城市响水县陈家港镇天嘉宜化工有限公司化学储罐发生爆炸，造成 78 人死亡、76 人重伤，直接经济损失 19.86 亿元。3 月 21 日，习近平总书记作出重要指示，要求各地和有关部门要深刻吸取教训，加强安全隐患排查，严格落实安全生产责任制，坚决防范重特大事故发生，确保人民群众生命和财产安全。2019 年 9 月 28 日 7 时，长深高速公路江苏无锡段发生一起大客车碰撞重型半挂汽车列车的特别重大道路交通事故，造成 36 人死亡、36 人受伤，直接经济损失 7 100 余万元。2020 年 3 月 7 日，福建省泉州市鲤城区欣佳酒店所在建筑物发生坍塌事故，造成 29 人死亡、42 人受伤，直接经济损失 5 794 万元。每一起事故都吸引着整个社会的关注，给人民的生命健康和财产安全造成损失，给社会带来恶劣影响。2020 年 10 月 1 日，位于太原市迎泽区郝庄镇小山沟村的太原台骀山滑世界农林生态游乐园有限公司冰雕馆发生火灾事故，造成 13 人死亡、15 人受伤，过火面积约 2 258 m^2，直接经济损失 1 789.97 万元。

2021年1月10日13时13分，山东五彩龙投资有限公司栖霞市笏山金矿在基建施工过程中，回风井发生爆炸事故，造成22人被困。经全力救援，11人获救，10人死亡，1人失踪，直接经济损失6 847.33万元。这些触目惊心的数字时刻提醒着我们：安全防范形势容不得半点松懈。2022年3月21日，东航MU5735航班执行昆明至广州任务时于广西梧州上空坠毁，机上人员共132人，其中乘客123人、机组人员9人，机上人员全部遇难。2022年截至5月，湖南长沙自建房倒塌，其中10人获救，53人遇难。为此，习近平总书记作出重要指示，强调安全生产要坚持“党政同责、一岗双责、齐抓共管、失职追责”“管行业必须管安全，管业务必须管安全，管生产经营必须管安全”。

2020年4月，国务院安委会印发了《全国安全生产专项整治三年行动计划》，针对存在风险高隐患多、事故易发多发的煤矿、非煤矿山、危险化学品、消防、道路运输、民航铁路等交通运输、工业园区、城市建设、危险废物等9个行业领域组织开展安全整治，为各级党委政府提供方案指导和政策遵循。安全生产与广大人民群众的生命和财产安全紧密相连，与国家稳定和社会经济稳定紧密相关。《全国安全生产专项整治三年行动计划》实施以来，各有关部门和单位制定了一批安全生产强制性国家标准、行业标准，改进监管方式，加强宣传教育，加强督促检查。安全生产领域也不断地推动改善和革新，安全生产形势得到持续地稳定和好转。一系列法律法规的出台，使安全生产制度得到进一步完善，不断筑牢安全底线；责任体系也构建得越来越严密。

一、安全绩效管理在建筑工程行业的应用

（一）安全管理机构的设置

将安全绩效管理的维度运用到传统的安全管理机构上，通过安全绩效管理使安全管理机构充分发挥出自身对安全的监督和管理作用。将现有的安全管理框架作为基础，设置安全绩效考评小组，主要负责安全管理相关绩效指标的制定、信息收集和考评实施等，通过收集的信息对安全管理进行绩效评价。

（二）绩效目标制定

建筑工程行业安全管理的首要目标就是建筑工程实施的安全，减少建筑安全事故的发生，保护建筑工人的生命安全。由于建筑工程存在一定的复杂性，建筑工程零事故的目标很难实现，然而可以通过绩效目标的制定来杜绝一些重大安全生产事故，控制重伤事故和死亡事故，降低建筑安全事故的发生率。“预防为主”是建筑安全管理的主要手段，通过绩效目标的制定，加强建筑工程安全管

理工作，以此来控制和消除建筑施工安全隐患。

（三）绩效指标分解

建筑工程安全管理是一项大的指标，降低安全事故的发生率需要制定一系列的详细指标，通过指标的分解更好地使安全管理工作有效实施。绩效指标分解的方式多种多样，例如，可以通过不同的安全事故进行指标分解，如施工坍塌、高空坠落、触电伤害、物体打击、车辆伤害、起重伤害等；同样也可以依据安全管理的内容进行分解，将其分解为安全目标管理、安全隐患治理、安全基础管理、现场作业管理、紧急情况管理等。绩效指标分解出各种各样的具体指标，这些具体指标之间的重要程度是不尽相同的，依据不同的考核权重对这些具体指标进行测评。不同指标的考核权重主要采用专家评分、事故统计、问卷调查等形式来确定。根据事故统计的形式，将事故的重要程度进行排序，例如，施工坍塌、高空坠落、物体打击是较为常见的安全事故，危险性较高，将其重要程度排在前三。一级指标可以继续进行详细分解，将其分解为二级指标和三级指标。

（四）安全管理过程控制

安全管理中最重要的就是对过程的控制。实施环节是安全绩效管理的关键，在实施前和实施过程中要及时地对考评对象进行沟通和辅导。在实施阶段，安全管理需要占用更多的时间，在制定绩效考核的目标后，过程的实施和控制阶段便显得至关重要，通过同测评对象进行沟通和信息收集，发现安全绩效管理实施中存在的阻碍，及时地发现问题和解决问题，确保安全绩效管理可以有效执行。

（五）安全绩效管理考评

安全绩效管理考评往往是一种阶段性的考评，通常情况下，根据建筑工程的工期，可以按月份或者按季度对安全绩效管理的实施情况进行周期性考评。安全绩效管理考评主要依据安全管理的目标、安全管理的内容进行考评，不同部门因为目标和内容的差异会有所不同，例如，项目部的安全绩效管理考评工作主要是依据现场的安全检查、安全整改情况、安全管理制度、合同管理、项目管理、奖惩制度等。通常情况下，安全绩效管理考评遵循一定的考评程序，首先对被考核的单位和个人的安全绩效数据进行收集，确保考评数据的准确性、完整性和有效性，然后依据公平、公正、公开的考评原则进行考评。绩效考评需要分层级进行，例如，先对项目经理和分包单位进行考评，再对工程师和施工班组进行考评，最后对现场作业人员进行考评。除此之外，考评对象难免对考评结果有异议，这就需要建立有效的申诉机制进行考评结果的复议和纠错，以确保考评结果的准确性。

二、安全绩效管理在航空业的应用

1. 政策方面

明确管理目标、安全责任人。以安全绩效目标管理为导向，确定各个绩效目标和指标的安全管理主体责任单位和责任人，根据指标的完成情况，可以适当给予责任单位和责任人相应的奖惩，更有利于激励其落实安全责任，提高组织效能。因此，应用安全绩效管理，有利于公司健全人员激励政策。

2. 风险管理方面

对各个飞行安全绩效指标数据的持续监测，有利于识别实际飞行运行中存在的风险；对异常指标的预警机制，可以有效防范和控制风险；而对各个飞行安全绩效指标趋势的监控，也可以帮助安全管理者监督风险防范和控制措施的有效性，完善了风险管理的闭环机制。

3. 安全保证方面

飞行安全绩效管理以量化数据为驱动，为改进措施的制定提供针对性的依据。飞行安全绩效指标的监测结果可以更客观、直观地作为公司安全管理工作下一阶段提升计划的依据，公司制定安全工作规划，可以根据安全绩效评估结果，有针对性地开展下一阶段的安全工作，这样就能够实现安全闭环管理和持续性的改进，实现安全管理体系的落地。

4. 安全促进方面

持续推进安全绩效管理，促进公司安全管理的持续改进和提升，能够形成良好的安全文化导向。公司积极主动的安全文化可以通过安全管理体系的落地得以形成。

5. 管理评审方面

飞行安全绩效管理以量化数据为驱动，可以从事前管理和事后管理两方面对航空公司的安全状况和安全管理状况给出客观的评价，从而对航空公司安全管理体系的持续有效性和风险管控的有效性作出评审。航空公司管理人员可以把它当作一面镜子，从中看到公司真实的安全管理现状。持续监测和预警功能以及有效的安全监督和评价工具在安全管理评审中更能够发挥其组织管理效能。

6. 安全考核方面

安全绩效为安全考核提供了依据。基于飞行安全绩效管理数据，对组织和管理人员进行考核，指出飞行安全管理体系建设的不足之处，这样使考核更加客观，使其对未来安全工作计划的制订和方案的改进发挥指导和激励作用。

7. 政府监管方面

利用安全绩效作为测量工具，中国民航总局、各地区管理局和安全监管局可以实时监测和了解区域内所辖航空公司的安全运行状况和安全管理水平，在客观数据的基础之上开展针对性的安全监管工作，对航空公司的安全管理和运行风险防范工作给予指导和警示。

三、安全绩效管理在医疗服务行业的应用

应用绩效管理理论加强医疗安全质量管理，是现代医院管理者采用的一个手段和方法。但是能否达到预期的目标，收到预期的效果，其关键在于指标设定是否科学合理，是否有可操作性，是否与实际工作紧密相关。

1. 服务质量指标

对医疗安全质量出现问题的原因进行分析。其中，因服务质量导致的医疗安全质量问题占有一定的比例。因此，把医疗服务质量指标作为医疗安全质量评定指标是有依据的。

2. 医疗护理技术指标

医疗护理技术水平问题占医院安全质量问题总数的 70%。也就是说，医疗安全质量出现问题，医疗技术水平导致的比例最大，产生的影响最坏，赔偿的金额最多。因此，提高医疗技术水平至关重要。

3. 医疗安全质量管理指标

医疗安全质量管理是监督管理其他各项指标的指标。

4. 经济考评指标

在现行管理体制下，经济制约起着十分重要的作用，如何利用好经济杠杆来调动医务人员的工作积极性，制止不良问题的发生，是管理者都在思考的问题。因此，医院实行医疗安全质量绩效考评，将经济指标也纳入绩效考核的内容。

四、安全绩效管理在机械制造行业的应用

机械制造行业是我国的重点行业，也是安全事故多发的高风险行业。根据

国际劳工组织统计的数据，全世界在机械制造领域每年因工丧失工作能力的约150万人，死亡达10万人。预防生产事故发生，安全管理不能仅仅局限于技术和设备的本质安全化两方面，还应重视企业事前的安全管理工作，建立一套评价体系对企业的安全生产管理进行考评。

安全绩效是指企业在安全生产管理运作上的整体表现。安全绩效考核是指对企业设立的安全绩效指标进行考核，通过考核发现企业存在的安全绩效问题，进一步发现、改正安全管理工作中存在的不足和组织运作中存在的缺陷，以动态的循环管理确保企业安全绩效管理水平持续改进和提高。

（一）安全绩效考核的程序与原则

在平衡记分卡方法的影响下，机械制造企业需要确定如下安全绩效考核的程序与原则：第一，安全绩效考核的程序。结合国内外优秀机械制造企业经验，本书将安全绩效考核程序概括为"确定企业安全目标→确立绩效考核指标→确立指标权重→开展绩效考核→反馈"，由此通过与同行业企业、自身历史安全状况进行对比，实现企业的安全、稳定、长期可持续发展。第二，安全绩效考核的原则。在机械制造企业开展安全绩效考核，需要遵循公开性原则、科学性原则、可比性原则、系统性原则、可控性原则，这些原则直接影响绩效考核价值。

（二）维度的确定

在机械制造企业安全绩效考核指标设计中，维度的确定也不应被忽视。这里所指的维度包括安全维度、内部管理维度、外部管理维度、学习与成长维度。各维度内容如下：第一，安全维度。对于机械制造企业来说，安全可以等同于效益，因此安全同时属于财务性指标和战略性指标，其主要负责事故管理和职业健康管理。第二，内部管理维度。作为企业管理的重要组成部分，内部管理需要围绕安全目的开展相关计划、决策、控制活动，这类活动可以概括为基础管理、作业场所管理、设备设施管理。第三，外部管理维度。受经济与社会发展步入转型关键时期的影响，我国机械制造企业很容易在外部管理领域出现安全问题，因此该维度需要将关注点集中在相关方管理、顾客和社会等方面。第四，学习与成长维度。为不断提升机械制造企业安全管理水平，同时为其技术创新提供动力，学习与成长维度必须得到重视，这种重视需要体现在教育与活动、员工能力等方面。

（三）指标权重的确定方法

结合平衡记分卡方法，机械制造企业安全绩效考核指标权重的确定应使用权值因子判断表法、层次分析法、德尔菲咨询法，三者应分别负责机械制造企业安全绩效考核一级、二级、三级指标权重的确定。各级指标权重的确定方法如下：第一，一级指标权重确定。权值因子判断表法的应用流程可以概括为"选择考核小组成员→设计权值考核因子判断表→开展统计计算"，由此即可确定一级指标权重值。第二，二级指标权重确定。层次分析法的应用流程可以概括为"确定思维判断定量化标度→构造判断矩阵→计算特征向量→开展一致性检验"，最终通过汇总分析即可得出二级指标权重值。第三，三级指标权重确定。德尔菲咨询法的应用流程可以概括为"向每位成员发出咨询表→统计计算→反馈统计结果→反复询问比较"，最终通过汇总计算即可得出权重值。

（四）绩效指标

机械制造行业主要是通过改变金属材料的物理性质，从而加工组装成为产品。这类行业的生产过程有以下特点：离散为主、流程为辅、装配为重点。其制造工艺较为复杂，长期接触重大机械设备，加工过程中有很大的不确定性。高新区机械制造企业与一般大型企业的安全管理侧重点大致相同，但也有其自身特点。在建立了一级安全绩效指标的基础上，考虑各类机械制造企业及高新区内企业的生产特点、相关法律法规和各类先进企业的经验后，编制出适合高新区机械制造企业的安全绩效二级指标。

1. 管理层的承诺

管理层应表现出的对安全的态度和自身的安全意识叫作管理层的承诺。方针政策的制定能够体现出管理层对安全工作的承诺，同时影响着员工对安全生产的理解。定期与员工针对工作上存在的问题进行交流，能够更好地了解员工在工作过程中存在的问题。

2. 安全与健康培训

大量数据表明，绝大多数事故是由人的不安全行为引起的。虽然导致人的不安全行为的原因有很多，但是否参加安全培训是影响员工安全行为的最主要因素；而员工的健康检查可以让员工更好地了解到自身健康状况，重视健康，做到安全生产。因此，在评价企业的安全绩效中，安全培训和员工健康检查是不可缺少的指标。

3. 安全管理职责与制度建设

目前我国企业在安全管理中存在安全管理组织结构欠合理的问题，在机械制造企业安全管理部门存在安全管理人员素质不合格以及职能交叉、冗余和错位的情况。因此，安全管理组织中专业人员配备的合理性、安全目标完成情况、安全责任制建立和落实是保障安全绩效的基础。

4. 作业现场监督检查

此项指标由生产作业管理、小组会议、作业观察、监督检查等沉淀得出。高新区机械制造企业中，员工每天的生产作业都是大量的重复性工作，虽然操作过程简单，可一旦出现问题便会造成一定程度的伤害，现场监督检查不可缺少。在安全会议中要着重强调每日的注意事项，让员工在工作时不能马虎大意，一旦发现问题应及时处理并持续改善。

5. 危险源回顾及事故预防

危险源回顾是任何安全管理的第一步，识别危害因素并从以往的事故案例中汲取经验，是企业开展安全管理并持续改进的核心。其次，制定危险源控制措施，查看企业是否存在危险源辨识和风险评价，是否明确风险评价方法和流程，方法是否科学合理，是否贯穿所有过程、活动、场所及周边环境，是否定期回顾等，以便做好事故预防工作。

6. 应急管理

应急管理包括应急救援的培训演练、救援物资的准备和合理的救援预案。一个合理的应急预案可以保证企业在发生事故后有序地展开应急救援工作，最大限度地减少人员伤亡和财产损失。

7. 个人防护、机械设备、作业环境的状况

个体、机械设备和生产作业环境是安全管理的重要部分。在人员方面，应及时了解管理人员对员工提出的安全生产方面的问题和意见，在确认合理后及时采纳，要加强员工的安全意识教育，端正员工对待安全的态度。除记录大型机械设备的日常维修和保养情况，管理人员还应定期检查个人防护用具，如防护眼镜、隔音耳塞、手套、配电室的绝缘手套、绝缘鞋等。特种设备要专人操作，持证上岗，如车间内的吊车、车间外搬运货物的叉车等。还要监督作业场所工作环境质量、设备的合理布局，要注意在绝缘路面的行走通道上无障碍物，保持地面整洁。

8. 事故管理

任何类型的企业都应有事故报告和事故处理的机制，要依据“四不放过”的原则仔细编写事故调查报告及处理情况，从中积累事故处理的经验，消除已有危险源，这是企业避免类似事故再次发生的基础，也是企业提升安全绩效水平不可或缺的因素之一。

9. 事故指标

我国机械制造企业安全质量标准化考评检查表中规定，工伤事故率控制指标中死亡率应低于 0.035‰，重伤率应低于 0.30‰。根据国际劳工组织统计，机械制造业全世界每年因工死亡约 10 万人，丧失工作能力约 150 万人；但在高新领域机械制造企业中从 2007 年至今无一例死亡事故，因此在事故指标的二级指标编制中没有列出千人死亡率，而是更加重视事故伤害频率、千人重伤率、千人经济损失率、百万元产值经济损失率、事故起数和损失工时数。

第五章　煤炭行业安全绩效管理应用现状

一、煤炭行业安全绩效管理研究意义

能源是国民经济的基础性产业，在我国国民经济发展中起到举足轻重的作用，而煤矿安全则是煤炭工业稳定、持续、高速发展的根本保证。自 18 世纪工业革命以来，人类社会得到快速发展，人类对化石能源的依赖越来越重，环境问题、社会问题，甚至是政治问题与能源息息相关。煤炭开采属地下作业，生产环境恶劣，生产过程复杂，受到水、火、瓦斯、煤尘和冒顶等多种自然灾害的威胁，致使煤矿安全问题较其他行业更重要、更复杂、更难解决，因此，为了保证矿井安全生产，除了要保证技术、设备更新外，更需要提高安全管理水平。

我国历来重视煤炭企业的安全工作，为其制定了一系列煤矿安全生产法规，建立了较完善的煤矿安全管理机构，配套安全技术的开发推广应用工作，投入了大量资金进行煤矿安全设备和仪表的研制，使煤矿安全生产条件得到了很大的改善，事故发生率基本呈下降趋势，保证了煤炭产量的持续、稳定增长。但是近几年来，随着煤矿开采深度的加大，重大恶性事故仍有发生，严重威胁着我国广大煤矿职工的生命安全，对社会的安定团结也会造成负面影响。这一切均警示了安全生产的严峻形势和提高安全管理水平的迫切性与必要性。煤炭企业应着力于现代化的企业管理制度，探索适用于煤矿生产经营的安全管理方法和有效措施，全面提升煤炭企业的本质安全。

安全绩效管理研究作为安全管理领域中的重要组成部分，有助于促使煤炭企业由传统的外迫型安全指标管理转变为内激型安全目标管理，由传统的被动、辅助、滞后的安全管理方式转变为现代的主动、主导、超前的横向综合安全管理方式，从而有效地提高煤炭企业的安全绩效管理水平。绩效管理目前在我国主要是作为人力资源管理的子系统进行研究和应用的。应用的目的主要是通过关心绩效的持续改善，为确保公司的绩效与公司的战略及目标相一致服务，同时，也为公司的人力资源管理（如人员选拔、奖惩、培训等）及员工的职业生涯开发服务。

绩效考核是员工和主管就绩效问题所进行的双向沟通的一个过程。在这个过程中，主管与员工在沟通的基础上，帮助员工制定绩效发展目标，通过过程的持续沟通，对员工的绩效能力进行辅导，帮助员工不断实现绩效目标。在此基础上，作为一段时间绩效的总结，主管通过科学的手段和工具对员工的绩效进行考核，确立员工的绩效等级，找出员工绩效的不足，进而制订相应的改进计划，帮助员工改进绩效中的缺陷和不足，使员工朝更高的绩效目标迈进。

从煤矿人员经常面对的工作安全及健康问题来看，目前我国的安全管理水平还处于比较低的水平，管理方式较单一，有必要在煤炭行业安全管理中进一步探讨绩效考核模式，从而提高安全管理水平，改善劳动条件和作业环境，预防事故发生，确保安全生产。

近年来，随着我国政府安全生产相关法律法规的规范引导，全面强化落实企业安全生产主体责任等工作要求的下达，各企业对安全生产更加重视，安全生产工作日益加强。对于河南能源新疆公司这样的大型企业而言，随着安全生产管理体系的逐步建立，为了保证企业内安全生产主体责任的有效落实并产生安全效益，企业应当构建科学合理的安全绩效管理考核评估体系来保持和提高安全生产水平，补齐安全生产工作的短板，从而仔细落实安全生产主体责任。

随着社会经济进步和技术革新的进程，煤矿大型企业的安全生产管理在现阶段遇到了新的挑战，发现了很多新的问题。诸如：安全生产管理工作体系不成熟。很多企业对安全生产工作的重视程度不够，企业的安全生产管理体系还处于初步建设阶段，存在安全管理人员配备不足、安全基础管理工作不完善等问题，面对上级单位的各项要求，下级单位执行力度不够。同时，有些下属企业存侥幸心理，安全管理浮于表面。

安全管理工作与企业实际存在差异。由于企业安全管理人员素质存在差异，其探索公司安全生产特点和规律的积极性、主动性不够，不能制定出合理的安全管理策略，片面、笼统地选择其他行业管理体系方法并套用实施到本企业，对企业安全效益的提升作用有限。安全绩效的定义存在着多样性，一般而言，根据安全环境的不同分为三种形式：一是直接用安全生产事故发生情况及其后果来定义安全绩效；二是用企业的现实行为来考量安全管理工作的运行效果；三是用生产事故发生的情况和企业的现实行为来定义安全绩效。安全绩效是一个动态的系统，包含诸多要素。美国国际损失控制协会定义的国际安全评分系统中包括 20 个项目：领导与管理、管理阶层训练、定期检查、作业分析及步骤、事故调查、作业观察、紧急应变、组织规则、事故分析、员工训练、个人防护、健康控制、方案评估系统、工程控制、个人沟通、团体会议、一般倡导、雇用与配工、采购控制及下班后安全。亚太地区职业安全卫生组织的安全绩效评估包括 5 项内容：检查测试与监视、校正性及预防性行动、事故调查、记录与资讯管理、职业安全卫生管理系统稽核。中国台湾劳工委员会的安全绩效评估包括 6 项内容：安全卫生组织与运作、安全卫生计划及管理、灾害预防设施、安全卫生教育训练及活动、职业灾害调查统计及处理、自主管理。美国生产安全专家认为安全绩效评估应包括11项内容:事故统计、事故发生数、无事故日数、事故成本、安全稽核分数、安全检查次数、员工安全训练次数、管理高层安全巡视次数、员工安全行为水平、员工安全态度调查分数和安全示范。安全绩效管理是安全管理的枢纽,而安全绩效研究是安全管理研究的核心。根据西方国家安全生产理论研究的经验,系统性的安全生产理论体系的建立均是以安全绩效研究为起点的,是安全绩效研究引发和推进的结果。因此,国内安全绩效的研究应尽快摆脱被动、散乱、随意的状态或局面,在短时间内初步形成较为完整的理论框架,不仅有利于国内安全生产理论的形成,也有利于安全管理实践水平的提高。

煤炭企业的安全生产一直是社会关心的问题。我国煤矿大多属于井工开采煤矿,占比高达99.1%。煤矿井下作业环境恶劣、地质条件复杂,由于工作环境的不稳定性,煤矿伤亡事故时有发生,在威胁矿工生命的同时也导致了巨大的财产损失。安全绩效是衡量企业安全生产的重要指标,提高煤炭行业的安全绩效水平可以减少煤矿伤亡事故的数量。目前,国内外学者对煤矿安全问题的研究主要是从宏观和微观两个层面进行的:宏观层面主要包括产权、制度、宏观经济发展周期;微观层面主要包括安全投入、机械化程度及矿工的个人特征等。近年来,以差错管理为基础形成的差错管理氛围成为安全领域研究的热点之一。作为影响工作安全的重要情境因素,良好的差错管理氛围与安全生产密切相关。

差错管理氛围是以积极的态度看待差错为前提,以差错危害最小化为目标,建立起来的一系列组织实践与程序。煤矿井下作业场所地质情况复杂、人员集中,矿工在恶劣的工作环境中长时间作业易引发失误和偏差,甚至造成安全事故。在低水平的差错管理氛围下,为了避免企业的惩罚,矿工在差错发生后会选择隐瞒或者逃避的方式,不利于员工对差错的重视和改正。而在良好的差错管理氛围下,企业鼓励员工公开讨论差错,并分享差错经验,强调组织内所有成员要从差错中学习,吸取差错的教训,从而避免差错的重复发生。煤炭开采属于高危行业,小差错的积累极有可能引发严重的安全事故。因此,在差错发生后,企业应鼓励矿工公开分享差错经验,探讨差错发生的原因,以及未来工作中类似差错发生后应采取的措施,尽可能地减少差错带来的不利影响。对差错管理氛围的研究,国内外有混合派和积极派两大主要流派。混合派观点认为,差错管理氛围应包括积极和消极两种差错管理氛围;但从概念和实践应用出发,差错管理氛围的核心内涵应是支持差错管理的积极氛围。此外,现有的绝大多数实证研究都立足于积极、正面的视角度量差错管理氛围。

煤炭行业属于高危险性行业,差错的发生极有可能引发安全事故。因此,在平时的管理中,企业要努力构建积极的差错管理氛围,鼓励员工之间分享差错经验与知识，促进员工对差错的交流和学习。此外，也要加强员工安全知识的培训和考核，提高员工对安全操作的重视，提升员工的安全态度。差错管理氛围是近几年安全领域的研究热点，关于差错管理氛围与安全绩效的中间影响机制有待进一步挖掘，且研究范围不应局限于煤矿领域和建筑领域。一直以来，煤矿安全是国内外学者关注的焦点问题之一。近年来，我国煤矿安全水平呈现逐年提高的趋势，但与一些国外主要产煤国相比仍有差距。为了提升煤矿安全绩效水平，国内外学者从不同视角展开了深入的研究，主要集中在安全投入、产权、体制、法律、矿工个人特征、机械化程度、煤矿规模与任务种类、利益相关主体博弈等方面；也有学者基于整合视角，从组织保障、管理机制、管理方法、资源投入、安全文化、人员能力等六个维度构建了煤矿安全风险集成管理成熟度模型，以此来提升煤矿安全绩效水平。

自20世纪30年代以来，产生了不同的领导理论学派。20世纪80年代，愿景学派将领导风格划分为变革型领导和交易型领导。变革型领导旨在激发下属的高层次需要，扩展下属的需要和愿望，达到超越个人利益为组织利益服务的目标。而交易型领导则认为领导与下属之间是一种成本收益交换关系，即交易型领导关注与下属之间的合同关系，并通过给予下属明确的任务来完成组织目标。国内外学者们的大量研究表明，变革型领导在创新性的活动中更加有效。尤其是变革型领导中的智力激发和精神鼓舞两维度强调鼓励员工采用新的方法来解决问题和赋予员工具有挑战性的工作，但在纪律严明的煤炭企业中并不适用。而交易型领导给予下属明确的任务和赋予下属明确的角色，着重于任务导向和绩效标准。交易型领导中的权变奖励维度表示员工完成指派的工作时，领导会给予适当的奖励；而积极例外管理维度强调，领导会主动观察员工的行为，并对工作失误和问题进行及时的纠正；消极例外管理维度则强调，当下属做出了违反要求的行为后，领导会采取惩罚措施进行干预。煤炭企业所有工作活动是围绕安全展开的，煤炭企业中的工作活动十分艰苦且危险性较高，员工选择在此恶劣环境下工作的原因多在于其收入较高。员工在交易型领导风格的指引下，为了能够确保取得较高的收入，会主动注重指派任务的完成，不违反相关操作规程和规章，有利于安全绩效的提高。基于上述分析，可以认定交易型领导风格对安全绩效具有显著的正向影响。国内外大量研究表明，交易型领导行为对企业文化会产生一定的作用，决定着企业文化的形成。有学者指出，交易型领导注重效率和时间约束，为员工提供物质上的奖励，并清晰界定员工角色，更加适合于强调对权威尊重、工作分工规范和结构等级分明的组织。交易型领导还为员工设定目标，并进行相应的任务分配，严格按照规范标准开展工作，对违反规范标准的员工给予惩罚，对超过设定任务目标的员工则给予奖励。因此，煤炭企业的交易型领导为了确保任务目标的完成，会重视奖惩系统的建设。同样，在交易型领导的带领下，煤炭企业的员工为了追求更高的收益和避免惩罚，会积极参与安全教育培训工作，提高自身的安全意识，严格按照操作规程作业。员工为了避免利益的损失和矿难的发生，会加强与其他员工之间的沟通工作。因此，安全文化的完善和形成会提高煤炭企业的安全绩效。

煤炭企业在选拔管理者时，可选择交易型领导风格的管理者来提高安全绩效。这就需要深入了解拟聘用管理者过去的管理风格，以判断其属于哪类领导风格。具体来讲，可通过让与拟聘用管理者熟悉的同事或下属，采用成熟的交易型领导风格量表对其进行评价，也可通过设置科学的面试问题来获悉拟聘用管理者的领导风格。

现代化管理体系中，绩效管理作为一种先进的管理制度，在很多行业中应用，在煤炭企业中应用时，其更多地是强调企业员工与管理者一道参与到管理进程中，由于煤矿系统工程管理涉及很多管理理念和管理方法，因此本书主要介绍我国煤炭企业安全绩效管理问题，以及在安全绩效管理中如何妥善地增强绩效管理方式，探索出煤炭企业安全绩效管理新模式，进而提升煤炭企业的管理水平和管理效率。

伴随着我国社会经济的发展，煤炭已经是当前经济发展中不可或缺的稳固能源。长期以来，煤炭能源表现出产销良好的态势，但是由于发展速度太快，导致管理的很多方面不能与发展并驾齐驱，存在一些管理问题和管理危机。安全绩效管理是现代企业人力资源管理的重要环节，不但对企业的管理有着极为重要的影响，同时也能稳步提升企业的管理效率。加之煤炭企业具有施工工序烦琐、工作场所多、井下作业特殊的性质，因此对其开展安全绩效管理显得尤为重要。

二、煤炭企业中安全绩效管理的基本概况

绩效管理是一项系统性工程项目，其中涉及很多相关的管理理念、管理方法和管理技巧。绩效管理其实是企业中员工与企业管理者沟通的一个重要渠道，通过沟通绩效问题让双方动态交流，特别是在整个交流中，企业的管理者要与员工做好持续沟通，让员工在绩效管理的推动下主动参与到企业管理中来，进而让企业管理者辅导员工，提升员工的绩效能力，使企业的经营管理水平得到提升和发展。

由于绩效管理是一项长期性的工作，企业的管理者开展绩效管理时应运用民主科学的管理方法、管理手段和管理技巧，长期考核员工的工作状况，在确定绩效等级后，寻求绩效管理中的不足之处，制订对应的管理计划，并完善管理流程，让管理达到最优化。煤炭企业中为高效地进行绩效管理，就要在管理中做好

人力资源管理，并在支持企业正常生产经营活动的过程中，让企业管理水平更上一个新的台阶。煤炭企业在绩效管理的进程中让企业的各项管理目标分解，并逐层落实每一项管理流程，最终让企业完成预定的管理目标。绩效管理能够帮助企业实现其战略目标，让企业员工在工资制度的激励下，提升自己的工作热情，这将在无形中提升员工的工作积极性和创新能力，让员工的工作能力有新的发展。

三、煤炭企业中安全绩效管理存在的问题

第一，很多煤炭企业绩效管理流于表象，没能抓住绩效管理的实质。这些企业将绩效管理理解为管理过程中运用文字、文档和表格等形式进行的简单总结，然后在总结结束后由各个上层领导对近期的工作状况作简单的概括和总结，不能让绩效管理的实效性发挥出来。第二，随意性偏大。绩效管理进程中，领导的抉择或者判断是管理的重要参考依据，且领导是绩效管理的考核人，但是人的管理和评判必然存在主观性和随意性。第三，煤矿管理中很多管理人员由于专业概念不清晰，将绩效考评与绩效管理混为一谈，因此实际工作中，部分企业的绩效管理很单一，就是在年终总结上评价全年的工作情况。但实际的绩效管理不只是这些内容，虽然绩效评价确实是绩效管理的一个比较重要的环节，但也仅仅是一个环节。绩效管理在管理中涉及完整的管理模式和管理系统，不仅要进行绩效评价，还应包括绩效管理计划、管理监督和绩效反馈。

四、煤炭企业解决安全绩效管理的主要对策

（一）建立安全绩效管理制度

企业管理中任何一个措施的实施都对员工产生较为重要的影响，企业在管理中最重要的职责是完善各项政策，如果企业需要建立业绩管理模式适应人力资源管理制度，就应让绩效管理与人力管理相协调，进而实现企业的长足发展。由于绩效管理和人事变动之间是相辅相成、相互推进的，为让企业长足发展，绩效管理必不可少。

（二）建立安全绩效考核制度

绩效管理的关键环节是绩效考核，在煤炭企业内，无论是中级还是高级主管，或者是一般的煤矿职工，他们既是考评者又是被考评者，一方面要考核其他人，另一方面要其他人考核他们，因此任何一个在煤炭企业工作的人员都应遵守

绩效管理的相关规定,并认真完成自己的本职工作。为使绩效考核更为完备,就要在考核初期收集相关的考核信息,让绩效管理在实施中具有可靠性和有效性。在收集到相关的考核信息后要做好信息记录和登记工作,将这些资料以第一手形式留存下来,以便于信息查阅。与此同时,让所有收集到的资料都能使用,且将所有资料都进行详细的分类,并对需要保密的原始资料做好保密工作。绩效考核目标是否成功,关键看绩效考核的执行状况,这才是绩效管理的关键影响因素,绩效考核的表现形式应是全方位、全角度的量化处理,要求各个部门和单位都要参与到绩效考核中。目前,煤炭企业的绩效考核程序和标准如下:第一,要求煤炭企业的绩效管理部门对下属各个部门和单位进行考核评价。第二,各个部门要对本部门内部的组员或者职工进行考核和评价;考核过程中需要重点排查考核的内容是否准确,这是保障考核公平和公正的最佳方式,若考核中无公平和公正性,那么员工之间的不良情绪就会滋生,小的矛盾就会在工作中出现,如果不加以制止,会对煤炭企业的各项管理产生不良影响,如果情况严重,甚至会影响到企业的绩效制度。

煤炭企业的绩效管理是一个反复动态的过程,需要在不断的重复中做好动态跟踪,但整个动态跟踪过程离不开高效的绩效沟通模式,只有通过不断的沟通才能发现问题、解决问题,补充或者完善绩效管理状况,从而更好地服务于企业绩效管理活动。为让绩效沟通的预定目标达到最优,管理人员应聆听或者运用语言表达,这样才能掌握更好的沟通方法。员工在与管理者进行绩效沟通的时候,管理人员需要借助肢体语言进行谈话,让员工处于轻松沟通的状态,并鼓励员工说出自己的想法。但是这些沟通技巧全部取决于绩效管理的动态化改进,也能通过改进让绩效管理取得更高成效。

目前,中小型煤炭企业的安全管理只重视安全生产目标的制定,而非目标实施与考核评价过程体系的构建,安全绩效考核停留在人工处理形式上,使员工的绩效考核制度没有真正发挥激励作用。企业在绩效管理过程中分析关键成功因素,制定与战略规划一致的关键绩效指标,并进行严格、客观、公平、公正的绩效评估,由此完成绩效考核这一环节,为其他相关部门的工作奠定良好的基础。

五、煤炭企业安全绩效管理考核实施过程中存在的问题

绩效管理是一个持续交流的过程,它需要绩效沟通,不仅包括结果上的沟通,还包括管理系统中绩效指标的确定,在实施前要选择合适的测量对象并选取合适的测量方法,形成绩效指标体系。管理人员必须使员工理解、接受并参与到选择绩效指标的工作上,这不仅仅是人力资源部一个部门要做的事情。然而,我们有不少企业只是在表面上走个过场,而没有完全重视这种交流的过程。总之,

员工绩效考核作为人力资源管理体系的重要组成部分，是随着人力资源管理理论的发展而发展的，而人力资源管理作为一门新兴的学科，是随着人类社会的进步和国内外高新技术的发展不断完善和成熟的。走出绩效管理误区，正确理解绩效管理含义，区分绩效管理与绩效考核的区别，是我们合理应用绩效管理方法的首要选择。

新标准下煤炭企业需要运用科学的方法来评价安全绩效水平。针对当前煤矿安全绩效管理的研究现状和应用不能满足企业发展要求的问题，将目标与关键成果法（OKR）引入煤矿安全绩效评价中，提出了基于 OKR 的煤矿安全绩效管理框架体系，并根据 OKR 理论及具体实施进行应用研究，构建了基于 OKR 的煤矿安全绩效管理模型，探讨了其在煤炭企业进行安全绩效管理的可行性，为指导煤炭企业进行安全绩效管理及提高安全管理水平提供了一个新的思路。

新常态下我国煤炭企业各项管理法规和条文相继完善，为我国煤矿安全生产标准化建设奠定了一个良好的基础。在煤矿安全方面，在完善安全培训管理的同时，还应细化和深化煤炭企业日常化安全管理，例如：分析煤炭企业在安全管理中存在的现实问题，查找出致使煤炭企业出现不佳结果的具体原因，激励矿工安全行为意识和能动性，提高矿工责任意识和贡献意识。而企业细化和深化安全管理的重要手段就是安全绩效管理。在一定时期内，安全绩效能够很好地衡量企业安全管理水平，对企业的长足发展有着重要的推动意义。现阶段，我国煤矿从业者普遍受到过良好的高等教育，思想观念也紧随信息化潮流，因此煤炭企业迫切需要一套科学的、先进的、符合人性发展的安全绩效评价体系。煤矿安全绩效管理方法有很多，多从静态角度出发，静态评价分析大多属于事后分析，主要对已有安全事故数据和一定时间区间内煤矿事故数据进行评价分析，例如事故死亡人数、较大事故起数和百万吨死亡率。再者，我国煤矿安全绩效管理多是被动管理，具体表现形式就是只罚不奖，管理方式滞后，不能自动激发煤矿从业者的安全意识和能动性，起不到很好的教育意义。新标准下安全管理将会由被动接受向主动接受发展、由安全控制向安全保障发展，更加注重如何提高煤矿安全管理的组织能力，激发煤矿工人的安全观念、安全能动性及安全使命感。当前煤炭企业外部环境变化和政策要求其改革自身安全绩效管理方式，这为引入 OKR 理念提供了很好的契机。OKR 是一套明确和跟踪目标及其完成情况的管理工具和方法，由英特尔首席执行官（CEO）格鲁夫发明。OKR，顾名思义，由目标和关键成果两部分组成，目标是对驱动组织朝期望方向前进的定性追求的一种简洁描述，主要回答想做什么，关键成果是衡量目标达成的情况，主要回答如何知道是否达成了目标的要求。OKR 绩效管理方法有以下特点：

（1）OKR 操作简单，运用方便。为了避免出现目标多了重点不明确、方向不清晰的情况,OKR 绩效管理充分利用了巴莱多定律,重点击破占 80%左右绩效对应的重点工作,因此要求每个被考核的目标在 3～5 个,而每个目标最多不超过 3 个具体的关键成果。

(2) OKR 赋予员工更多的主动权。目标不再是单一的下达式,而主要源于基层员工的自我制定。在公司目标下,个人的目标和关键成果确定后会汇集到公司层面,从而实现双向沟通,增强公司目标和个人目标的上下一致性以及员工的敬业度,使员工不断思考更好的想法落实生产安全。

(3) OKR 强调执行过程和结果公开透明。全体公司员工都可以获得参与的部门、团队和个人的目标和关键成果、执行进度以及最终的评分,这样有助于团队的合作,也有助于公平,同时也是一种实现自我价值和责任感的激励手段。

在 OKR 理论指导下,按照国家的安全生产方针、政策和有关安全工作的指令、规定要求,结合煤矿实际安全生产的特点,并根据现今已有的安全绩效指标体系的研究成果,构建了基于 OKR 的煤矿安全绩效管理框架。煤炭企业制定 OKR 从年度设定开始,从年度到季度再到月度,从部门(科室)再到个人,每个煤矿工人都有自己的 OKR。

煤矿矿长根据国家政策要求和外部环境制定公司全年的煤矿安全发展战略规划,总工程师、安全副矿长依据安全战略规划制定企业年度安全目标,继而各部门(科室)细化布置季度目标、月度目标。矿长、总工程师、安全副矿长在制定目标时需要与基层煤矿安全管理者进行深入沟通分析,研究其可行性,考虑是否需要调整或者重新制定,这也是为了让一线安全管理者将自己的目标与公司目标相互关联,提高一线安全管理者的认同感和使命感,激发一线安全管理者的工作激情。OKR 设定遵循聚焦原则,强调少即是多,煤矿安全管理者和矿工应该设定 3～5 个目标,每个目标需要具备以下特点:有时间限制、定性、简洁、可达到、团队可控制、能够鼓舞人心。煤炭企业各个层级的 OKR 制定后,将以煤矿安全目标树的形式进行公示。

煤矿安全目标制定后,OKR 进入执行阶段,即明确目标的关键成果。安全副矿长组织安检科、通风科开展安全生产工作会议,积极督促落实 OKR 的实施情况,主要包括:明确该煤炭企业年度安全目标,督促领导层的安全管理者确定该季度、月度的关键成果,并将关键成果分解细化为任务。首先,安全副矿长确定其他分管副矿长、总工程师、副总工程师的安全关键成果,其关键成果对于分管副矿长、副总工程师所管理的部门(科室)就是所要完成的目标。其次,部门(科室)根据目标再确定部门关键成果,以此类推,最终确定个人的目标和关键成果,从而制定个人本月、本周任务。个人的关键成果的内容应该包括衡量关键成果达成的指标、战略手段、周期。关键成果遵循 SMART 目标管理原则,具备以下特点:能够量化、自主定制、基于时间进度、富有挑战性。

OKR 确定后，负责煤矿安全生产各个部门(科室)要不断召开区队会议和一对一会议，公开透明地对区队、个人的目标和关键成果在执行过程中出现的问题进行采集，做好沟通反馈工作。在反馈的过程中，需要注意倾听煤矿一线工人的声音，因为目标实现都来源于一线工人的基础工作。对煤矿安全关键成果执行过程的反馈，每个季度至少进行 2 次，并能随时接受来自一线煤矿工人的反馈。如果关键成果不能有助于目标的完成，则需要重新设定目标和关键成果，如果有必要，需要重新讨论并及时调整本年度煤矿安全战略。只有在关键成果仍然很重要的情况下，才能持续为它而努力。每个季度中期和季度末需要对各层级的 OKR 打分，与传统的煤矿安全绩效考核的不同之处在于过程比打分结果更重要。OKR 评分的范围为 0～100%，最佳的得分区段是 60%～70%，而不是满分(以 0～1 分制评分系统为例)。通过这样的评分标准，可以让煤矿管理层清楚地知道每个部门、区队、个人在安全管理方面的上升空间和不足之处。对于煤炭企业，发生矿难造成的伤亡是不可逆的，因此在设定部门、区队、个人目标时，一定要让团队和个人的关键成果适当超出其日常安全能力范围，尽可能避免人为事故的发生。同时，区队和个人完成百分比过低时，管理者也不应该给予惩罚，因为评定的目的是判断关键成果是否真正帮助达成目标，并在评定的过程中唤起每个人当初制定目标的承诺，更好地激发区队和矿工的安全能动性。

第三部分

煤炭企业安全生产责任制推进策略篇

随着安全绩效管理对于企业运营效率与高质量发展等方面的作用日益凸显，各行业已广泛使用安全绩效管理理论与方法。对于煤炭企业而言，提高其安全绩效管理水平有助于满足煤矿智能化高效矿山与安全矿山的本质要求。

在本部分中，我们结合煤炭企业的特点，提出了煤炭企业安全绩效考核指标体系构建原则，并构建了煤炭企业安全绩效考核指标体系结构，建立了面向煤炭企业的普适性安全绩效考核指标体系，包括安全管理系统安全绩效考核指标体系、采煤系统安全绩效考核指标体系、掘进系统安全绩效考核指标体系、机电系统安全绩效考核指标体系、运输系统安全绩效考核指标体系、通风系统安全绩效考核指标体系、灾害防治系统安全绩效考核指标体系。在此基础上，分别从煤炭企业安全绩效过程控制、煤炭企业安全绩效考核组织与计算、煤炭企业安全绩效考核结果反馈与申诉、煤炭企业安全绩效考核结果应用等部分详细阐述了煤炭企业安全生产责任制推进策略。

第六章　煤炭企业安全绩效考核指标体系构建

一、煤炭企业安全绩效考核指标体系构建原则

（一）自下而上与自上而下相结合的原则

煤炭企业安全绩效考核指标体系的生命力在于两个方面：第一是要符合国家相关法律、法规；第二是其贯彻执行的力度。自下而上的方式保证了绩效考核指标体系的群众基础，便于煤炭企业安全绩效考核的贯彻落实；自上而下的方式保证了安全绩效考核指标体系不违背国家法律、法规和行业的安全规程。因此，煤炭企业安全绩效考核指标体系的构建应遵循自下而上和自上而下相结合的原则。

（二）可操作性原则

煤炭企业安全绩效考核指标体系的可操作性应当体现在两个方面：一方面，考核指标的设计要体现出实用性。要做到指标的含义明确具体、便于理解，切忌产生歧义，而且不必穷尽所有的考核指标，只需要从煤矿生产系统的自身特点出发，覆盖各系统的关键危险源和隐患；考核的过程要简单易操作，不能影响煤炭企业的正常生产，成为被考核者的负担。另一方面，安全绩效考核指标设计要考虑指标数据的收集和考核方法的易操作性。

（三）动态性原则

随着开采作业的不断推进，矿井地质条件、机器装备状况等都会发生变化，煤矿安全绩效考核指标体系应随着这些条件的变化不断进行调整，以适应新的条件。

（四）员工参与性原则

在传统的管理方式下，管理者下达指令，员工接受指令并完成任务，完全没有参与管理活动的可能，管理的效果只能是事倍功半。然而，现代绩效管理理念希望员工积极参与管理。员工参与绩效管理的程度越高，反映出员工的接受程

度就越高，管理者与员工之间也就越容易沟通，从而促使煤矿安全管理绩效考核达到事半功倍的效果。

（五）结果导向性原则

将安全绩效考核的结果与各部门、各岗位员工的工资、奖金相联系，与个人的晋升、培训相联系，将煤炭企业安全绩效水平的提高与部门、个人的利益紧密结合起来，从而有助于实现安全绩效考核的最终目标。

二、煤炭企业安全绩效考核指标体系结构

煤炭企业安全绩效考核指标体系包括安全管理系统、采煤系统、掘进系统、机电系统、运输系统、通风系统、灾害防治系统七大系统的安全绩效考核指标体系。煤矿安全管理系统安全绩效考核指标包括安全管理组织机构与责任制度、风险预控、隐患治理三个方面的指标。采煤系统、掘进系统、机电系统、运输系统、通风系统五大煤矿生产系统和灾害防治系统的安全绩效指标主要从五个方面进行构建。

安全管理系统中，安全管理组织机构与责任制度方面的考查指标为安全管理组织机构、安全管理责任制度；风险预控方面的考查指标为责任制度、年度危险源辨识和风险评估、专项危险源辨识和风险评估、风险管控；隐患治理方面的考查指标为责任制度、事故隐患治理、监督管理。

采煤系统中，人员方面的考查指标为、岗位知识、岗位技能、岗位行为。机器设备方面的考查指标为：设备通用要求，泵站，采（刨）煤机，刮板输送机、转载机、破碎机，带式输送机，单体液压支柱，液压支架，端头支架，辅助运输设备，通信系统，安全设施。环境方面的考查指标为：面内环境、顶板、面外环境。管理方面的考查指标为：组织机构、作业规程技术措施、管理制度、监测记录、管理台账、安全会议。安全效果方面的考查指标为：① 及时检查发现事故隐患并及时落实处理；② 无上级检查发现的与本系统有关的隐患；③ 责任范围内无被停产的头、面和停运的设备；④ 专业系统管理实现零“三违”、零伤害、零事故。

掘进系统中，人员方面的考查指标为：岗位知识、岗位技能、岗位行为。机器设备方面的考查指标为：掘进机械、机电设备、运输系统、施工图牌板、临时轨道及运输设备、局部通风系统、支护、安全设施。环境方面的考查指标为：作业环境、工作面、顶板、巷道。管理方面的考查指标为：组织机构、作业规程和安全措施、管理制度、监测记录、管理台账、机械化程度、安全会议。安全效果方面的考查指标为：① 及时检查发现事故隐患并及时落实处理；② 无上级检查发现的与本系统有关的隐患；③ 责任范围内无被停产的头、面和停运的设备；④ 专业系

统管理实现零“三违”、零伤害、零事故。

机电系统中，人员方面的考查指标为：岗位知识、岗位技能、岗位行为。机器设备方面的考查指标为：机器设备总体要求、主要提升（立斜井绞车）系统安全保护装置、矿井主要通风系统、压风系统、排水系统、供热系统、地面供电系统、井下供电系统、瓦斯抽采及发电系统、采掘运设备、管网、移动电气设备、器材工具、矿灯。环境方面的考查指标为：设备存放、机房卫生、照明。管理方面的考查指标为：组织机构、作业规程和安全措施、管理制度、监测记录、管理台账、机械化程度、安全会议。安全效果方面的考查指标为：① 及时检查发现事故隐患并及时落实处理；② 无上级检查发现的与本系统有关的隐患；③ 责任范围内无被停产的头、面和停运的设备；④ 专业系统管理实现零“三违”、零伤害、零事故。

运输系统中，人员方面的考查指标为：岗位知识、岗位技能、岗位行为。机器设备方面的考查指标为：普通轨斜巷（井）人车，架空乘人装置，机车、平巷人车、矿车、专用车辆，调度绞车，卡轨车、无极绳连续牵引车、绳牵引卡轨车、绳牵引单轨吊车，单轨吊车，无轨胶轮车，运输安全设施、挡车装置和跑车防护装置，物料捆绑，连接装置。环境方面的考查指标为：作业场所、安全警示。管理方面的考查指标为：组织机构、作业规程和安全措施、管理制度、监测记录、管理台账、机械化程度、安全会议。安全效果方面的考查指标为：① 及时检查发现事故隐患并及时落实处理；② 无上级检查发现的与本系统有关的与隐患；③ 责任范围内无被停产的头、面和停运的设备；④ 专业系统管理实现零“三违”、零伤害、零事故。

通风系统中，人员方面的考查指标为：岗位知识、岗位技能、岗位行为；机器设备方面的考查指标为：通风系统、局部通风系统、密闭、风门风窗、风桥；环境方面的考查指标为：风量配置、通风设施环境；管理方面的考查指标为：组织机构、作业规程和安全措施、管理制度、监测记录、管理台账、机械化程度、安全会议；安全效果方面的考查指标为：① 及时检查发现事故隐患并及时落实处理；② 无上级检查发现的与本系统有关的隐患；③ 责任范围内无被停产的头、面和停运的设备；④ 专业系统管理实现零“三违”、零伤害、零事故；⑤ 无无计划停风。

灾害防治系统可细分为防灭火与防治水两个部分，这两个部分均需要对人员和安全效果方面进行考查。人员方面的考查指标为：岗位知识、岗位技能、岗位行为。安全效果方面的考查指标为：① 及时检查发现事故隐患并及时落实处理；② 无上级检查发现的与本系统有关的隐患；③ 责任范围内无被停产的头、面和停运的设备；④ 专业系统管理实现零“三违”、零伤害、零事故。此外，防灭火方面，对机器设备的考查指标为：防灭火设备设施。对环境的考查指标为：一氧化碳和温度、封闭与采空区连通的巷道及各类废弃钻孔。对管理的考查指标为：防治措施、检查与观测。防治水方面，对机器设备的考查指标为：防排水系统、水文图纸。对环境的考查指标为：水仓、水沟，工作面。对管理的考查指标为：组织机构，作业规程和安全措施，管理制度，监测记录、管理台账，水害预报，积水、水仓、水沟清理，安全会议。

（一）安全管理系统安全绩效考核指标体系

安全管理是管理中的一个特定领域，是以安全为目的，针对人们生产过程中的安全问题，运用有效的资源，发挥人们的智慧，进行有关的决策、计划、组织和控制等方面的活动，以实现生产过程中人与机器设备、物料、环境的和谐，避免各种损失。

安全管理的目标就是减少和控制事故，尽量避免组织活动过程中由于事故造成人身、财产、环境或者其他损失。因此，安全管理就是为实现安全生产而组织和使用人力、物力、财力等各种物质资源的过程。它利用计划、组织、指挥、协调、控制等管理职能，控制来自自然界的、机械的、物质的不安全因素及人的不安全行为，避免发生伤亡事故，保证职工的生命安全和健康，确保生产顺利进行。

煤矿安全管理的目的就是控制和消除危险源，控制和消除隐患，避免事故的发生。煤矿安全管理系统安全绩效考核指标包括：安全管理组织机构与责任制度、风险预控、隐患排查治理三个方面的指标。

1．安全管理组织机构与责任制度方面

安全管理组织机构与责任制度方面包括两个一级指标：安全管理组织机构、安全管理责任制度。

安全管理组织机构指标又可细分为以下二级指标：① 设有安全生产监督管理部门，并明确制定安全生产规章制度、现场监督检查、“三违”行为的制止和纠正等职责。② 设有负责安全风险分级管控、事故隐患排查治理工作职责的部门；设有负责矿井采掘生产技术管理的部门，并明确技术管理及现场监督检查执行情况等工作职责。③ 设有负责安全生产调度管理的部门，明确矿井生产调度指挥、应急管理，安全监测监控及井上下通信系统管理等工作职责。④ 设有负责矿井通防管理的部门，明确矿井通风、防尘、防治瓦斯、防灭火、防突、爆破管理及现场监督检查执行情况等工作职责。⑤ 设有负责矿井机电运输管理的部门，明确机电、运输、自动化信息化等技术管理及现场监督检查执行情况等工作职责。⑥ 设有负责矿井水文地质管理工作的部门，明确防冲、防治水、水文地质、矿井地质、瓦斯地质、矿井测量管理及现场监督检查落实执行情况等工作职责。⑦ 设有负责煤矿安全培训管理的部门，明确培训、班组建设等工作职责。⑧ 设有负责职业病危害防治、综合行政管理以及地面后勤保障等工作职责的部门，职责明确。

安全管理责任制度指标又可细分为以下二级指标：① 建立煤矿矿长（法定代表人、实际控制人）为安全生产第一责任人，副矿长、总工程师分工负责的安全生产责任制，并以正式文件下发。② 明确部门、科室、区（队）、班组等各级单位安全生产责任。③ 制定各岗位安全生产责任制，明确责任范围，岗位有固定工作场所的，在适当位置进行长期公示。④ 至少建立以下安全管理制度，主要包括安全生产责任制管理考核制度、安全办公会议制度、安全投入保障制度、安全监督检查制度、安全技术措施审批制度、矿用设备和器材使用管理制度、矿井主要灾害预防管理制度、安全奖惩制度、安全操作规程管理制度、事故报告与责任追究制度、事故应急救援制度、"三违"管理制度与矿领导带班下井制度（制度具体内容要求：a. 符合相关的法律、法规、政策、标准；b. 内容具体，符合煤矿实际，有针对性，责任清晰，能够对照执行和检查）。⑤ 将全员安全生产责任制教育培训工作纳入安全生产年度培训计划，全员掌握本岗位安全生产职责；严格执行本矿各项制度。⑥ 对违反制度的行为和现象有明确、具体的处罚措施和责任追究办法，并严格落实。

2. 风险预控方面

风险预控方面包括责任制度、年度危险源辨识和风险评估、专项危险源辨识和风险评估、风险管控四个一级指标。

责任制度指标又可细分为以下二级指标：① 建立风险分级管控工作责任体系[要求：矿长全面负责，分管负责人负责分管范围内的安全风险分级管控工作；副总工程师、科室、区（队）安全风险分级管控的职责明确]；② 建立安全风险分级管控工作制度（要求：明确安全风险辨识评估范围、方法和安全风险的辨识、评估、管控、公告、报告工作流程）。

年度危险源辨识和风险评估指标又可细分为以下二级指标：① 在年度风险辨识评估前，组织由矿长和分管负责人等组成的风险辨识评估组开展 1 次安全风险辨识评估技术培训，且不少于 4 学时。② 每年度开展一次全面系统的危险源辨识和风险评估[要求：每年矿长组织各分管负责人、副总工程师和相关科室、区（队）进行年度危险源辨识评估，重点对井工煤矿瓦斯、水、火、煤尘、顶板、冲击地压及提升运输系统等容易导致群死群伤事故的危险因素开展危险源辨识评估；危险源辨识评估范围应覆盖煤矿井下所有系统、场所、区域；高瓦斯及突出、水文地质类型复杂和极复杂、煤层自燃及容易自燃、有冲击地压等 4 类重大灾害矿井，应将相应影响区域的安全风险评估为重大风险]。③ 年底前完成年度危险源辨识评估报告的编制，制定《煤矿重大安全风险管控方案》（要求：方案应包含重大安全风险清单，相应的管理、技术、工程等管控措施，以及每条措施落实的人员、技术、时限、资金等内容）。④ 危险源辨识和风险评估得到很好的应用（要求:《煤矿重大安全风险管控方案》对下一年度生产计划、灾害预防和处理计划、应急救援预案、安全培训计划、安全费用提取和使用计划等提出意见)。⑤ 年度辨识评估完成后 1 个月内对入井(坑)人员进行安全风险管控培训,内容包括重大安全风险清单、与本岗位相关的重大安全风险管控措施,且不少于2 学时。

专项危险源辨识和风险评估指标又可细分为以下二级指标:① 新水平、新采(盘)区、新工作面设计前,开展 1 次专项危险源辨识和风险评估(要求:a. 专项危险源辨识和评估由总工程师组织有关科室进行;b. 重点辨识评估地质条件和重大灾害因素等方面存在的危险源和风险;c. 编制专项辨识评估报告,有新增重大风险或需调整措施的补充完善《煤矿重大安全风险管控方案》;d. 辨识评估结果应用于完善设计方案,指导生产工艺选择、生产系统布置、设备选型、劳动组织确定)。② 生产系统、生产工艺、主要设施设备、重大灾害因素等发生重大变化时,开展 1 次专项危险源辨识和风险评估(要求:a. 专项辨识评估由分管负责人组织有关科室进行;b. 重点辨识评估作业环境、生产过程、重大灾害因素和设施设备运行等方面存在的安全风险;c. 编制专项辨识评估报告,有新增重大风险或需调整措施的补充完善《煤矿重大安全风险管控方案》;d. 辨识评估结果应用于指导编制或修订完善作业规程、操作规程)。③ 启封密闭、排放瓦斯、反风演习、工作面通过空巷(采空区)、更换大型设备、采煤工作面初采和收尾、综采(放)工作面安装回撤、掘进工作面贯通前,突出矿井过构造带及石门揭煤等高危作业实施前,新技术、新工艺、新设备、新材料试验或推广应用前,连续停工停产 1 个月以上的煤矿复工复产前,开展 1 次专项辨识评估[要求:a. 专项辨识评估由分管负责人(复工复产前专项辨识评估由矿长)组织有关科室、生产组织单位(区队)进行;b. 重点辨识评估作业环境、工程技术、设备设施、现场操作等方面存在的安全风险;c. 编制专项辨识评估报告,有新增重大风险或需调整措施的补充完善《煤矿重大安全风险管控方案》;d. 辨识评估结果应用于指导安全技术措施编制]。④ 本矿发生死亡事故或涉险事故、出现重大事故隐患,全国煤矿发生重特大事故,或者所在省份、所属集团煤矿发生较大事故后,开展 1 次针对性的专项辨识评估(要求:a. 专项辨识评估由矿长组织分管负责人和科室进行;b. 识别安全风险辨识评估结果及管控措施是否存在漏洞、盲区;c. 编制专项辨识评估报告,有新增重大风险或需调整措施的补充完善《煤矿重大安全风险管控方案》;d. 辨识评估结果应用于指导修订完善设计方案、作业规程、操作规程、安全技术措施)。⑤ 专项辨识评估完成后 1 周内对相关作业人员开展培训,且不少于 1 学时。

风险管控指标又可细分为以下二级指标:① 由矿长组织实施《煤矿重大安全风险管控方案》,人员、技术、资金满足要求,重大安全风险管控措施落实到位。

② 每年1月31日前，矿长组织将本矿年度辨识评估得出的重大安全风险清单及其管控措施报送属地安全监管部门和驻地煤监机构。③ 有重大安全风险的区域设定作业人数上限，人数应符合有关限员规定，入口显著位置悬挂限员牌板。④ 在行人井口和存在重大安全风险区域的显著位置，公示存在的重大安全风险、管控责任人和主要管控措施。⑤ 矿长掌握并落实本矿重大安全风险及主要管控措施，分管负责人、副总工程师、科室负责人、专业技术人员掌握相关范围的重大安全风险及管控措施。⑥ 在重大安全风险区域作业的区（队）长、班组长掌握并落实该区域重大安全风险及相应的管控措施；区（队）长、班组长组织作业时对管控措施落实情况进行现场确认。⑦ 矿长每年组织对重大安全风险管控措施落实情况和管控效果进行总结分析，指导下一年度安全风险管控工作。⑧ 采用信息化管理手段，实现对安全风险记录、跟踪、统计、分析、上报等全过程的信息化管理。

3. 隐患排查治理方面

隐患排查治理方面分为责任制度、事故隐患治理、监督管理三个一级指标。

责任制度指标又可细分为以下二级指标：① 建立健全事故隐患排查治理责任体系[要求：建立事故隐患排查治理工作责任体系，明确矿长全面负责、分管负责人负责分管范围内的事故隐患排查治理工作，各科室、区（队）、班组、岗位人员职责明确]。② 建立健全事故隐患排查治理工作制度，明确事故隐患排查治理工作职责[要求：建立《煤矿重大安全风险管控方案》措施落实情况检查和事故隐患排查治理相关制度，对重大安全风险管控措施落实及管控效果标准，事故隐患分级标准，以及事故隐患（含措施不落实情况）排查、登记、治理、督办、验收、销号、分析总结、检查考核工作作出规定并落实]。③ 每年至少组织矿长、分管负责人、副总工程师及安全、采掘、机电运输、通风、地测防治水、冲击地压等科室相关人员和区（队）管理人员进行1次事故隐患排查治理专项培训，且不少于4学时。④ 每年至少对入井（坑）岗位人员进行1次事故隐患排查治理基本技能培训，包括事故隐患排查方法、治理流程和要求、所在区（队）作业区域常见事故隐患的识别，且不少于2学时。⑤ 明确事故隐患排查人员、内容、周期[排查内容包括：排查《煤矿重大安全风险管控方案》措施落实情况和各生产系统、各岗位的事故隐患；重大安全风险管控措施不落实情况和人的不安全行为、物的不安全状态、环境的不安全条件以及管理缺陷等。人员、周期要求：a. 矿长每月组织分管负责人及相关科室、区（队）对重大安全风险管控措施落实情况、管控效果及覆盖生产各系统、各岗位的事故隐患至少开展1次排查，排查前制定工作方案，明确排查时间、方式、范围、内容和参加人员；b. 矿分管采掘、机电运输、通风、地测防治水、冲击地压防治等工作的负责人每半个月组织相关人员对覆盖分管范围的重大安全风险管控措施落实情况、管控效果和事故隐患至少开展1次排查；c. 矿领导带班下井过程中跟踪带班区域重大安全风险管控措施落实情况，排查事故隐患，记录重大安全风险管控措施落实情况和事故隐患排查情况；d. 生产期间，每天安排管理、技术和安检人员进行巡查，对作业区域开展事故隐患排查；e. 岗位作业人员作业过程中随时排查事故隐患］。⑥ 对排查出的事故隐患进行分级，建立事故隐患排查台账，按事故隐患等级逐项登记。⑦ 排查发现重大事故隐患后，及时向当地煤矿安全监管监察部门书面报告，并建立事故隐患排查台账和重大事故隐患信息档案。

事故隐患治理指标又可细分为以下二级指标：① 重大事故隐患由矿长按照责任、措施、资金、时限、预案"五落实"的原则，组织制定专项治理方案，并组织实施；治理方案按规定及时上报。② 不能立即治理完成的事故隐患，明确治理责任单位（责任人）、治理措施、资金、时限，并组织实施。③ 能够立即治理完成的事故隐患，当班采取措施，及时治理消除，并记入班组隐患台账。④ 对治理过程中存在危险的事故隐患治理有安全措施。⑤ 对治理过程中危险性较大的事故隐患应制定现场处置方案，治理过程中有专人现场指挥和监督，并设置警示标识。

监督管理指标又可细分为以下二级指标：① 事故隐患治理实施分级督办，明确事故隐患治理督办的责任单位（部门）和责任人员；对未按规定完成治理的事故隐患，及时提高督办层级，加大督办力度；挂牌督办的重大事故隐患，治理责任单位（部门）及时记录治理情况和工作进展，并按规定上报。② 事故隐患治理完成由验收责任单位（部门）或人员负责验收，经验收合格后予以销号，解除督办。③ 每月向从业人员通报事故隐患分布、治理进展情况；及时在行人井口或其他显著位置公示重大事故隐患的地点、主要内容、治理时限、责任人、停产停工范围；建立事故隐患举报奖励制度，公布事故隐患举报联系方式，接受从业人员和社会监督。④ 采用信息化管理手段，实现对事故隐患排查治理记录统计、过程跟踪、逾期报警、信息上报的信息化管理。⑤ 矿长每月组织召开事故隐患治理会议，对事故隐患的治理情况进行通报，分析重大安全风险管控情况、事故隐患产生的原因，总结经验，编制月度统计分析报告。⑥ 事故隐患排查治理工作资金有保障。

（二）采煤系统安全绩效考核指标体系

采煤系统的安全管理绩效考核指标体系从过程和结果两个层面，从人员、机器设备、环境、管理和安全效果五个方面进行构建，过程性指标从人员、机器设备、环境、管理四个方面展开，结果性指标主要从安全效果方面展开。

1. 人员方面

人员方面包括岗位知识、岗位技能、岗位行为三个一级指标。

岗位知识指标可细分为以下二级指标:① 特种作业人员持证上岗,其他工作人员培训合格后方可上岗;② 区(队)管理和技术人员掌握区队相关的岗位职责、管理制度、技术措施;③ 现场作业人员掌握自己本岗位的岗位职责、操作规程、作业规程、安全措施;④ 区(队)管理和技术人员掌握区队危险源辨识、隐患排查知识,熟知本区(队)的危险源和隐患;⑤ 现场作业人员掌握本岗位危险源辨识、隐患排查知识,熟知本岗位工作中的危险源和隐患。

岗位技能指标可细分为以下二级指标:① 现场作业人员具备岗位操作技能;② 现场作业人员具备危险源辨识监控、隐患排查治理的能力。

岗位行为指标可细分为以下二级指标:① 班组长及现场作业人员严格执行本岗位安全生产责任制;② 现场作业人员严格按照操作规程、作业规程、安全措施等要求规范操作,无"三违"行为;③ 现场作业人员作业前进行岗位危险源辨识及安全确认;④ 坚守岗位,不得脱岗、睡觉,确保自身安全。

2. 机器设备方面

机器设备方面主要包括采煤系统涉及的主要机器设备的完好安全的指标,包括设备通用要求,泵站,采(刨)煤机,刮板输送机、转载机、破碎机,带式输送机,单体液压支柱,液压支架,端头支架,辅助运输设备,通信系统,安全设施等设备的完好标准指标。

设备通用要求指标的二级指标为:① 小型电器排列整齐,干净整洁,性能完好;② 机电设备表面干净,无浮煤积尘;③ 移动变电站完好;④ 接地线安设规范;⑤ 电气设备上方有淋水,要有防水设施,确保电气设备不被淋水;⑥ 电缆悬挂、管子铺设符合规定,开关要上架,煤电钻电缆要盘好;⑦ 闲置设备和材料要放在安全出口 20 m 以外的安全地点。

泵站指标的二级指标为:① 乳化液泵站完好,乳化液泵站压力综采(放)工作面不小于 30 MPa,炮采、高档普采工作面不小于 18 MPa,乳化液(浓缩液)浓度符合产品技术标准要求;② 液压系统无漏、串液,部件无缺损,管路无挤压,连接销使用规范;注液枪完好,控制阀有效;③ 采用电液阀控制时,净化水装置运行正常,水质、水量满足要求;④ 各种液压设备及辅件合格、齐全、完好,控制阀有效,耐压等级符合要求,操纵阀手把有限位装置。

采(刨)煤机指标的二级指标为:① 采(刨)煤机完好,不漏油,不缺齿;② 采煤机有停止工作面刮板输送机的闭锁装置;③ 采(刨)煤机设置甲烷断电仪或者便携式甲烷检测报警仪,且灵敏可靠;④ 采(刨)煤机截齿、喷雾装置、冷却系统符合规定,内外喷雾有效;⑤ 采(刨)煤机电气保护齐全可靠;⑥ 刨煤机工作面至少每隔 30 m 装设能随时停止刨头和刮板输送机的装置或向刨煤机司机发送信号的装置,有刨头位置指示器;⑦ 大中型采煤机使用软启动控制装置;⑧ 采煤机具备遥控功能。

刮板输送机、转载机、破碎机指标的二级指标为:① 刮板输送机、转载机、破碎机完好;② 使用刨煤机采煤、工作面倾角大于 12°时,配套的刮板输送机装设防滑、锚固装置;③ 刮板输送机机头、机尾固定可靠;④ 刮板输送机、转载机、破碎机的减速器与电动机采用软连接或软启动控制,液力耦合器不使用可燃性传动介质(调速型液力耦合器不受此限),使用合格的易熔塞和防爆片;⑤ 刮板输送机安设有能发出停止和启动信号的装置;⑥ 刮板输送机、转载机、破碎机电气保护齐全可靠,电机采用水冷方式时,水量、水压符合要求。

带式输送机指标的二级指标为:① 带式输送机机架、托辊齐全完好,胶带不跑偏。② 带式输送机电气保护齐全可靠。③ 带式输送机的减速器与电动机采用软连接或软启动控制,液力耦合器不使用可燃性传动介质(调速型液力耦合器不受此限),并使用合格的易熔塞和防爆片。④ 使用阻燃、抗静电胶带,有防打滑、防堆煤、防跑偏、防撕裂保护装置,有温度、烟雾监测装置,有自动洒水装置。⑤ 带式输送机机头、机尾固定牢固,机头有防护栏,有消防设施,机尾使用挡煤板,有防护罩;在大于 16°的斜巷中带式输送机设置防护网,并采取防止物料下滑、滚落等安全措施。⑥ 连续运输系统有连锁、闭锁控制装置,机头、机尾及全线安设通信和信号装置,安设间距不超过 200 m。⑦ 上运式带式输送机装设防逆转装置和制动装置,下运式带式输送机装设软制动装置和防超速保护装置。⑧ 带式输送机沿线安设有效的急停装置。⑨ 带式输送机系统宜采用无人值守集中综合智能控制方式。

单体液压支柱指标的二级指标为:① 支柱全部编号管理,牌号清晰,不缺梁、少柱。② 单体液压支柱完好,使用 8 个月应进行检修和压力试验,并做好记录。③ 新设支柱初撑力:单体液压支柱 ϕ80 mm≥60 KN,ϕ100 mm≥90 KN;金属摩擦支柱必须使用 5 t 液压升柱器。④ 工作面支柱要打成直线,其偏差不超过±100 mm(局部变化地区可加柱);柱距偏差大于±100 mm,排距偏差不超过±100 mm。⑤ 底板松软时,支柱要穿柱鞋,钻底<100 mm。⑥ 工作面上、下出口的两巷,超前支护必须用金属支柱或铰接梁(或长钢梁),距煤壁 10 m 范围内打双排柱,10~20 m 范围内打单排柱。

液压支架指标的二级指标为:① 工作面液压支架初撑力不低于额定值的 80%,现场每台支架有检测仪表。② 支架要排成一条直线,其偏差不得超过±50 mm;中心距按作业规程要求,偏差不得超过±100 mm。③ 支架顶梁与顶板平行支设，其最大仰角<7°（遇断层、构造带、应力集中区，在保证支护强度条件下，应满足作业规程或专项安全措施要求）；支架垂直顶底板，歪斜角不大于5°。④ 液压支架接顶严实，相邻支架（支柱）顶梁平整，相邻支架间不能有明显错差（不超过顶梁侧护板高度的2/3），支架不挤、不咬，架间空隙不超过规定（<200 mm）。⑤ 采高大于3.0 m或片帮严重时，应有防片帮措施；支架前梁（伸缩梁）梁端至煤壁顶板垮落高度不大于300 mm；高档普采（炮采）工作面机道梁端至煤壁顶板垮落高度不大于200 mm，超过200 mm时采取有效措施。

端头支架指标的二级指标为：① 上、下平巷自工作面煤壁超前20 m，范围内支架完整无缺。②超前支柱初撑力不低于50 KN。③ 工作面内特殊支护齐全；进回风巷工作面端头处及时退锚。④ 工作面上、下出口的两巷，超前支护必须用金属支柱或铰接梁（或长钢梁），距煤壁10 m范围内打双排柱，10～20 m范围内打单排柱。

辅助运输设备指标的二级指标为：① 辅助运输设备完好，制动可靠，安设符合要求，声光信号齐全；② 轨道铺设符合要求；③ 钢丝绳及其使用符合《煤矿安全规程》要求，检验合格。

通信系统指标的二级指标为：① 通信系统畅通可靠，工作面每隔15 m及变电站、乳化液泵站、各转载点有语音通信装置；② 监测、监控设备运行正常，安设位置符合规定。

安全设施指标的二级指标为：① 各转载点有喷雾降尘装置，带式输送机机头、乳化液泵站、配电点等场所消防设施齐全。② 设备转动外露部位、溜煤眼及煤仓上口等人员通过的地点有可靠的安全防护设施。③ 单体液压支柱有防倒措施；工作面倾角大于15°时，液压支架有防倒、防滑措施，其他设备有防滑措施；倾角大于25°时，有防止煤（矸）窜出伤人的措施。④ 行人通过的刮板输送机机尾设盖板；带式输送机行人跨越处有过桥；工作面刮板输送机信号闭锁符合要求。⑤ 破碎机安全防护装置齐全有效。

3. 环境方面

环境方面主要包括工作面内外环境和顶板的安全指标。

工作面内环境指标的二级指标为：① 工作面内管路敷设整齐，液压支架内无浮煤、积矸，照明符合规定。② 无空帮空顶。架间撑木（或拉杆）齐全。锚、网支护完整有效。③ 工作面安全出口畅通，人行道宽度不小于0.8 m，综采（放）工作面安全出口高度不低于1.8 m，其他工作面不低于1.6 m，工作面两端第一组支架与巷道支护间净距不大于0.5 m。④ 进、回风巷超前支护距离不小于20 m，支柱柱距、排距允许偏差不大于100 mm。⑤ 进、回风巷与工作面放顶线放齐（沿空留巷除外），控顶距应在作业规程中规定；挡矸有效。⑥ 煤壁平直，与顶底板垂直。伞檐长度超过 1 m 时，其最突出部分薄煤层不超过 150 mm，中厚及以上煤层不超过 200 mm；伞檐长度在 1 m 以下时，其最突出部分薄煤层不超过 200 mm，中厚及以上煤层不超过 250 mm。

工作面外环境指标的二级指标为：① 电缆、管线吊挂整齐，泵站、休息地点、油脂库、带式输送机机头和机尾等场所有照明；图牌板（工作面布置图、设备布置图、通风系统图、监测通信系统图、供电系统图、工作面支护示意图、正规作业循环图表、避灾路线图，以及炮采工作面增设的炮眼布置图、爆破说明书等）齐全，清晰整洁；巷道每隔 100 m 设置醒目的里程标志。② 进、回风巷支护完整，无失修巷道；设备、物料与胶带、轨道等的安全距离符合规定，设备上方与顶板净距离不小于0.3 m。③ 巷道及硐室底板平整，无浮渣及杂物，无淤泥，无积水；管路、设备无积尘；物料分类码放整齐，有标志牌，设备、物料放置地点与通风设施距离大于 5 m。

顶板指标的二级指标为：① 顶板不垮落、悬顶距离超过作业规程规定的，停止采煤，采取人工强制放顶或者其他措施进行处理。② 工作面控顶范围内，顶底板移近量（按采高）≤100 mm/m。③ 工作面顶板不出现台阶下沉；综采工作面支架前梁接顶严实。④ 机道梁端至煤壁顶板冒落高度不大于 200 mm，综采不大于 300 mm。⑤ 不准随意留顶煤开采，必须留顶煤、托夹矸开采时，必须有专项批准的措施。⑥ 工作面因顶板破碎或分层开采，需要铺设假顶时，需要按作业规程的规定执行。

4. 管理方面

管理方面主要包括组织机构、作业规程技术措施、管理制度、监测记录和管理台账、安全会议等一级指标。

组织机构指标的二级指标为：① 采煤专业系统管理机构健全，部门职责明确，专业技术人员和岗位人员配备符合规定；② 采煤副总工程师负责组织成立采煤工作面初采、初放、回撤领导小组。

作业规程技术措施指标的二级指标为：① 作业规程符合《煤矿安全规程》等要求；采煤工作面地质条件发生变化时，及时修改作业规程或补充安全技术措施。② 矿总工程师至少每两个月组织对作业规程及贯彻实施情况进行复审，且有复审意见。③ 工作面安装、初次放顶、强制放顶、收尾、回撤、过地质构造带、过老巷、过煤柱、过冒顶区、过钻孔、过陷落柱等，以及托伪顶开采时，制定安全技术措施并组织实施。④ 作业规程中支护方式的选择、支护强度的计算有依据。⑤ 作业规程中各种附图完整规范。⑥ 放顶煤开采工作面开采设计制定有防瓦斯、防灭火、防水等灾害治理专项安全技术措施，并按规定进行审批和验收。

管理制度指标的二级指标为：① 有工作面顶板管理制度，有支护质量检查、顶板动态监测和分析制度；② 有采煤作业规程编制、审批、复审、贯彻、实施制度；③ 有工作面机械设备检修保养制度，乳化液泵站管理制度，文明生产管理制度，工作面支护材料、设备、配件备用制度等。

监测记录和管理台账指标的二级指标为：① 监测记录翔实（要求：a. 采煤工作面实行顶板动态和支护质量监测；进、回风巷实行围岩变形观测，锚杆支护有顶板离层监测；b. 监测观测有记录，记录数据符合实际；c. 异常情况有处理意见并落实；d. 对观测数据进行规律分析，有分析结果）。② 所有支护器材有基础台账，对规格型号、供货渠道、数量及合格证等均有记录。③ 支护材料使用8个月后应进行检修和压力试验，并做好记录。④ 要建立隐患管理台账，详细记录隐患排查、治理的过程。⑤ 领导现场跟班按规定填写信息卡，按要求填写现场安全记录、交接班记录。⑥ 坚持开展工作面安全管理、规程落实情况的评估工作，记录齐全，并放置在井下指定地点。

安全会议指标的二级指标为：① 定期召开安全会议，落实班前安全会议制度。② 定期组织进行生产系统重大安全隐患排查、治理；对排查出来的安全隐患，要按照“五定”原则落实。

5. 安全效果方面

安全效果方面的指标为：① 及时检查发现事故隐患并及时落实处理；② 无上级检查发现的与本系统有关的隐患；③ 责任范围内无被停产的头、面和停运的设备；④ 专业系统管理实现零“三违”、零伤害、零事故。

（三）掘进系统安全绩效考核指标体系

掘进系统安全绩效考核指标体系从人员、机器设备、环境、管理和安全效果五个方面构建。

1. 人员方面

人员方面包括岗位知识、岗位技能、岗位行为三个一级指标。

岗位知识指标的二级指标为：① 爆破工、机电维护工、带式输送机、刮板输送机、绞车司机等持证上岗；其他工作人员培训合格后方可上岗。② 区（队）管理和技术人员掌握区队相关的岗位职责、管理制度、技术措施。③ 现场作业人员掌握自己本岗位的岗位职责、操作规程、作业规程、安全措施。④ 区（队）管理和技术人员掌握区队危险源辨识、隐患排查知识，熟知本区队的危险源和隐患。⑤ 现场作业人员掌握本岗位危险源辨识、隐患排查知识，熟知本岗位工作中的危险源和隐患。⑥ 现场作业人员熟知施工图表。

岗位技能指标的二级指标为：① 现场作业人员具备岗位操作技能；② 现场

作业人员具备危险源辨识监控、隐患排查治理的能力。

岗位行为指标的二级指标为:① 班组长及现场作业人员严格执行本岗位安全生产责任制;② 现场作业人员严格按照操作规程、作业规程、安全措施等要求规范操作,无“三违”行为;③ 现场作业人员作业前进行岗位危险源辨识及安全确认;④ 坚守岗位,不得脱岗、睡觉,确保自身安全。

2. 机器设备方面

机器设备方面主要包括掘进系统涉及的主要机器设备的完好安全指标,包括掘进机械、机电设备、运输系统、施工图牌板、临时轨道及运输设备、局部通风系统、支护、安全设施等设备的完好标准指标。

掘进机械指标的二级指标为:① 掘进施工机(工)具完好,激光指向仪、工程质量验收使用的器具(仪表)完好精准;掘进机装备机载支护装置。② 掘进机械设备完好,掘进机、掘锚一体机、连续采煤机、梭车、锚杆钻车装设甲烷断电仪或者便携式甲烷检测报警仪。③ 掘进机、掘锚一体机、连续采煤机非操作侧设有急停按钮(连续采煤机除外),有前照明和尾灯;内外喷雾使用正常。④ 耙装机装设有封闭式金属挡绳栏和防耙斗出槽的护栏,固定钢丝绳滑轮的锚桩及其孔深和牢固程度符合作业规程规定,机身和尾轮应固定牢靠;上山施工倾角大于20°时,在司机前方设有护身柱或挡板,并在耙装机前增设固定装置;在斜巷中使用耙装机时有防止机身下滑的措施;耙装机距工作面的距离符合作业规程规定。

机电设备指标的二级指标为:① 巷道内无失爆电气设备;② 机电设备定期检查维护,达到完好标准,各种保护齐全;③ 设备安装位置合理,卫生清洁,挂牌管理,开关上架。

运输系统指标的二级指标为:① 后运配套系统设备设施能力匹配。② 运输设备完好,电气保护齐全可靠,行人跨越处应设过桥。③ 刮板输送机、带式输送机减速器与电动机实现软启动或软连接,液力耦合器不使用可燃性传动介质(调速型液力耦合器不受此限),使用合格的易熔塞和防爆片。④ 带式输送机胶带阻燃和抗静电性能符合规定,有防打滑、防跑偏、防堆煤、防撕裂等保护装置,装设温度、烟雾监测装置和自动洒水装置;机头、机尾应有安全防护设施;机头处有消防设施。⑤ 连续运输系统安设有联锁、闭锁控制装置,机头、机尾及全线安设通信和信号装置,安设间距不超过 200 m;采用集中综合智能控制方式;上运时装设防逆转装置和制动装置,下运时装设软制动装置和防超速保护装置;大于16°的斜巷中使用带式输送机设置防护网,并采取防止物料下滑、滚落等安全措施;机头、机尾处设置有扫煤器;托辊齐全、运转正常。⑥ 轨道运输设备安设符合要求,制动可靠,声光信号齐全;轨道铺设符合要求;钢丝绳及其使用符合《煤矿安全规程》要求;其他辅助运输设备符合规定。

施工图牌板指标的二级指标为：① 作业场所安设规范且符合现场实际的巷道平面布置图、施工断面图、炮眼布置三视图、爆破说明书（断面截割轨迹图）、正规循环作业图表、避灾路线图、临时支护图；② 图牌板内容齐全，图文清晰、正确，保护完好；③ 图牌板安设位置合理，便于作业人员观看。

临时轨道及运输设备指标的二级指标为：① 临时轨道轨距误差不大于10 mm且不小于5 mm，轨道接头间隙不超过10 mm，内错差、高低差不大于5 mm，水平误差不大于10 mm，中线误差不超过100 mm，前后目视平顺；② 轨枕间距不大于1 m，连接件齐全、紧固有效；③ 无杂拌道，轨枕无浮离、空吊板现象；④ 刮板输送机、带式输送机铺设平、稳、直，运行安全可靠，构件齐全，机头、机尾固定牢固可靠。

局部通风系统指标的二级指标为：① 通风系统符合《煤矿安全规程》规定；② 风筒吊挂整齐，逢环必挂，不漏风；③ 工作面风筒不落地，风筒口距工作面距离不超过作业规程规定；④ 实行风电闭锁、瓦斯电闭锁。

支护指标的二级指标为：① 永久支护距掘进工作面距离符合作业规程规定；② 临时支护形式、数量、安装质量符合作业规程要求；③ 架棚支护棚间装设有牢固的撑杆或拉杆，可缩性金属支架应用金属拉杆，距掘进工作面10 m内架棚支护爆破前进行加固。

安全设施指标的二级指标为：① 上、下山掘进安全设施、声光信号齐全有效，安全间距和躲避硐设置等符合《煤矿安全规程》规定；② 各种安全设施齐全可靠；③ 压风、供水系统压力等符合施工要求。

3. 环境方面

环境方面主要包括作业环境、工作面、顶板和巷道的安全指标。

作业环境指标的二级指标为：① 现场整洁，无积尘、浮渣、淤泥、积水、杂物等，设备清洁，物料分类、集中码放整齐，管线吊挂规范；② 材料、设备标志牌齐全、清晰、准确，设备摆放、物料码放与胶带、轨道等留有足够的安全间隙；③ 转载点、休息地点、车场、图牌板及硐室等场所照明符合要求。

工作面指标的二级指标为：① 掘进工作面必须设置三条“生命线”；② 高瓦斯矿井及有煤尘爆炸危险的煤巷掘进工作面应按《煤矿安全规程》规定设置隔（抑）爆设施；③ 采用锚杆支护的煤巷必须对顶板离层进行监测，测点布置符合作业规程规定，并有记录牌板显示；④ 爆破撤人距离和警戒设置符合作业规程规定。

顶板指标的二级指标为：① 掘进工作面控顶距离符合作业规程规定；② 严禁空顶作业，临时支护形式必须在作业规程中明确规定；③ 架棚支护巷道必须使用拉杆或撑木，炮掘工作面距迎头10 m内必须采取防倒加固措施。

巷道指标的二级指标为：① 掘进巷道内无空帮、空顶现象，失修巷道能及时处理；② 巷道内无杂物、无淤泥、无积水（淤泥、积水长度不超过 5 m，深度不超过 0.1 m）；③ 浮煤（矸）不超过轨枕上平面，水沟通畅；④ 材料、工具分类码放整齐有序，并实行挂牌管理；⑤ 管线吊挂整齐，符合作业规程规定；⑥ 巷道至少每隔 100 m 设置醒目的里程标志。

4. 管理方面

管理方面主要包括组织机构、作业规程技术措施、管理制度、监测记录和管理台账、机械化程度、安全会议等方面指标。

组织机构指标的二级指标为：① 掘进专业系统管理机构健全，部门职责明确，专业技术人员和岗位人员配备符合规定；② 掘进作业应按循环作业图表施工。

作业规程技术措施指标的二级指标为：① 作业规程编制、审批符合要求，矿总工程师至少每两个月组织对作业规程及其贯彻实施情况进行复审，且有复审意见；当设计、工艺、支护参数、地质及水文地质条件等发生较大变化时，及时修改完善作业规程或补充安全措施并组织实施。② 作业规程中明确巷道施工工艺、掘进循环进尺、临时支护及永久支护的形式和支护参数、距掘进工作面的距离等，并制定防止冒顶、片帮的安全措施。③ 巷道有经审批符合要求的设计，巷道开掘、贯通前组织现场会审并制定专项安全措施。④ 过采空区、老巷、断层、破碎带和岩性突变地带应根据地质及水文地质预报制定安全技术措施，加强支护，做到有疑必探，先探后掘。

管理制度指标的二级指标为：① 有工作面顶板管理制度，有支护质量检查、顶板动态监测和分析制度；② 有掘进作业规程编制、审批、复审、贯彻、实施制度；③ 有工作面机械设备检修保养制度，乳化液泵站管理制度，文明生产管理制度，工作面支护材料、设备、配件备用制度等；④ 坚持"一炮三检""三级信号""三保险""三人连锁爆破"制度。

监测记录和管理台账指标的二级指标为：① 煤巷、半煤岩巷锚杆、锚索支护巷道进行顶板离层观测，并填写记录牌板；进行围岩观测并分析、预报，根据预报调整支护设计并实施。② 所有支护器材有基础台账，对规格型号、供货渠道、数量及合格证等均有记录。③ 掘进机械设备有管理台账和检修维修记录。④ 要建立隐患管理台账，详细记录隐患排查、治理的过程。⑤ 领导现场跟班按规定填写信息卡，按要求填写现场安全记录、交接班记录。⑥ 坚持开展工作面安全管理、规程落实情况的评估工作，记录齐全，并放置在井下指定地点。

机械化程度指标的二级指标为：① 煤巷、半煤岩巷综合机械化程度不低于 50%；② 条件适宜的岩巷宜采用综合机械化掘进；③ 采用机械装、运煤（矸）；

④ 材料、设备采用机械运输，人工运料距离不超过 300 m。

安全会议指标的二级指标为：① 定期召开安全会议，落实班前安全会议制度。② 定期组织进行生产系统重大安全隐患排查、治理；对排查出来的安全隐患，要按照“五定”原则落实。

5．安全效果方面

安全效果方面的指标主要包括：① 及时检查发现事故隐患并及时落实处理；② 无上级检查发现的与本系统有关的隐患；③ 责任范围内无被停产的头、面和停运的设备；④ 专业系统管理实现零“三违”、零伤害、零事故等。

（四）机电系统安全绩效考核指标体系

机电系统安全绩效考核指标体系从人员、机器设备、环境、管理和安全效果五个方面构建。

1．人员方面

人员方面包括岗位知识、岗位技能、岗位行为三个一级指标。

岗位知识指标的二级指标为：① 特种作业人员持证上岗，其他工作人员培训合格后方可上岗；② 区（队）管理和技术人员掌握区队相关的岗位职责、管理制度、技术措施；③ 现场作业人员掌握本岗位的岗位职责、操作规程、作业规程、安全措施；④ 区（队）管理和技术人员掌握区队危险源辨识、隐患排查知识，熟知本区队的危险源和隐患；⑤ 现场作业人员掌握本岗位的危险源辨识、隐患排查知识，熟知本岗位工作中的危险源和隐患。

岗位技能指标的二级指标为：① 现场作业人员具备岗位操作技能；② 现场作业人员具备危险源辨识监控、隐患排查治理的能力。

岗位行为指标的二级指标为：① 班组长及现场作业人员严格执行本岗位安全生产责任制；② 现场作业人员严格按照操作规程、作业规程、安全措施等要求规范操作，无“三违”行为；③ 现场作业人员作业前进行岗位危险源辨识及安全确认；④ 坚守岗位，不得脱岗、睡觉，确保自身安全。

2．机器设备方面

机器设备方面主要包括机电系统涉及的主要机器设备的完好安全的指标，即机器设备总体要求、主要提升（立斜井绞车）系统安全保护装置、矿井主通风系统、压风系统、排水系统、供热系统、地面供电系统、井下供电系统、瓦斯抽采及发电系统、采掘运设备、管网、移动电气设备、器材工具、矿灯等一级指标。

机器设备总体要求指标的二级指标为：① 机电设备有产品合格证；② 纳入安全生产标准化管理的产品有煤矿矿用产品安全标志；③ 防爆设备有防爆合格

证；④ 井下移动电气设备上架，小型电器设置规范、可靠；⑤ 电气设备标志牌内容齐全；⑥ 防爆电气设备和小型防爆电器有防爆入井检查合格证；⑦ 各种设备表面清洁，无锈蚀；⑧ 机电设备综合完好率不低于 90%；⑨ 大型在用固定设备完好；⑩ 小型电气设备合格率不低于 95%。

主要提升(立斜井绞车)系统安全保护装置指标的二级指标为：① 各种安全保护装置符合《煤矿安全规程》规定(包括欠压保护、过电流保护、过卷保护、过速保护、限速保护、闸间隙保护、松绳保护、深度指示器失效保护、满仓保护装置和减速功能保护)。② 立井提升装置的过卷过放、提升容器和载荷等符合《煤矿安全规程》规定。③ 提升装置、连接装置及提升钢丝绳符合《煤矿安全规程》规定。④ 制动装置可靠，副井及负力提升的系统使用可靠的电气制动。⑤ 立井井口及各水平阻车器、安全门、摇台等与提升信号闭锁。⑥ 提升速度大于 3 m/s 的立井提升系统内，安设有防撞梁和缓冲托罐装置；单绳缠绕式双滚筒绞车安设有地锁和离合器闭锁。⑦ 斜井提升制动减速度达不到要求时应设二级制动装置。⑧ 提升系统通信、信号装置完善，安设有信号与控制回路闭锁，主副井绞车房与矿调度室有直通电话。⑨ 防止过卷、过速、限速、减速功能保护设置为相互独立的双线型式。⑩ 上、下井口及各水平安设有摄像头，机房有视频监视器。⑪ 地面机房安设有应急照明装置。⑫ 使用低耗、先进、可靠的电控装置，有电动机及主要轴承温度和振动监测。⑬ 主井提升宜采用集中远程监控，应设图像监视，并定时巡检。

矿井主通风系统指标的二级指标为：① 有可靠的双电源；② 电动机电机有过流保护和无压释放装置；③ 使用在线监测装置，并且具备通风机轴承、电动机轴承、电动机定子绕组温度检测和超温报警功能，具备振动监测及报警功能；④ 安设有与矿调度室直通的电话；⑤ 安设有反风设施、防爆门；⑥ 机房安设有水柱计、电流表、电压表仪表，并定期校准；⑦ 机房安设应急照明装置；⑧ 使用低耗、先进、可靠的电控装置。

压风系统指标的二级指标为：① 供风能力满足矿井安全生产需要；② 压缩机、储气罐及管路设置符合《煤矿安全规程》和《特种设备安全法》等规定；③ 电动机保护齐全、可靠；④ 压力表、安全阀、释压阀设置齐全有效，定期校准；⑤ 油质符合规定，有可靠的断油保护；⑥ 水冷压缩机水质符合要求，有可靠的断水保护；⑦ 风冷压缩机冷却系统及环境符合规定；⑧ 温度保护齐全、可靠，定值准确；⑨ 机房安设有应急照明装置；⑩ 使用低耗、先进、可靠的电控装置，有电动机及主要轴承温度和振动监测；⑪ 地面压缩机宜采用集中远程监控，实现无人值守。

排水系统指标的二级指标为：(1) 矿井及采区主排水系统。① 排水能力满足矿井、采区安全生产需要；② 泵房及出口，水泵、管路及配电、控制设备，水仓蓄水能力符合《煤矿安全规程》规定；③ 有可靠的引水装置；④ 设有水位观测及高、低水位声光报警装置；⑤ 电动机保护装置齐全、可靠；⑥ 排水设施、水泵联合排水试验、水仓清理等符合《煤矿安全规程》规定；⑦ 水泵房安设有与矿调度室直通的电话；⑧ 各种仪表齐全，及时校准；⑨ 使用低耗、先进、可靠的电控装置，有电动机及主要轴承温度和振动监测；⑩ 宜采用集中远程监控，实现无人值守。(2) 其他排水地点。① 排水设备及管路符合规定要求；② 设备完好，保护齐全可靠；③ 排水能力满足安全生产需要。

供热系统指标的二级指标为：(1) 热水锅炉。① 安设有温度计、安全阀、压力表、排污阀；② 按规定安设可靠的超温报警和自动补水装置；③ 系统中有减压阀，热水循环系统定压措施和循环水膨胀装置可靠，有高低压报警和联锁保护；④ 停电保护、电动机及其他各种保护灵敏可靠；⑤ 有特种设备使用登记证和年检报告；⑥ 安全阀、仪器仪表按规定检验，有检验报告；⑦ 水质合格，有检验报告。(2) 蒸汽锅炉。① 安设有双色水位计或两个独立的水位表；② 按规定安设可靠的高低水位报警和自动补水装置；③ 按规定安设压力表、安全阀、排污阀，安全阀、排污阀动作可靠；④ 按规定安设可靠的超压报警器和联锁保护装置；⑤ 温度保护、熄火保护、停电自锁保护以及电动机和其他各种保护灵敏可靠；⑥ 有特种设备使用登记证和年检报告；⑦ 安全阀、仪器仪表按规定检验，有检验报告；⑧ 水质合格，有检验报告。(3) 热风炉。① 安设有防火门和栅栏，有防烟、防火、超温安全连锁保护装置，有一氧化碳检测和洒水装置；② 电动机及其他各种保护灵敏可靠；③ 出风口处电缆有防护措施；④ 锅炉距离入风井口不少于 20 m；⑤ 有国家或者当地主管部门颁发的安全性能合格证。(4) 降温系统。① 设备完好；② 各类保护齐全、可靠；③ 各种阀门、安全阀灵活可靠；④ 仪表正常，有检验报告；⑤ 水质合格，有化验记录。

地面供电系统指标的二级指标为：① 有矿井供电设计及供电系统图，供电能力满足矿井安全生产需要；② 矿井供电主变压器运行方式符合规定；③ 主要通风机、提升人员的绞车、抽采瓦斯泵、压风机以及地面安全监控中心等主要设备供电符合《煤矿安全规程》规定；④ 各种保护设置齐全、定值合理、动作灵敏可靠，高压配出侧装设有选择性的接地保护装置；⑤ 变电所有可靠的跳闸电源；⑥ 直供电机开关或带有电容器的开关有欠压保护；⑦ 高压开关柜具有防止误分合断路器、防止带负荷分合隔离开关、防止带电挂(合)接地线(接地开关)、防止带接地线(接地开关)合断路器(隔离开关)、防止误入带电间隔；⑧ 反送电开关柜加锁且有明显标志；⑨ 矿井 6 000 V 及以上电网单相接地电容电流符合《煤矿安全规程》规定；⑩ 电气工作票、操作票符合《电力安全工作规程》的要求；

⑪ 防雷设施齐全、可靠；⑫ 供电电压、功率因数、谐波参数符合规定；⑬ 矿井主要变电所实现综合自动化保护和控制，实现无人值守；⑭ 变电所有应急照明装置；⑮ 矿井变电所安设有与电力调度及矿调度室直通的电话，并有录音功能。

井下供电系统指标的二级指标为：(1) 井下供配电网络。① 各水平中央变电所、采区变电所、主排水泵房和下山开采的采区泵房供电线路符合《煤矿安全规程》规定；② 矿井、采区及采掘工作面等供电地点均有合格的供电系统设计，符合现场实际；③ 井下变电所高压馈电线上安装有选择性接地保护装置；④ 配电网络开关分断能力、可靠动作系数和动、热稳定性以及电缆的热稳定性符合规定；⑤ 井下变电所、配电点悬挂与实际相符的供电系统图；⑥ 调度室、变电所有停送电记录；⑦ 变电所设置符合《煤矿安全规程》规定；⑧ 变电所设有与矿调度室直通的电话。(2) 采掘工作面供电。① 配电点设置符合《煤矿安全规程》规定；② 掘进工作面"三专两闭锁"设置齐全、灵敏可靠；③ 采煤工作面甲烷电闭锁设置齐全、灵敏可靠。(3) 高压供电装备。① 高压控制设备装有短路保护、过负荷保护、接地保护和欠压释放保护；② 矿用一般型高压开关应安装欠压保护、短路保护，高压隔爆开关应安装欠压释放保护、短路保护、过负荷保护、接地保护装置，真空高压隔爆开关还应装过电压保护；③ 向移动变电站和高压电动机供电的馈电线上装设有选择性的动作于跳闸的单相接地保护。(4) 低压供电装备。① 采区变电所、移动变电站或者配电点引出的馈电线上有短路、过负荷和漏电保护；② 有检漏或选择性的漏电保护；③ 低压电机装设短路、过负荷、单相断线、漏电闭锁保护及远程控制装置。(5) 变压器及电动机控制设备。① 40 kW 及以上电动机使用真空电磁启动器控制，并使用电动机综合保护；② 干式变压器、移动变电站过负荷、短路等保护齐全可靠；③ 低压电动机控制设备有短路保护、过负荷保护、单相断线保护、漏电闭锁保护及远程控制功能。(6) 保护接地符合《煤矿安全规程》和《煤矿井下保护接地装置的安装、检查、测定工作细则》的要求。(7) 信号照明系统。井下照明和信号的配电装置综合保护功能齐全可靠。(8) 电缆及接线工艺。① 动力电缆和各种照明、信号、监控监测电缆使用煤矿矿用电缆；② 电缆接头及接线方式和工艺符合要求，无"羊尾巴""鸡爪子"和明接头；③ 各种电缆按规定敷设(吊挂)，合格率不低于 95%；④ 各种电气设备接线工艺符合要求。(9) 井上下防雷电装置符合《煤矿安全规程》规定。

瓦斯抽采及发电系统指标的二级指标为：① 抽采泵出气侧管路系统装设防回火、防回气、防爆炸的安全装置；② 根据输送方式的不同，设置甲烷、流量、压力、温度、一氧化碳等各种监测传感器；③ 超温、断水等保护齐全可靠；④ 压力表、水位计、温度表等仪器仪表齐全有效；⑤ 机房安设有应急照明；⑥ 电气设备防爆性能符合要求，保护齐全可靠；⑦ 阀门装置灵活；⑧ 机房有防烟火、防静电、防雷电措施。

采掘运设备指标的二级指标为：① 采煤机上有急停刮板输送机的闭锁装置，综采工作面有通信和照明装置；倾斜 15°及以上工作面必须有防滑装置；刨煤机工作面至少每隔 30 m 装设能随时停止刨头和刮板输送机的装置或在刨煤机上装设刨头位置指示器，工作面倾角 12°以上时，刮板输送机必须装防滑、锚固装置；耙装机应有卡轨器、制动闸；耙装机应有卡轨器、制动器、保护栏杆、照明灯；掘进机蜂鸣器、照明、急停开关完整齐全。② 刮板输送机液力耦合器使用水（或耐燃液）介质，使用合格的易熔塞和防爆片；带式输送机使用阻燃胶带，有堆煤保护、防滑保护、防跑偏保护、温度保护、烟雾保护以及自动洒水装置；输送机机头有防护栏，机尾有护罩，行人需跨越处设过桥，输送机机头、机尾固定牢靠。③ 液压系统零部件齐全，管路、阀组不串、漏液，泵站压力符合要求。

管网指标的二级指标为：① 各种管路应每隔 100 m 设置标识，标明管路规格、用途、长度、载体、流向、管路编号等；② 管路敷设（吊挂）符合要求，稳固；③ 无锈蚀，无跑、冒、滴、漏。

移动电气设备指标的二级指标为：井下移动电气设备全上架，五小件（电铃、按钮、打点器、三通、四通）上板、有标志牌，防爆电气设备和五小件贴入井合格证。

器材工具指标的二级指标为：消防器材、电工操作绝缘用具齐全合格。

矿灯指标的二级指标为：在用矿灯完好率为 100%，使用合格的双光源矿灯；完好矿灯总数应多出常用矿灯人数的 10%以上。

3. 环境方面

环境方面主要包括设备存放、机房卫生、照明等方面的安全指标。设备存放指标的二级指标为：矿上必须有机电设备库、棚，按设备性能妥善存放，摆放整齐，标志清楚。机房卫生指标的二级指标为：① 机房硐室、机道和电缆沟内外清洁卫生，窗明几净；② 无积水，无油垢，无杂物；③ 电缆、管路排列整齐，无锈蚀。照明指标的二级指标为：机房、硐室以及巷道等照明符合《煤矿安全规程》要求。

4. 管理方面

管理方面主要包括组织机构、管理制度、监测记录和管理台账、安全会议等一级指标。

组织机构指标的二级指标为：机电专业系统管理机构健全，部门职责明确，专业技术人员和岗位人员配备符合规定。

管理制度指标的二级指标为：(1) 矿、专业管理部门建有以下制度（规程）。操作规程、停送电审批和工作票制度、设备定期检修、电气试验测试、干部上岗检查、设备管理、机电事故统计分析、防爆设备入井安装验收、电缆管理、小型电器管理、油脂管理、配件管理、阻燃胶带管理、杂散电流管理以及钢丝绳管理等制度。(2) 机房、硐室有以下制度、图纸和记录。① 有操作规程和岗位责任、设备包机、交接班、巡回检查、保护试验、设备检修、要害场所管理等制度,变电所有停送电管理制度;② 有设备技术特征、设备电气系统图、液压(制动)系统图、润滑系统图;③ 有设备运转、检修、保护试验、干部上岗、交接班、事故、外来人员、钢丝绳检查(或其他专项检查)等记录,变电所有停送电记录。

监测记录和管理台账指标的二级指标为:① 机电设备选型论证、购置、安装、使用、维护、检修、更新改造、报废等综合管理及程序符合相关规定,档案资料齐全。② 设备技术信息档案齐全,管理人员明确;主变压器、主要通风机、提升机、压风机、主排水泵、锅炉等大型主要设备做到一台一档、内容齐全(设备档案包括设备使用说明书、调试安装验收单、试验记录、设备历次事故记录、设备历次性能测试和关键部件探伤记录、分析报告处理及改进意见、设备大修及技术改造记录、设备履历簿和技术特征卡片、安装图纸、配件图册)。③ 矿井提升、排水、压风、供热、供水、通信、井上下供电等系统和井下电气设备布置等图纸齐全,内容、图例、标注规范,及时更新。④ 各岗位操作规程、措施及保护试验要求等与实际运行的设备相符。⑤ 供电装备按要求试验,有试验记录。

安全会议指标的二级指标为:① 定期召开安全会议,落实班前安全会议制度;② 定期组织进行生产系统重大安全隐患排查、治理。对排查出来的安全隐患,要按照"五定"原则落实。

5. 安全效果方面

安全效果方面的指标主要包括:① 及时检查发现事故隐患并及时落实处理;② 无上级检查发现的与本系统有关的隐患;③ 责任范围内无被停产的头、面和停运的设备;④ 专业系统管理实现了零"三违"、零伤害、零事故;⑤ 无无计划停电停风;⑥ 实现了防爆电气设备及小型电器无失爆,机电事故率不高于1%,设备待修率不高于5%。

(五) 运输系统安全绩效考核指标体系

运输系统安全绩效考核指标体系从人员、机器设备、环境、管理和安全效果五个方面构建。

1. 人员方面

人员方面主要包括岗位知识、岗位技能、岗位行为三个一级指标。

岗位知识指标的二级指标为:① 特种作业人员持证上岗,其他工作人员培训合格后方可上岗;② 区(队)管理和技术人员掌握区队相关的岗位职责、管理制度、技术措施;③ 现场作业人员掌握自己本岗位的岗位职责、操作规程、作业规程、安全措施;④ 区(队)管理和技术人员掌握区队危险源辨识、隐患排查知识,熟知本区队的危险源和隐患;⑤ 现场作业人员掌握本岗位危险源辨识、隐患排查知识,熟知本岗位工作中的危险源和隐患。

岗位技能指标的二级指标为:① 现场作业人员具备岗位操作技能;② 现场作业人员具备危险源辨识监控、隐患排查治理的能力。

岗位行为指标的二级指标为:① 班组长及现场作业人员严格执行本岗位安全生产责任制;② 现场作业人员严格按照操作规程、作业规程、安全措施等要求规范操作,无"三违"行为;③ 现场作业人员作业前进行岗位危险源辨识及安全确认;④ 坚守岗位,不得脱岗、睡觉,确保自身安全。

2. 机器设备方面

机器设备方面主要包括运输系统涉及的主要机器设备的完好安全的指标,包括普通轨斜巷(井)人车,架空乘人装置,机车、平巷人车、矿车、专用车辆,调度绞车,卡轨车、无极绳连续牵引车、绳牵引卡轨车、绳牵引单轨吊车,单轨吊车、无轨胶轮车,运输安全设施、挡车装置和跑车防护装置,连接装置等设备的完好标准指标。

普通轨斜巷(井)人车指标的二级指标为:① 制动装置齐全、灵敏、可靠;② 装备有跟车工在运行途中任何地点都能发送紧急停车信号的装置,并具有通话和信号发送、接收功能,灵敏可靠。

架空乘人装置的二级指标为:① 双向同时运送人员时钢丝绳间距不得小于 0.8 m,固定抱索器的钢丝绳间距不得小于 1.0 m;乘人吊椅距底板的高度不得小于 0.2 m,在上下人站处不大于 0.5 m;乘坐间距不应小于牵引钢丝绳 5 s 的运行距离,且不得小于 6 m;各乘人站设上下人平台,平台处钢丝绳距巷道壁不小于 1 m,路面应当进行防滑处理,上下人员地点前方应装置人员到达语音提醒装置。② 驱动系统必须设置失效安全型工作制动装置和安全制动装置,安全制动装置必须设置在驱动轮上。③ 装设超速、打滑、全程急停、防脱绳、变坡点防掉绳、张紧力下降、越位等保护装置。④ 沿线设有延时启动声光预警信号。⑤ 各上下人地点装备通信信号装置,具备通话和信号发送接收功能。⑥ 除采用固定抱索器的架空乘人装置外,应当设置乘人间距提示或者保护装置。⑦ 减速器应设置油温检测装置,当油温异常时能发出报警信号。⑧ 有断轴保护措施。⑨ 钢丝绳安全系数、插接长度、断丝面积、直径减小量、锈蚀程度符合《煤矿安全规程》规定。⑩ 倾斜巷道中架空乘人装置与轨道提升系统同巷布置时,必须设置电气闭锁,2 种设备不得同时运行;倾斜巷道中架空乘人装置与带式输送机同巷布置时，必须采取可靠的隔离措施。⑪ 巷道应当安设照明装置。

机车、平巷人车、矿车、专用车辆指标的二级指标为：① 制动装置符合规定，齐全可靠。② 列车或者单独机车前有照明，后有红灯。③ 警铃（喇叭）、连接装置和撒砂装置完好。④ 同一水平行驶 5 台及以上机车时，装备机车运输集中信号控制系统及机车通信设备；同一水平行驶 7 台及以上机车时，装备机车运输监控系统。⑤ 2016 年 10 月 1 日后投产的大型矿井的井底车场和运输大巷，装备机车运输监控系统或者运输集中信号控制系统。⑥ 防爆蓄电池机车或者防爆柴油机动力机车装备甲烷断电仪或者便携式甲烷检测报警仪。⑦ 防爆柴油机动力机车装备自动保护装置和防灭火装置；⑧ 机车、平巷人车、矿车、专用车辆完好。

调度绞车指标的二级指标为：① 安装符合设计要求，固定可靠；② 制动装置符合规定，齐全可靠；③ 钢丝绳安全系数、断丝面积、直径减小量、锈蚀程度以及滑头、保险绳插接长度符合《煤矿安全规程》规定；④ 声光信号齐全、完好；⑤ 滚筒钢丝绳排列整齐，绞车有钢丝绳伤人防护措施。

卡轨车、无极绳连续牵引车、绳牵引卡轨车、绳牵引单轨吊车指标的二级指标为：① 驱动部和牵引车制动闸齐全、灵敏可靠、使用正常；② 装备越位、超速、张紧力下降等安全保护装置，并正常使用；③ 设置司机与相关岗位工之间的信号联络装置；设有跟车工时，应设置跟车工与牵引绞车司机联络用的信号和通信装置；④ 驱动部、各车场设置行车报警和信号装置；⑤ 钢丝绳安全系数、插接长度、断丝面积、直径减小量、锈蚀程度符合《煤矿安全规程》规定。

单轨吊车指标的二级指标为：① 具备 2 路以上相对独立回油的制动系统；② 设置既可手动又能自动的安全闸，并正常使用；③ 超速保护、甲烷断电仪、防灭火设备等装置齐全可靠；④ 机车设置车灯和喇叭，列车的尾部设置红灯；⑤ 柴油单轨吊车的发动机排气超温、冷却水超温、尾气水箱水位、润滑油压力等保护装置灵敏可靠；⑥ 蓄电池单轨吊车装备蓄电池容量指示器及漏电监测保护装置，且齐全可靠。

无轨胶轮车指标的二级指标为：① 车辆转向系统、制动系统、照明系统、警示装置等完好可靠，车辆自带防止停车自溜的设施或工具；② 装备自动保护装置、便携式甲烷检测报警仪、防灭火设备等安全保护装置；③ 行驶 5 台及以上无轨胶轮车时，装备车辆位置监测系统；④ 装备有通信设备；⑤ 运行速度：运人时不超过 25 km/h，运送物料时不超过 40 km/h，车辆不空挡滑行；⑥ 井下无轨胶轮车应符合排气标准规定。

运输安全设施、挡车装置和跑车防护装置指标的二级指标为：① 轨道斜巷挡车装置和跑车防护装置符合《煤矿安全规程》规定，安装齐全可靠，并正常使用;② 无轨胶轮车运行的长坡段巷道内必须采取车辆失速安全措施,巷道转弯处设置防撞装置。

连接装置指标的二级指标为:保险链(绳)、连接环(链)、连接杆、插销、连接钩头及其连接方式符合规定。

3. 环境方面

环境方面主要包括作业场所、安全警示等方面的安全指标。

作业场所指标的二级指标为:① 运输线路、设备硐室、车间等卫生整洁,设备清洁,材料分类、集中码放整齐。② 主要运输线路水沟畅通,巷道无淤泥、积水;水沟侧作为人行道时,盖板齐全稳固。

安全警示指标的二级指标为:① 斜巷各车场及中间通道口装备有声光行车报警装置,并使用正常;② 斜巷双钩提升装备错码信号;③ 弯道、井底车场、其他人员密集的地点、顶车作业区装备有声光预警信号装置,关键部位道岔装备有道岔位置指示器;④ 各乘人地点悬挂有明显的停车位置指示牌;⑤ 斜巷车场悬挂最大提升车辆数及最大提升载荷数的明确标识;⑥ 无轨胶轮车运输巷道各岔口、错车点、弯道、车场等处设有行车指示等安全标志和信号;⑦ 有轨运输与无轨运输交叉处、有轨运输行人通行处等危险路段设置有限速和警示装置。

4. 管理方面

管理方面主要包括组织机构,管理制度,检测检验、监测记录和管理台账,安全会议等方面的指标。

组织机构指标的二级指标为:运输专业系统管理机构健全,部门职责明确,专业技术人员和岗位人员配备符合规定。

管理制度指标的二级指标为:(1) 完善各岗位各工种的操作规程,内容符合现场实际,并认真执行;(2) 制定以下规定:① 运输设备运行、检修、检测等管理规定;② 运输安全设施检查、试验等管理规定;③ 轨道线路检查、维修等管理规定;④ 辅助运输安全事故汇报管理规定。

检测检验、监测记录、管理台账指标的二级指标为:① 有运输设备、设施、线路的图纸和技术档案,有检修记录;② 施工作业规程、技术措施符合有关规定;③ 运输系统、设备选型和能力计算资料齐全;④ 架空乘人装置有专项设计;⑤ 人行车、架空乘人装置、机车、调度绞车、无极绳连续牵引车、卡轨车、绳牵引单轨吊车、单轨吊车、齿轨车、无轨胶轮车、矿车、专用车等运输设备编号管理;⑥ 更新或大修及使用中的斜巷(井)人车,有完整的重载全速脱钩测试报告及连接装置的探伤报告;⑦ 按规定对架空乘人装置、窄轨车辆连接链、窄轨车辆连接插销、斜井人车进行检测检验,有完整的试验、检测检验报告;⑧ 按规定对无轨胶轮车、单轨吊车进行试验、检测检验,有完整的试验、检测检验报告;⑨ 新投用机车应测定制动距离,之后每年测定1次,有完整的制动距离测试报告;⑩ 无极绳连续运输车、卡轨车、齿轨车、异型轨卡轨车、防跑车装置等根据产品使用说明书要求,由矿定期对相关安全性能进行试验,并有试验记录。

安全会议指标的二级指标为:① 定期召开安全会议,落实班前安全会议制度;② 定期组织进行生产系统重大安全隐患排查、治理。对排查出来的安全隐患,要按照"五定"原则落实。

5. 安全效果方面

安全效果方面的指标主要包括:① 及时检查发现事故隐患,并及时落实处理;② 无上级检查发现的与本系统有关的隐患;③ 责任范围内无被停产的头、面和停运的设备;④ 专业系统管理实现了零"三违"、零伤害、零事故。

(六) 通风系统安全绩效考核指标体系

通风系统安全绩效考核指标体系从人员、机器设备、环境、管理和安全效果五个方面构建。

1. 人员方面

人员方面主要包括岗位知识、岗位技能、岗位行为三个一级指标。

岗位知识指标的二级指标为:① 特种作业人员持证上岗,其他工作人员培训合格后方可上岗;② 区(队)管理和技术人员掌握区队相关的岗位职责、管理制度、技术措施;③ 现场作业人员掌握自己本岗位的岗位职责、操作规程、作业规程、安全措施;④ 区(队)管理和技术人员掌握区队危险源辨识、隐患排查知识,熟知本区队的危险源和隐患;⑤ 现场作业人员掌握本岗位危险源辨识、隐患排查知识,熟知本岗位工作中的危险源和隐患。

岗位技能指标的二级指标为:① 现场作业人员具备岗位操作技能;② 现场作业人员具备危险源辨识监控、隐患排查治理的能力。

岗位行为指标的二级指标为:① 班组长及现场作业人员严格执行本岗位安全生产责任制;② 现场作业人员严格按照操作规程、作业规程、安全措施等要求规范操作,无"三违"行为;③ 现场作业人员作业前进行岗位危险源辨识及安全确认;④ 坚守岗位,不得脱岗、睡觉,确保自身安全。

2. 机器设备方面

机器设备方面主要包括通风系统涉及的主要机器设备设施的完好安全的指标,包括通风系统、局部通风系统、密闭、风门和风窗、风桥等设备设施的完好标准指标。

通风系统指标的二级指标为：① 矿井有独立完整的通风系统，生产水平和采区实行分区通风；② 采掘工作面、井下爆炸物品库、充电硐室、采区变电所、实现采区变电所功能的中央变电所有独立的通风系统；③ 井下没有违反《煤矿安全规程》规定的扩散通风、采空区通风和利用局部通风机通风的采煤工作面；④ 矿井主要通风机安设监测系统，能够实时准确地监测风机运行状态、风量、风压等参数；⑤ 采区专用回风巷不用于运输、安设电气设备，突出区不行人。

局部通风系统指标的二级指标为：① 采用局部通风机供风的掘进巷道应安设同等能力的备用局部通风机，实现自动切换。局部通风机的安装、使用符合《煤矿安全规程》规定，实行挂牌管理，由指定人员上岗签字并进行切换试验，有记录；不发生循环风；不出现无计划停风，有计划停风前制定专项通风安全技术措施。② 局部通风机有消音装置，进气口有完整防护网和集流器，高压部位有衬垫，各部件连接完好，不漏风。局部通风机及其启动装置安设在进风巷道中，地点距回风口距离大于 10 m，且 10 m 范围内巷道支护完好，无淋水、积水、淤泥和杂物；局部通风机离巷道底板高度不小于 0.3 m。③ 风筒口到工作面的距离符合作业规程规定；自动切换的交叉风筒与使用的风筒筒径一致，交叉风筒不安设在巷道拐弯处且与 2 台局部通风机方位一致，不漏风。④ 风筒接头严密，无破口（末端 20 m 除外），无反接头；软质风筒接头反压边，无丝绳或者卡箍捆扎，硬质风筒接头加垫、螺钉紧固。⑤ 风筒吊挂平、直、稳，软质风筒逢环必挂，硬质风筒每节至少吊挂 2 处；风筒不被摩擦、挤压。⑥ 风筒拐弯处用弯头或者骨架风筒缓慢拐弯，不拐死弯；异径风筒接头采用过渡节，无花接。

密闭指标的二级指标为：① 密闭位置距全风压巷道口不大于 5 m，设有规格统一的瓦斯检查牌板和警标，距巷道口大于 2 m 的设置栅栏；密闭前无瓦斯积聚。所有导电体在密闭处断开（在用管路采取绝缘措施处理的除外）。② 密闭内有水时设有反水池或者反水管，采空区密闭设有观测孔、措施孔，且孔口设置阀门或者带有水封结构。

风门和风窗指标的二级指标为：① 每组风门不少于 2 道（含主要进、回风巷之间的联络巷设置的反向风门），其间距不小于 5 m[通车风门间距不小于 1 列（辆）车长度]；通车风门设有发出声光信号的装置，且声光信号在风门两侧都能接收。② 风门能自动关闭并联锁，使 2 道风门不能同时打开；门框包边沿口有衬垫，四周接触严密，门扇平整不漏风；风窗有可调控装置，调节可靠。③ 风门、风窗水沟处设有反水池或者挡风帘，轨道巷通车风门设有底槛，电缆、管路孔堵严，风筒穿过风门、风窗墙体时，在墙上安装与胶质风筒直径匹配的硬质风筒。

风桥指标的二级指标为：① 风桥两端接口严密，四周为实帮、实底，用混凝土浇灌填实；桥面规整不漏风。② 风桥通风断面不小于原巷道断面的 4/5，呈流线型，坡度小于 30°；风桥上、下不安设风门、调节风窗等。

3. 环境方面

环境方面主要包括风量配置、通风设施环境等方面的安全指标。

风量配置指标的二级指标为：① 新安装、技术改造及更换叶片的主要通风机投入使用前，进行 1 次通风机性能测定和试运转工作，投入使用后每 5 年至少进行 1 次性能测定；矿井通风阻力测定符合《煤矿安全规程》规定。② 矿井每年进行 1 次通风能力核定；井下测风站（点）布置齐全、合理，并有测风记录牌板，填写所需风量、现场实际风量等参数，每 10 天至少进行 1 次井下全面测风，井下各硐室和巷道的供风量满足计算所需风量。③ 矿井有效风量率不低于 85%；矿井外部漏风率每年至少测定 1 次，外部漏风率在无提升设备时不得超过 5%，有提升设备时不得超过 15%。④ 采煤工作面进、回风巷实际断面不小于设计断面的 2/3；其他全风压通风巷道实际断面不小于设计断面的 4/5；矿井通风系统的阻力符合《煤矿井工开采通风技术条件》（AQ 1028—2006）规定；矿井内各地点风速符合《煤矿安全规程》规定。

通风设施环境指标的二级指标为：① 通风设施墙（桥）体采用不燃性材料构筑，其厚度不小于 0.5 m（防突风门、风窗墙体不小于 0.8 m），严密不漏风。② 密闭、风门、风窗墙体周边按规定掏槽，墙体与煤岩接实，四周有不少于 0.1 m 的裙边，周边及围岩不漏风；墙面平整，无裂缝、重缝和空缝，并进行勾缝或者抹面或者喷浆，抹面的墙面 1 m^2 内凸凹深度不大于 10 mm。③ 设施 5 m 范围内支护完好，无片帮、漏顶、杂物、积水和淤泥。

4. 管理方面

管理方面主要包括组织机构，作业规程和安全措施，管理制度，监测记录、检修记录、管理台账，安全会议等一级指标。

组织机构指标的二级指标为：通风系统管理机构健全，部门职责明确，专业技术人员和岗位人员配备符合规定。

作业规程和安全措施指标的二级指标为：① 全矿井、一翼或者一个水平通风系统改变时，编制通风设计及安全措施，经企业技术负责人审批；巷道贯通前应当制定贯通专项措施，经矿总工程师审批。② 对于允许布置的串联通风，制定安全措施：其中开拓新水平和准备新采区的开掘巷道的回风引入生产水平的进风中的安全措施，经企业技术负责人审批；其他串联通风的安全措施，经矿总工程师审批。③ 专用回风巷道维修时制定专项措施，经矿总工程师审批。④ 有构筑通风设施（指永久密闭、风门、风窗和风桥）设计方案及安全措施。⑤ 制定年度全矿性反风技术方案，按规定审批，实施有总结报告，并达到反风效果。

管理制度指标的二级指标为：定期组织通风系统审查和反风设施检查，按期进行矿井反风演习。

监测记录、检修记录、管理台账指标的二级指标为：① 通风设施统一编号，每道设施有规格统一的施工说明及检查维护记录牌；② 风门及采空区密闭每周、其他设施每月至少检查 1 次设施完好及使用情况，有设施检修记录及管理台账；③ 装有主要通风机的井口防爆门等反风设施每季度至少组织检查维修 1 次，且有检查维修记录。

安全会议指标的二级指标为：① 定期召开安全会议，落实班前安全会议制度；② 定期组织进行生产系统重大安全隐患排查、治理。对排查出来的安全隐患，要按照“五定”原则落实。

5. 安全效果方面

安全效果方面的指标主要包括：① 及时检查发现事故隐患，并及时落实处理；② 无上级检查发现的与本系统有关的隐患；③ 责任范围内无被停产的头、面和停运的设备；④ 专业系统管理实现了零“三违”、零伤害、零事故；⑤ 无无计划停风。

（七）灾害防治系统安全绩效考核指标体系

煤矿各类灾害防治系统安全绩效考核指标体系从人员、机器设备、环境、管理和安全效果五个方面构建。煤矿各类灾害防治系统可划分为两个部分：防治水系统和防灭火系统。

1. 人员方面

防治水系统和防灭火系统的人员方面主要包括岗位知识、岗位技能、岗位行为三个一级指标。

岗位知识指标的二级指标为：① 特种作业人员持证上岗，其他工作人员培训合格后方可上岗；② 区（队）管理和技术人员掌握区队相关的岗位职责、管理制度、技术措施；③ 现场作业人员掌握自己本岗位的岗位职责、操作规程、作业规程、安全措施；④ 区（队）管理和技术人员掌握区队危险源辨识、隐患排查知识，熟知本区队的危险源和隐患；⑤ 现场作业人员掌握本岗位危险源辨识、隐患排查知识，熟知本岗位工作中的危险源和隐患。

岗位技能指标的二级指标为：① 现场作业人员具备岗位操作技能；② 现场作业人员具备危险源辨识监控、隐患排查治理的能力。

岗位行为指标的二级指标为：① 班组长及现场作业人员严格执行本岗位安全生产责任制；② 现场作业人员严格按照操作规程、作业规程、安全措施等要求规范操作，无“三违”行为；③ 现场作业人员作业前进行岗位危险源辨识及安全确认；④ 坚守岗位，不得脱岗、睡觉，确保自身安全。

2. 安全效果方面

防治水系统和防灭火系统的安全效果指标主要包括：① 及时检查发现事故隐患，并及时落实处理；② 无上级检查发现的与本系统有关的隐患；③ 责任范围内无被停产的头、面和停运的设备；④ 专业系统管理实现了零“三违”、零伤害、零事故。

3. 机器设备方面

（1）防治水系统

防治水系统的机器设备方面主要包括防治水系统涉及的主要机器设备设施的完好安全的指标，包括防排水系统、水文图纸等设备设施的完好标准指标。

防排水系统指标的二级指标为：① 矿井、采区、工作面防排水系统健全完善，能力满足相关规定要求；② 建立地下水动态监测系统，受底板承压水威胁的水文地质类型复杂、极复杂矿井，还应建立突水监测预警系统。

水文图纸指标的二级指标为：① 绘制矿井综合水文地质图、矿井综合水文地质柱状图、矿井水文地质剖面图、矿井充水性图、矿井涌水量与各种相关因素动态曲线图等水文图件，图种齐全有电子文档，内容全面、准确。② 在采掘工程平面图和矿井充水性图上标绘出井巷出水点的位置及涌水量，积水的井巷及采空区范围、底板标高、积水量和水患异常区；标明井田范围内及周边采空区的积水范围、积水量、积水标高、积水线、探水线、警戒线。

（2）防灭火系统

防灭火系统的机器设备方面指标主要是设备设施完好安全的指标，其二级指标为：① 按《煤矿安全规程》规定设置井上、下消防材料库，配足消防器材。② 按《煤矿安全规程》规定，井下爆炸物品库、机电设备硐室、检修硐室、材料库等地点的支护和风门、风窗采用不燃性材料，并配备有灭火器材，其种类、数量、规格及存放地点，均在灾害预防和处理计划中明确规定。③ 矿井设有地面消防水池和井下消防管路系统，每隔 100 m（在带式输送机的巷道中每隔 50 m）设置支管和阀门，并正常使用；地面消防水池保持不少于 200 m^3 的水量。④ 开采容易自燃和自燃煤层，确定煤层自然发火标志气体及临界值，开展自然发火预测预报工作，建立监测系统；在矿井防止自然发火设计中明确选定自然发火观测站或者观测点。

4. 环境方面

（1）防治水系统

防治水系统的环境方面主要包括水仓和水沟、工作面等方面的安全指标。

水仓和水沟指标的二级指标为：水仓周围支护完好，水仓、水沟清理干净。

工作面指标的二级指标为：工作面无积水。

（2）防灭火系统

防灭火系统的环境方面主要包括一氧化碳和温度、封闭与采空区连通的巷道及各类废弃钻孔两个一级指标。

一氧化碳和温度指标的二级指标为：无一氧化碳超限作业，采空区密闭内及其他地点无超过 35 ℃的高温点（因地温和水温影响的除外）。

封闭与采空区连通的巷道及各类废弃钻孔指标的二级指标为：及时封闭与采空区连通的巷道及各类废弃钻孔；采煤工作面回采结束后 45 d 内进行永久性封闭。

5. 管理方面

（1）防治水系统

防治水系统的管理方面主要包括组织机构，作业规程和安全措施，管理制度，监测记录和管理台账，水害预报，积水、水仓、水沟清理，安全会议等方面的指标。

组织机构指标的二级指标为：防治水专业系统管理机构健全，部门职责明确，专业技术人员和岗位人员配备符合规定。

作业规程和安全措施的二级指标为：① 按《煤矿防治水细则》要求进行水文地质观测；② 开展水文地质类型划分工作，发生较大及以上水害事故或者因突水造成采掘区域或矿井被淹的，恢复生产前应重新确定；③ 对井田范围内及周边矿井采空区位置和积水情况进行调查分析并做好记录，制定相应的安全技术措施，对受老空水影响的煤层按规定划分可采区、缓采区、禁采区；④ 按照《煤矿防治水细则》要求进行矿井水文地质补充勘探，有可靠的安全技术措施，按规定编制补充勘探设计，有补充勘探报告和相关成果，由企业总工程师对设计进行审批、对报告和成果组织评审。

管理制度指标的二级指标为：按《煤矿防治水细则》要求建立健全水害防治技术管理制度、水害隐患排查治理制度、探放水制度、重大水患停产撤人制度。

监测记录和管理台账指标的二级指标为：① 有井上下和不同观测内容的专用原始记录本，记录规范，保存完好；② 按《煤矿防治水细则》要求编制矿井水文地质类型划分报告、水文地质补充勘探报告，按规定修编、审批；③ 建立防治水电子基础台账，并至少每半年修正 1 次；④ 建立水仓、水沟清理台账。

水害预报指标的二级指标为：① 年报、月报、临时预报应包含突水危险性评价和水害处理意见等内容，预报内容齐全、下达及时。② 在水害威胁区域掘进前，应查清水文地质条件，提出水文地质情况分析报告和水害防治措施，由煤矿总工程师组织生产、安全、地测等有关部门审批。③ 工作面回采前，应提出专门水文地质情况评价报告和水害隐患治理情况分析报告，并由煤矿总工程师组织生产、安全、地测等有关部门审批；发现断层、裂隙或者陷落柱等构造充水的，应当采取注浆加固或者留设防隔水煤（岩）柱等安全措施。④ 年初编制年度水害分析预测表及水害预测图。⑤ 编制矿井中长期防治水规划及年度防治水计划，并组织实施。⑥ 对断层水、煤层顶底板水、陷落柱水、地表水等威胁矿井生产的各种水害进行检测、诊断，发现异常及时预警预控。

积水、水仓、水沟清理指标的二级指标为：① 积水能够及时排出；② 按规定及时清理水仓、水沟，保证排水畅通。

安全会议指标的二级指标为：① 定期召开安全会议，落实班前安全会议制度；② 定期组织进行生产系统重大安全隐患排查、治理。对排查出来的安全隐患，要按照“五定”原则落实。

（2）防灭火系统

在防灭火系统的管理指标中，一级指标有两个：防治措施、检查与观测。

防治措施指标的二级指标为：① 按《煤矿安全规程》规定进行煤层的自燃倾向性鉴定，制定矿井防灭火措施，建立防灭火系统，并严格执行。② 开采自燃、容易自燃煤层的采掘工作面作业规程有防止自然发火的技术措施，并严格执行。③ 井下易燃物存放符合规定，进行电焊、气焊和喷灯焊接等作业符合《煤矿安全规程》规定，每次焊接制定安全措施，经矿长批准，并严格执行。④ 每处火区建有火区管理卡片，绘制火区位置关系图；启封火区有计划和安全措施，并经企业技术负责人批准。

检查与观测指标的二级指标为：① 每季度至少检查 1 次井上、下消防材料库，配足消防器材；② 每季度至少检查 1 次地面消防水池，确保保持不少于 200 m^3 的水量；③ 开采容易自燃和自燃煤层，每周进行 1 次自然发火观测分析，发现异常立即采取措施处理。

第七章 煤炭企业安全绩效过程控制

如第一部分企业绩效管理理论篇所述，绩效管理通常被看作一个五步循环过程，包括绩效计划与指标体系构建、绩效管理过程控制、绩效考核组织与计算、绩效反馈以及绩效考核结果应用。在前一章节，本书对煤炭企业安全绩效考核指标体系构建的一般过程进行了详细阐述。在煤炭企业安全绩效考核指标体系构建的基础上，被考核的基层单位和机关部室开始按照绩效考核指标开展工作。对于煤炭企业而言，不仅要关注最终安全绩效的完成情况，还需要关注安全绩效的形成过程。过分强调结果产出，会使得考核主体很难准确掌握安全绩效形成信息，无法对安全绩效考核对象进行指导和帮助，从而导致被考核对象的短期行为。

在煤炭企业安全绩效形成过程中，考核主体需要对被评估者（基层单位和机关部室）进行检查和指导，对发现的安全环保问题及时予以解决，并根据实际情况对安全环保计划进行调整。在设定的考核周期内，考核主体需要与基层单位和机关部室进行持续安全绩效沟通，保证上级单位和下级单位及时发现问题，修订安全绩效管理体系，保证工作正常开展，使安全绩效实施过程顺利进行。本章将对安全绩效过程控制的误区、措施及内容进行说明。

一、安全绩效过程控制的误区

（一）强调近期安全绩效

对于任何管理者而言，如不能收集整个评估阶段的资料，早期的安全管理绩效就会被淡忘，管理者会将被测评单位的安全管理绩效水平着眼于近期表现。例如：基层单位对于数月之前的事情看作不相关；或者上级单位没有在考核周期之初帮助下级单位解决困难，从而导致后期出现绩效问题。

为了避免或者降低强调近期安全绩效的现象，考核办公室需要对基层单位和机关部室在考核周期内的安全环保态度、行为和结果进行翔实记录。在此过程中，考核办公室需要重点关注收集何种信息、采用何种方法收集信息等问题。

（二）误解安全绩效考核标准

煤炭企业、煤化工企业均制定了相应的安全生产绩效考核标准、环保绩效考核标准等。在标准制定的过程中，上级单位、绩效考核标准制定部门、班子成员等均熟知基层单位及机关部室需要完全的安全绩效考核标准。然而，实际中往往存在基层单位部分管理人员误解或者混淆安全绩效考核标准的情况。

（三）缺乏足够的安全绩效记录资料

在安全绩效考核尤其是年度安全绩效考核过程中，考核办公室如果不希望通过直觉或记忆的方式去评估各基层单位和机关部室的安全绩效管理水平以及相对排序，必须有充分的安全绩效管理记录资料作为支撑。通常而言，出现缺乏足够安全绩效记录资料问题的原因，可以概括为安全绩效考核负责部门没有足够的精力去收集资料，以及没有意识到安全绩效记录资料对于过程控制、绩效考核、绩效反馈、奖惩以及绩效计划修正等工作的重要性。

（四）缺乏充分的安全绩效沟通

在安全绩效考核周期内，上级单位需要按照设定的绩效考核目标对下级单位进行检查。然而，在考核过程中如果仅通过填表、下行沟通等方式下达考核指令，而没有进行充分的绩效沟通，则下级单位的安全绩效管理水平很难得到提升。因此，在安全绩效过程控制中，需要进行充分的绩效沟通，明确基层单位和机关部室的实际绩效表现、存在问题等。

（五）缺乏后续跟进措施

对于上级单位而言，即使已经做好公司发展顶层设计、绩效考核指标体系设计等工作，但如果没有要求下级单位反馈绩效提升措施，也很难达到预定的绩效目标。在安全绩效管理过程中，绩效控制环环相扣，上级单位和下级单位需要针对考核周期内发现的问题分别制订绩效提升计划。

二、安全绩效过程控制的措施

（一）安全绩效持续沟通

安全绩效持续沟通是由考核主体和基层单位及机关部室共同完成，以分享有关信息的过程。分享的信息包括安全绩效管理工作进展、潜在问题、拟采取的解决方案以及公司支持措施等。

在安全绩效考核办法颁布之后，考核主体和基层单位及机关部室形成了绩效契约，下级单位需要按照约定的考核细则及“零”目标考核标准开展工作。然而，这是否意味着考核办公室可以高枕无忧地等待安全绩效考核结果？考核办法是否完全考虑了实际工作情境中面临的所有问题？显而易见，答案是否定的。在安全绩效考核周期内，安全绩效考核领导小组、考核办公室等需要与基层单位及机关部室开展持续沟通，了解安全绩效工作开展如何？有哪些存在的问题？如何帮助基层单位和机关部室提高绩效水平？同时，基层单位及机关部室也需获取必要信息，包括：各阶段工作内容是否需要进行适当调整？所需资源或支持是否能够满足？面临的问题如何进行解决？现行工作方法是否获得上级单位肯定？因此，在安全绩效考核周期内，考核主体和基层单位及机关部室需要充分获取安全绩效水平，并对出现的问题达成新的承诺。

在具体安全绩效持续沟通过程中，考核主体和基层单位及机关部室进行持续沟通时，可就以下问题展开：

（1）现有安全环保工作开展情况如何？

（2）现有安全环保工作中有哪些地方做得很好？

（3）现有安全环保工作中有哪些地方需要进行改进？

（4）如果和预期安全绩效目标有所偏离，双方应该采取哪些纠正措施？

（5）公司可以为基层单位及机关部室提供何种帮助？

（6）如果安全绩效目标需要进行改变，如何进行调整？

持续沟通渠道可以选取定期面谈、考核办公室参与基层单位或机关部室会议以及非正式沟通等。在具体持续沟通渠道选择方面，可以根据渠道的自身属性以及沟通双方的偏好进行选择。

（二）安全绩效信息收集与分析

安全绩效信息收集和分析是一种有组织地、系统地收集有关下级部门组织行为和组织绩效的方法。没有充足有效的绩效信息，就无法掌握基层单位和机关部室的安全绩效水平和存在问题，从而无法使整个安全绩效循环进行下去，并对整个公司的安全绩效产生良性影响。

通常而言，安全绩效信息收集与分析的目的包括：提供一份以事实为依据的安全绩效管理记录，为绩效评价和相关决策提供基础；及早发现安全环境绩效管理过程存在的问题，并提供解决方案；对基层部门和机关部室的组织行为进行掌握，以便进行纠偏。在实际工作中，关于煤炭企业、煤化工企业等的安全环保信息数据量巨大，很难也不需要对所有信息进行收集，因为收集数据量庞大的安全绩效信息会消耗大量的时间、人力和财力。针对这一问题，如何收集有价值的安全环保信息成为需要首先进行思考的问题。

对于企业而言，安全绩效管理只是企业发展的一个环节。因此，企业安全绩效信息收集应包括基层单位与机关部室安全绩效目标达成情况、基层单位与机关部室安全绩效突出或低下的情况及具体证据、安全绩效问题原因的相关数据、安全绩效沟通记录。

（三）安全绩效过程反馈与支持

在很多企业的安全绩效管理过程中，往往出现公司、部门、基层单位、员工等对安全绩效管理的有效性产生怀疑，进而导致安全绩效管理制度推行过程中出现各种障碍的情况。在安全绩效过程控制中，有效的反馈对于基层单位和机关部室完成绩效目标及组织发展很有必要。既可以反馈基层单位和机关部室在实际工作过程中的有效组织行为，也能够反馈基层单位和机关部室存在的不足，有助于帮助下级单位强化优势和改进劣势。

除安全绩效反馈外，考核主体还需要为基层单位和机关部室解决存在的问题提供指导。具体内容可以包括：与基层单位和机关部室正职或分管副职沟通，分析并正视存在的问题；与基层单位和机关部室正职或分管副职探讨存在问题的解决方法和途径；共同分析与确定合适的方法与途径，并以最佳的方法与途径解决问题；制订解决问题的行动计划。如果基层单位和机关部室不能通过指导解决问题，考核主体可以考虑采用组织正式的行为矫正措施和制度来解决存在的问题。

三、安全绩效过程控制的内容

（一）矿（厂）现场考核控制

（1）矿（厂）现场考核由考核办公室向安全绩效考核领导小组提出考核申请，安全绩效考核领导小组核实相关信息后，组成绩效考核小组，小组成员包括安全绩效考核领导小组、考核办公室、被考核部门相关负责人。

（2）现场考核过程需以事实为依据，客观、公正、科学地反映被考核矿（厂）的实际情况，不得徇私舞弊，更不得打击报复。

（3）矿（厂）现场考核结果的填写需采用三联单据。第一联由安全绩效考核办公室负责存档。第二联由安全绩效考核小组负责存档，并负责将考核结果及时正确输入系统，安全绩效考核办公室负责审核确认。输入系统时间节点在现场考核结束后的 24 h 内完成。第三联留被考核矿（厂）存档。

(4) 为保证矿(厂)现场考核的客观、公正和科学性,考核数据存档需要保证规范性、输入及时性和正确性,对未按规定执行的安全绩效考核小组或责任人进行处罚。

(二) 安全绩效考核信息的维护

(1) 安全绩效考核信息的维护、保密、导出等电子档案的管理工作由考核责任部门负责,并纳入考核责任部门绩效考核范畴。

(2) 考核责任部门负责统计年度或月度绩效考核结果,人力资源部、企管部等部门负责协助。

(三) 安全绩效考核核算方式的控制

矿(厂)月度考核以"定量为主,定性为辅"为准则,依据考核标准,将安全事故、环保事件、重大隐患等作为重点考核指标。同时,对矿(厂)安全绩效态度与行为进行考核。

(四) 安全绩效考核结果的控制

(1) 将矿(厂)领导月度、年度安全绩效考核的结果作为其月度、年度薪酬、福利、职位升降、职位留存的依据。

(2) 矿(厂)领导考核结果于月度、年度安全绩效改进会结束 3 日后正式生效、实施。

(3) 矿(厂)领导的月度安全绩效考核的平均考核成绩不得高于其所负责部门的最高安全绩效考核成绩。

(五) 安全绩效改进过程的控制

(1) 安全绩效考核小组把本月度安全绩效考核完成情况上报、输入系统,由安全绩效考核办公室对上报结果进行复核汇总。对于考核信息逾期未能及时正确上报、输入系统的安全绩效考核小组或责任人,需按照考核清单处罚。

(2) 安全绩效考核办公室依据上报的考核信息,核算出矿(厂)当月考核结果。

(3) 安全绩效考核办公室将矿(厂)上月安全绩效考核结果予以公示,矿(厂)对安全绩效考核成绩存在异议的,由安全绩效考核小组负责解释。考核成绩确有不符合客观事实需要予以纠正的,由安全绩效考核办公室、安全绩效考核领导小组会商后予以实施。

(4) 安全绩效考核办公室依据上月考核结果拟定各个矿(厂)上月度安全绩

效取得的成绩与存在的不足，提炼汇总月度安全绩效改进会需要重点关注的问题，撰写月度安全环保分析报告（包括但不限于成绩、不足、改进措施等内容），并为公司绩效改进会的召开准备材料。

（5）每月召开绩效改进会，安全绩效考核办公室或副主任汇报公司上月安全绩效情况。董事长、总经理就安全绩效存在问题进行质询，同时确定下月各单位安全绩效目标。

（6）受到质询的矿（厂）以及副总，就上月安全环保管理中存在的问题写出《安全管理绩效改进计划书》，于绩效改进会结束后 24 h 内及时提交安全绩效考核办公室。

（7）当月安全绩效改进会结束 48 h 内，安全绩效考核办公室在公司办公系统公布月度考评结果和安全管理绩效改进方案。

第八章　煤炭企业安全绩效考核组织与计算

尽管绩效管理五步循环思想已经受到越来越高的重视，然而在安全绩效管理过程中，如何进行安全绩效考核仍是整项工作的重中之重。通过安全绩效考核明确前一周期基层单位和机关部室安全环保工作的情况，发现安全环保工作存在的问题，以找到改善安全绩效的方法。

安全绩效考核工作对于上级单位、基层单位和机关部室都具有重要意义。对于基层单位和机关部室而言，安全绩效考核的意义体现在：明确基层单位和机关部室上一考核周期的安全环保工作为什么是有效的或无效的；确认应该以何种方式提高安全绩效；基层单位和机关部室如何提高管理方法和组织行为的有效性。对于上级单位而言，安全绩效考核的意义体现在：安全绩效考核工作是上级单位不可推卸的责任，基层单位和机关部室的安全绩效就是上级单位的安全绩效；认真组织安全绩效考核工作不仅体现了上级单位对基层单位和机关部室负责的态度，也反映了上级单位自己的工作态度。

一、常规绩效考核技术

通常而言，绩效考核技术可以分为两类。第一类，按照评估的相对性和绝对性，分为相对绩效考核方法和绝对绩效考核方法。其中，相对绩效考核方法包括简单排序法、交错排序法、配对比较法和强制分布法等，绝对绩效考核方法分为报告法、业绩评定法、因素考核法和360度考核法等。第二类，按照评估标准类型，可以分为特征导向绩效考核方法、行为导向绩效考核方法和结果导向绩效考核方法。其中，特征导向绩效考核方法主要应用的是图解特征法，行为导向绩效考核方法主要包括行为锚定法、行为观察法等，结果导向绩效考核方法有绩效合约法、产量衡量法和目标管理法。

在绩效考核或安全管理绩效考核工作中，企业通常采用同一类型的不同方法的组合，或者不同类型的方法组合。以下对常规绩效考核技术进行简单介绍。

（一）相对绩效考核方法

相对绩效考核方法是指在对基层单位和机关部室安全绩效水平比较的基础上，对其进行排序，提供被考评对象安全环保安全相对优劣的评价结果。排序的方法通常包括简单排序法、交错排序法、配对比较法和强制分布法。简单排序法要求考评小组根据安全绩效将被考评对象从最好到最差排序。交错排序法是在被评估对象中按照安全绩效水平依次找到最好的和最差的，便于进行绩效水平排序，是被广泛采用的安全绩效考核方法。配对比较法是考评小组将每一个被考评对象进行相互比较，根据配对比较结果排列绩效名次，而不是笼统地进行排序。强制分布法类似于在曲线上划分等级，将被考评对象分配到一种类似于正态分布的标准中去。然而，当被考评对象的安全绩效水平均优异时，考评小组很难将任何被考评对象放到较低等级的小组里去。

（二）绝对绩效考核方法

绝对绩效考核方法是指对每一个被考评对象的安全绩效水平进行考核，反映被考核对象的自我绩效水平。通常采用的绝对绩效考核方法包括报告法、业绩评定法、因素考核法和360度考核法。

报告法是指被考评对象利用书面的形式对安全绩效情况进行总结及考核的方法，适用于基层单位和机关部室的高级管理人员，且测评人数不宜过多。通常此种方法要求被考评对象对照考核要点列举考核周期内的若干件重大贡献及失败事件，并给出原因及改进建议。

业绩评定法是一种被广泛采用的绝对绩效考核方法，根据限定的考核指标进行考评。该方法通过构建业绩等级表，如五级量表或奇迹量表，方便考评小组对被考评人员进行便捷考评。在该方法使用的过程中需要注意的是，每个被考评指标的等级需要给出尽可能详细的等级表述，保证考评小组对整个组织考核结果的一致性。

因素考核法是将一定的分数按权重分配给各项安全绩效考核指标，每一个安全绩效考核指标均有一个考核制度。考核小组根据被考评对象的实际表现，对考评因素进行评分，从而获得被考评对象的最终考核结果。

360度考核法也是基于事先设定的考核指标和指标标准进行评估。不同的是，360度考核法通过多方安全绩效反馈、补充和比较，能够更准确作出评价。360度考核法具有比较公平公正、加强不同部门沟通、便于考评小组开展考核工作等方面的优点，但也会出现被考评人员担心其他部门的考评人员利用考核机会压低考评分数的问题。针对此问题，考评小组需要在确保匿名、对信息反馈富有责任感、使用统计程序、消除评分系统误差等方面制定考评保障措施。

除以上方法外，在实际绩效绝对考核工作中，定额法、面谈考核法等方法也被绩效管理人员采用，这里不再逐一介绍。

（三）特征导向绩效考核方法

特征导向绩效考核方法主要是图解式考核法，也称为图尺度考核法。图尺度考核法是针对每一项考评项目，预先设定考核基准，对工作内容、工作责任、工作行为特征等进行考核，如合作性、适应性、成熟性、动机等。运用图尺度考核法需要针对被考核者的特征，构建图尺度考核表，包括考核要素说明、考核尺度、考核的事实及依据、考核的等级详细说明等。由于图尺度考核法存在不能有效指导行为、主观性较强、可能存在偏见等问题，因此本方法不适用于晋升决策，应谨慎使用。

（四）行为导向绩效考核方法

行为导向绩效考核方法是面向组织行为的绩效考核方法，主要包括行为锚定法、行为观察法等。对于安全绩效考核而言，预防性风险管控相较于缓解性风险管控的意义更为重要，而预防性风险管控考核主要体现在基层单位和机关部室的安全环保行为方面。

行为锚定法是业绩评定法和关键事件法的结合，需要对关键事件中的有效和无效行为进行细致描述。行为锚定法具有十分突出的优点，包括：工作绩效计量更为准确，工作绩效考核标准更为准确，具有良好的绩效反馈功能，不同考核者对同一被考核对象的考核偏差较小。在行为锚定法使用过程中，其使用难点在于行为锚定等级的设计，设计工作量较大。

行为观察法是列举出评估指标，要求考评小组在观察的基础上，将被考评对象的工作行为同工作标准进行比照，按照“几乎没有”到“几乎总是”的程度进行评估的方法。

综合而言，最终被考评者接受的考评方法顺序是行为观察法、行为锚定法和图尺度考核法。相对于其他考评方法而言，行为观察法目标更加清晰，可以更加直观地观察，更容易被评估者接受，从而提高对考评结果的认同度。

（五）结果导向绩效考核方法

结果导向绩效考核是安全绩效考核中不可或缺的组成部分，如河南能源新疆公司颁布的《新疆公司安全环保“零”目标考核标准》。通常而言，结果导向绩效考核方法包括绩效合约法、产量衡量法和目标管理法。对于安全环保这一组织绩效而言，目标管理法是最常采用也是最为有效的安全绩效考核方法。

目标管理法是1954年由彼得·德鲁克提出的管理方法，是指由下级与上司共同决定具体的绩效目标，并且定期检查完成目标进展情况的一种管理方式。

由此而产生的奖励或处罚则根据目标的完成情况来确定。其中，以团队（部门）为基础的目标管理法称为团队目标管理法。首先，事先设定一个组织整体目标；然后，设定团队组织目标，并针对团队目标管理人员和普通员工设定各自目标。该方法可以让员工更多地参与目标设定过程，从而加强团队内部的关系。在团队目标管理实施过程中，需要整体领导风格、组织文化的配合，在高度信任、积极参与、领导支持的条件下，才能够高效地开展团队目标管理工作。

二、现行安全绩效考核组织与评分计算方法

（一）安全绩效考核组织

安全绩效考核由公司或考核责任部门统一组织，专业系统分管领导带队，采取公司抽查、会诊式检查和单位互检、标准化验收等形式开展月度考核。同时，将公司专业部室和安全小分队日常检查、公司开展的系统安全专项检查及地方政府和上级安监部门执法检查等动态发现问题纳入考核。

（1）安全环保“零”目标考核。安全环保“零”目标考核实行月度考核，将安全事故、环保事件、重大隐患作为刚性考核指标，按照安全环保“零”目标考核标准扣矿（厂）和部门总分。

（2）安全绩效考核。按照基层单位安全绩效考核标准，每季度第一个月由考核责任部门组织开展一次安全绩效考核。

（3）安全生产专项检查及专家会诊。每季度由生产技术部或机电部组织开展一次专项检查或专家会诊。根据安全管理重点选定 2 对矿井，每个矿井 2～3 天，重点开展“一通三防”、机电运输、顶板管理、防治水等专项检查。也可对矿井采掘接替、生产系统完善、隐患排查治理、瓦斯和水害治理等工作进行深入解剖式专家会诊。检查结束 3 天内提交检查总结及评分。

（4）安全生产标准化验收。每季度由考核责任部门组织抽调人员对煤矿和化工单位安全生产标准化进行对标考核。考核组成员为 7～10 人，从专家库中抽选人员（安全监察小分队驻矿人员配合）。

（5）月度考核结果评分。每月由牵头责任部门负责制定检查方案，明确检查分组、考核重点和检查要求。每季度第 1 个月，按照安全绩效考核结果进行分专业打分再加权求总；另外两个月，采取专项检查、专家会诊、安全生产标准化验收的月度，考核结果在每季度第一个月安全绩效考核得分的基础上分专业进行加减分。

（二）安全绩效考核评分计算方法

（1）单位得分计算

单位月度安全绩效考核得分＝100 分－∑（系统权重扣分）±∑［安全创新项目、安全管理现场会、安全效果加（减）分］

（2）单位安全绩效工资计算

$$\text{单位安全绩效工资}=\text{单位安全结构工资基数}\times[1+(\text{单位得分}-\text{基准分})\times 4\%]$$

（3）单位领导班子正职月度安全绩效薪酬计算

$$\text{单位领导班子正职月度安全绩效薪酬}=(\text{单位得分}-\text{基准分})\times\text{月度奖励标准}$$

（4）单位领导班子副职安全绩效薪酬计算

由公司或考核责任部门负责核算班子成员副职安全绩效薪酬总额，由基层单位按照个人安全绩效考核得分占 60％、单位（专业系统）安全绩效考核得分占 40％的考核原则以及“结对子”情况，计算班子成员副职安全绩效薪酬。

（5）假期等特殊情况安全绩效薪酬计算

由于节假日和国家、自治区重要活动等非自身原因造成的停产、放假，不超过 15 天的，正常考核；超过 15 天的，按照实际生产天数折算当月考核结果。当月因公司统一安排放假（如春节等），正常生产天数少于 15 天的，参照上一个月的考核结果执行。

（三）安全绩效考核可能出现的问题

绩效考核对企业发展具有重要作用，很多企业都将绩效考核引入企业管理实践中，以实现对企业人力资源的高效利用。然而，在实施过程中，企业绩效考核的效果往往不理想，没有达到预期目的。类似地，对于安全绩效考核而言，同样会存在诸多问题。这里对安全绩效考核过程中可能出现的问题进行梳理，以便为实际安全绩效考核工作提供参考。

（1）考核主体与被考核人员因素

在安全绩效考核过程中，绩效考核目的不明确、被考核人员和考核小组抵触、考核小组自身心理和行为偏差等方面的主观因素往往导致绩效考核结果出现问题。

① 绩效考核目的不明确。绩效考核目的不明确是很多企业出现的问题，造成了考核结果不理想的现象。造成这种现象的深层次原因主要表现为：有的企业认为绩效考核和企业人事管理没有区别，最终将绩效考核工作束之高阁；有的

企业夸大绩效考核的作用,将绩效考核的作用等同于绩效管理的作用,即在绩效管理作用和绩效考核作用之间画等号。实际上,绩效考核仅仅是绩效管理的一个环节,不能将绩效考核等同于绩效管理。

② 被考核人员和考核小组抵触。在考核指标体系制定的过程中,有些指标以定性指标为主,具有较强的主观性,容易影响绩效考核的公平性。绩效考核中的主观因素无法避免,考核结果偏差也无法避免。

从考核小组角度来看,由于受到从众效应、刻板印象等因素的影响,评估者会将评估偏差的原因归结为缺乏相应的知识培训等个人不可控因素。从被考核人员角度来看,被考核者往往将考核结果好归结为自己的努力,而将考核结果不好归结为运气不好或外部因素。这种归因偏差造成被考核者的不公正感,使其产生绩效考核是在走过场的感觉。

③ 考核小组自身心理和行为偏差因素。在绩效考核过程中,一些考核小组成员往往会带着主观偏差、个人感情色彩,一定程度上影响了考核结果的质量。通常而言,这些考核结果质量偏差受到考核小组成员自身心理和行为偏差因素的影响,偏差因素主要包括晕轮效应、趋中效应、近期效应、对比效应、从宽效应、从严效应、定势效应等。其中,晕轮效应是指考核者对被考核者某一方面绩效的评价影响了对其他方面绩效的评价。趋中效应是指考核者可能对被考核对象作出不好也不坏的评价。近期效应是指考核者主要依据对被考核对象的近期表现作出评价,没有全面考查被考核者在较长考核周期内的绩效水平。对比效应是指在绩效考评过程中,他人的绩效水平影响了考核者对被考核对象的评价。从宽或从严效应是指考核者对被考核者作出普遍宽厚或严厉性的评价现象。定势效应是指考核人员按照自己的思维方式衡量被考核人员的绩效水平。

(2)考核体系与考核组织因素

除主观因素外,考核缺乏标准或标准不完善、缺乏组织保障等方面因素也会影响绩效考核的效果。

① 缺乏考核标准。一些企业的考核目的不明确,导致了制定的考核指标标准过于模糊,从而导致在具体绩效考核过程中无法按照完善的考核标准评价被考核者的绩效水平,无法使被考核者感到信服。同时,各个部门或基层单位的考核标准的尺度不统一,考核小组或管理部门需要花费一定的时间进行绩效平衡。

② 缺乏组织保障。对于任何企业绩效管理而言,都需要企业高层管理者的支持。此外,管理人员认为考核占用过多精力但获取较少收益,管理人员或考评小组不愿意花费时间通过面谈方式评估绩效水平,管理人员或考评小组不善于提供绩效反馈信息,管理人员或考评小组的考评角色与绩效改进过程中扮演的帮助角色相矛盾等,会使绩效考核产生负面影响。

③ 考核结果缺乏与绩效管理后续步骤相结合。绩效考核结果需要和绩效反馈、绩效考核结果应用等相结合，而一些企业在绩效考核结果后，只是向被考核对象反馈考核结果，没有帮助基层单位制订绩效改进计划。此外，在实际工作中，还存在预先制定的奖惩、职务升迁、追责等措施未有效落实的问题，使得绩效管理未形成管理闭环。

（四）安全绩效考核有效性提升的建议

安全绩效考核是安全绩效管理的重要组成部分，同时安全绩效管理是一个五步循环过程，安全绩效考核有效性提升需要从绩效管理系统角度开展，包括提升前馈控制水平、提升考核过程控制水平、提升考核考核反馈控制水平和提升绩效考核结果应用水平四个方面。

（1）提升前馈控制水平

安全绩效管理水平提升的关键在于绩效管理前馈控制。在前馈控制阶段，需要树立绩效管理五步循环思想，明确安全绩效管理的目的，并设计系统的绩效考核指标体系和有效的考核标准。

（2）提升考核过程控制水平

在绩效过程控制和考核过程中，需要选择正确的考核方法和时间，并加强对考核小组成员的培训。在选择考核方法和时间方面，每种考核方法均有其优点和不足，在选择考核方法时要针对考核目标、考核对象、考核成本等选择最有效的做法。如为了避免趋中效应、从严效应和从宽效应，可采用强制分布法，使被考核对象对号入座。通常而言，定量考核成本要高于定性考核成本，但定性考核会因为信息失真等问题造成运作成本和组织成本增加。此外，当所有基层单位的安全绩效管理水平均较高时，仍然对基层单位的安全绩效管理水平进行排序，会给基层单位带来负面情况，从而影响基层单位的工作积极性。在安全绩效考核时间方面，绩效考核的周期也对考核质量有重要影响，需要依据具体情况设置考核时间间隔，不宜过长，也不宜过短。

除此之外，在考核过程中还需要加强对考核人员的培训，使考核人员具有较高的水平和能力，保持考核结果的信度和效度。对考核人员的培训可以从以下四个方面开展，包括：组织考核者认真学习安全绩效考核的内容和安全绩效考核标准；列举典型的考核错误；提高考核者的观察力和判断力；加强考核者对安全绩效考核工作的重视和投入。

（3）提升考核反馈控制水平

重视考核过程中的沟通和反馈是提高安全绩效考核有效性的方法之一。安全绩效考核的核心之一是持续有效沟通。很多企业已经意识到绩效沟通的重要性，但往往在绩效考核结果出来后才开展绩效沟通，这是一种错误的认识。在整个安全绩效管理过程中，每一个环节都需要沟通，这样才可以尽可能地保证下级单位对安全绩效考评结果的认同。

(4) 提升绩效考核结果应用水平

对于安全绩效考核结果应用水平提升方面而言，应注意正确处理考核结果和正确利用考核结果两个方面。

正如前文所述，对于机关部室组织行为考核、定性考核方面，很容易出现主观偏差现象，如趋中效应等。这些问题会使得考核结果集中处于某个安全绩效水平范围内，无法区分绩效好和绩效差的组织。在这种情况下，需要采用强制分布法进行调偏处理，使组织安全绩效考核结果有一个科学合理的分布。类似地，对于从宽效应、从严效应、基层单位组织安全绩效均较好等的情况，均需针对具体情况具体分析，从而对安全绩效考核结果进行处理。

在安全绩效考核结果利用方面，考核领导小组需要注意以下几点：首先，利用考核结果指导基层单位及机关部室提高行为绩效和结果绩效，分析安全绩效指标完成过程中的不足，并制定改善措施。其次，根据安全绩效考核结果对基层单位和机关部室的组织绩效额度进行调整，并完善薪酬激励制度和惩罚机制。最后，基层单位和机关部室的班子成员的人事变动需要和安全绩效考核水平挂钩，为相关人事决策提供参考信息。

第九章 煤炭企业安全绩效考核结果反馈与申诉

一、安全绩效反馈的定义

从组织行为学的发展历史中可以看出，运用反馈来改善组织绩效可以追溯至20世纪70年代。此后，绩效反馈一直被运用于组织管理实践中以求改善绩效。安全绩效反馈是安全绩效管理过程中的一个重要环节，通过考核者和被考核者之间的沟通，就被考核者在考核周期内的安全绩效情况进行反馈，在肯定成绩的同时，寻求不足之处的改进方法。被考核者在安全绩效反馈过程中，对考核者的考评结果予以认同，有异议的向公司高层进行申诉，最终使安全绩效考核结果得到认可。

安全绩效反馈是在安全绩效考核结束后，考核办公室就矿（厂）的安全环保业绩表现、工作态度、工作能力内容与被考核者进行反馈，并通过质询、辅导、修正等方式提供相应帮助的过程。

二、安全绩效反馈形式

按照反馈方式、被考核者参与程度、反馈内容和形式，安全绩效反馈有不同的表现形式。安全绩效反馈一般通过语言沟通、暗示以及奖惩方式进行。在安全绩效反馈过程中，奖惩方式对激励的影响最直接。语言沟通可以满足被考核者一定的精神需求，暗示方式更间接，但容易引起误解。

按照被考核者的参与程度，可以将绩效反馈分为指令式、指导式和授权式。指令式是最常采用的反馈模式，考评小组告诉基层单位哪些是对的，哪些是错的，应该如何做等信息。指导式以教与问相结合，同时以考核者和被考核者为中心，通过启发式方式寻求答案，达成共同认识。授权式以问为主，完全以被考核者为中心，较少发表上级单位的观点，注重帮助下级单位独立思考获取解决办法。按照反馈的内容和形式不同，安全绩效反馈可以分为正式反馈和非正式反馈两类。正式反馈包括面谈、书面报告等；非正式反馈包括走动式交谈、闲聊等。

对于组织安全绩效考核结果反馈而言，比较有效的方法是绩效面谈。通过上级单位和被考核单位进行面谈，根据面谈内容制定相应的步骤策略，并通常采用GROW[目标设定(goal)、现状分析(reality)、方案选择(options)、执行方案制定(what & when & how)]模型制定安全绩效面谈步骤：

① 设定安全绩效面谈要取得的成果；

② 从硬指标和软指标两方面考评被考核对象的安全绩效现状；

③ 分析与选择安全绩效改进措施；

④ 制定安全绩效改进措施的执行方案；

⑤ 对新目标作出展望。

对于安全绩效反馈工作而言，可以采用GROW模型开展组织安全绩效面谈工作。安全绩效反馈主要有正式的年度/月度安全绩效改进会议、安全绩效反馈面谈、日常工作辅导等，根据实际情况实施，具体见表9-1。

表9-1 安全绩效反馈

沟通形式	对象	时间	沟通内容
月度/年度安全绩效改进会议	公司副总级领导、矿(厂)正职领导	月初/年初	总结与分析上月度/年度安全绩效情况； 明确本月度/年度安全环保工作重点； 对月度/年度安全环保工作进行分解，明确各部门的工作重点及目标
安全绩效反馈面谈	公司副总级领导、矿(厂)正职领导	月初	安全绩效考核结果沟通； 制定安全绩效改进措施
日常工作辅导	公司副总级领导、矿(厂)正职领导	日常	工作中日常指导及需要改进之处分析； 矿(厂)无法解决的困难，寻求上级帮助

三、安全绩效面谈原则

安全绩效面谈主要包括目标设定、现状分析、方案选择和执行方案制定四部分内容，在各步骤中需要分别遵守相应原则。

(1) 目标设定的原则：安全绩效面谈的目的以及对未来目标的展望都属于安全绩效目标，这些都应该是可控的。在设定安全绩效目标时应遵循SMART原则。

S(specific)明确性：采用具体语言表述行为标准。

M(measurable)衡量性：目标应该是明确的，而非模糊的。

A(attainable)可实现性：目标应是在考评双方沟通基础上达成的可实现

目标。

R(relevant)相关性：目标实现后要与其他目标有一定的关联性。

T(time-based)时限性：目标设置要有时限性，根据事情轻重缓急拟定完成目标的时间要求。

(2) 现状分析的原则：现状分析最重要的标准就是客观，是考核者在现状分析过程中必须遵守的原则。客观性易受到考核者和被考核者的判断、观点、期待、担心等因素影响并发生扭曲。考核小组的把控对于安全绩效现状分析的成功与否起到至关重要的作用，考核者必须具有较高的觉察力。对于被考核者表现好的地方要适当夸大并予以表扬。对于被考核者做得差的地方，要予以理解并给予帮助。

(3) 改进方案选择原则：在制定安全绩效改进方案时，考评小组不应被过去的安全绩效考核结果和行为所束缚，应制定尽可能多的可选方案。在这一阶段要保证方案的数量，并保证备选方案的质量和可行性。

(4) 执行方案制定原则：在制定执行方案时，最重要的原则是确保方案的细致性和可行性。在执行方案制定过程中必须回答以下问题：

① 基层单位/机关部室下一阶段要做什么？

② 打算何时去做？时间节点是什么？

③ 这个方案能够实现组织目标吗？

④ 方案实施过程中会遇到什么问题？

⑤ 方案实施发过程中需要公司给予什么帮助？

⑥ 在何时、如何获取这些帮助？

⑦ 还有其他的考虑吗？

四、安全管理绩效申诉的条件与形式

在安全绩效考核过程中，被考核者如认为受到不公平对待或对考核结果感到不满意，有权在考核期间或年度、月度安全绩效改进会后 2 个工作日内向考核办公室提出申诉，逾期不予受理；被考核者可向考核领导小组以书面形式提交“安全管理绩效申诉书”，考核领导小组将在收到“安全管理绩效申诉书”的 24 h 内答复申诉结果，复议结果确有过错的将联系考核办公室等相关部门予以纠正，并对考核小组相关责任人给予处理。

第十章 煤炭企业安全绩效考核结果应用

在组织安全绩效反馈面谈结束时，上级单位、基层单位及机关部室对于安全绩效考核结果达成了一致，需要根据具体情况形成书面安全绩效改进计划书。目前，安全绩效考核结果应用体现在薪酬奖金、安全绩效改进工作、组织培训等方面。

一、安全绩效考核结果应用的原则

(1) 促进被考评单位绩效水平提升

对基层单位和机关部室进行安全绩效考核的目的在于提高被考评对象的安全绩效管理水平，从而提高煤炭企业安全绩效管理水平，实现安全环保“零”目标。为此，考评小组必须向基层单位和机关部室反馈评价的结果，并提出已达成和未达成目标的反馈信息，明确下一考核周期被考评对象的工作方向。

(2) 将被考评对象与公司紧密联系，促进上下级组织协同发展

公司整体的发展离不开基层单位的发展，公司整体的安全绩效由基层单位的安全绩效体现。公司需要参与到基层单位安全绩效改进过程中，增强全局意识和集体观念，使基层单位安全绩效目标和公司目标紧密联系在一起，在公司发展的同时实现自身发展。

(3) 统筹兼顾，为薪酬奖惩、组织荣誉、基层领导晋升等提供依据

基层单位和机关部室的安全绩效考核结果需要与薪酬奖惩相挂钩，并为下级单位组织荣誉评选、基层领导职务晋升提供客观依据。同时，不断强化基层单位与机关部室的追责机制，以组织培训、安全绩效考核、薪酬奖惩、职务调整等为政策导向，建立完善的竞争、激励和淘汰机制。

二、安全绩效考核结果应用常见问题

(1) 安全绩效考核结果没有反馈或者没有及时反馈

在组织安全绩效考核结束后，考评小组存在没有反馈或者没有及时反馈考核结果的现象。有研究表明，有高达70%以上的被考评对象认为自己的安全绩效水平高于考核结果。因此，不进行反馈或者反馈不及时对组织安全绩效提升

伤害很大，也无法使被考评对象了解自身安全绩效水平与组织期望的差距。

(2) 安全绩效考核结果与基层单位或员工的利益结合不紧密

安全绩效考核结果的应用通常表现为奖惩。目前，月度、季度、年度安全绩效考核结果的使用仅仅限于月度绩效、季度绩效以及年终绩效的发放等，安全绩效考核结果出来，安全绩效评价工作也就结束了。众所周知，安全绩效管理分为组织安全绩效和员工安全绩效，同时组织安全绩效的完成与提升依托于员工的安全绩效态度、安全绩效行为和安全绩效考核结果。由于本研究的落脚点在于提升基层单位组织安全绩效，基层单位员工安全绩效管理不在本研究范畴，基层单位需要制定贴合员工利益的安全绩效评价体系，上级单位需要给予必要的支持。除奖惩外，与基层单位或员工紧密结合的利益包括基层单位领导和员工的晋升通道、职务任免、荣誉补偿、增益共享等。为了提高安全绩效考核的激励效果，公司层面的安全绩效评价应加大考核结果的应用范围和力度。

三、安全绩效考核结果应用的提升建议

(一) 薪酬奖金分配

现代管理要求安全绩效分配遵守公平和效率两大原则，这就要求对被考评对象的绩效水平进行评价，为组织绩效分配和个人绩效分配提供依据。不同企业所采取的安全绩效分配体系有所不同，但薪酬体系基本分为固定部分和变动部分两类，其中安全绩效工资和奖金属于变动部分。通常而言，薪酬制度最常见的三种形式为安全绩效奖金、固定安全绩效增加和特殊安全绩效认可计划三类。

(1) 安全绩效奖金

安全绩效奖金根据组织安全绩效考核结果确定奖金系数，按照奖金系数确定不同考核周期的奖金数额。安全绩效奖金只与该考核周期的组织表现相关，不累计至下一考核周期。如果基层单位和机关部室想要再次获得同样的奖励，就必须像以前那样努力工作。

(2) 固定安全绩效增加

与安全绩效奖金不同，固定安全绩效增加是以上级单位下拨给基层单位的固定资金为基数，按照上一考核周期的组织安全绩效考核结果，确定固定安全绩效的额度，增加额会累计至下一考核周期中。此种方法有可能导致基层单位的基本安全绩效逐年增加，且超过公司盈利能力所能支付的界限。

(3) 特殊安全绩效认可计划

特殊安全绩效认可计划是指在组织安全绩效远远超出安全绩效标准后，公司对基层单位或机关部室给予的一次性奖励。这种奖励可以是现金，也可以是

物质奖励，或者是荣誉称号等精神奖励。与固定安全绩效增加和安全绩效奖金不同，特殊安全绩效奖金认可计划具有较高的灵活性。

（二）组织安全绩效改进

将安全绩效考核结果与基层单位自身发展、组织安全绩效改进等结合起来，可以实现基层单位和上级单位协同发展，创造高效率的组织环境。

依据组织安全绩效考核和安全绩效面谈结果，绩效考核办公室对基层单位和机关部室的组织安全绩效改进提供参考建议，帮助组织安全绩效改进制定发展规划。同时，通过对组织安全绩效考核结果分析，为基层单位和机关部室的资源配置提供科学依据，通过择优、淘汰、增设等方式调整下级单位组织结构，优化配置资源。需要注意的是，在基层组织结构优化过程中，需要认真分析组织安全绩效不佳的具体原因，然后再作决定且淘汰比例不宜过大。

除此之外，还可依据安全绩效考核结果对基层单位和机关部室开展全面安全环保教育培训，分析组织安全绩效水平和安全绩效标准的差距及原因，帮助下级单位制订安全绩效改善行动计划。

（三）职位晋升与岗位调整

除了将安全绩效考核结果与薪酬管理、组织安全绩效改进结合起来之外，还应将安全绩效考核结果与职位调整和人才开发相结合。根据赫茨伯格双因素理论，保健因素和激励因素是激发员工工作的动因。其中，保健因素是指通过薪酬、奖金、福利、分红等消除管理人员及基层员工不满意。激励因素是指通过职位晋升、通报表扬等方式提升员工成就感，使其感到满意。结合马斯洛需求层次理论等行为科学理论，人在满足了物质等基层需求的基础上，还需对精神层面予以激励。针对此，在安全绩效考核结果应用过程中，公司可以通过职位晋升、最佳员工、技能标兵等方式，对员工进行成就激励，激发员工的安全绩效工作积极性。人力资源管理的核心是使员工素质能力与岗位需要相匹配，让更合适的人在适合的岗位上工作。在具体安全绩效考核结果应用工作中，可以依据不同员工类型设计员工晋升通道，如技术通道、管理通道、技能通道等，不仅满足了员工自我提升的需要，也使得员工能力与工作岗位相匹配。

四、安全绩效档案管理

（一）安全绩效档案建立与保管

安全绩效考核档案包括电子档案和纸质档案，其内容主要涉及考核周期内的各矿(厂)的安全绩效表现、证明材料等原始资料，考核领导小组是安全绩效考核档案建立的主管部门。安全绩效考核档案为公司安全绩效考核结果的运用提供一手的翔实资料，是公司实施部门管理的重要工具。

(1) 电子档案的建立与保管。考核小组在实施被考核矿(厂)月度考核过程中，所有考核信息必须及时准确上报、输入系统。考核信息的输入由考核办公室牵头，将电子档案的建立工作成效纳入考核小组的绩效考核。月度和年度安全绩效考核电子档案的维护由安全监察局负责实施，并将电子档案维护实施成效纳入该部门安全绩效考核范畴，电子文档的所有数据一旦输入，不得随意更改。肆意篡改考核信息，造成管理事故的，将对相关人员严肃处理。

(2) 纸质档案的建立与保管。安全绩效考核过程中，上报输入系统的纸质档案的建立由考核办公室牵头，矿山安全监察局负责实施纸质档案的存档、管理工作。纸质资料一旦存档，没有考核领导小组组长或副组长授权，任何部门和个人无权查阅。

(二) 安全绩效档案编号

安全绩效档案(电子档案和纸质档案)编号由两部分组成:第一部分是矿(厂)编码[矿(厂)名称各字汉语拼音首字母，如众维煤业编码为 ZWMY];第二部分是档案编号，由 1 个英文字母和 6 个数字组成，前 4 个数字表示年份，英文 M 代表月度考核，最后两个数字代表时间排列顺序[年度安全绩效档案由矿(厂)编码和年份表示]，如众维煤业 2020 年 1 月安全绩效档案编号为 ZWMY/2020M01，2020 年年度安全管理绩效档案编号为 ZWMY/2020，依此类推。

(三) 安全绩效档案查阅

(1) 安全绩效考核档案的查询经考核领导小组组长或副组长批准后，方可进行。

(2) 矿(厂)领导查阅权限仅限定于自己所管辖矿(厂)。

五、河南能源新疆公司现行安全绩效考核结果应用

(一) 员工月度安全绩效工资的发放

每月 12 日前，由矿山安全监察局根据考核结果制定奖罚意见，经公司领导审批后，由人力资源部负责兑现。

（二）责任追究

（1）矿（厂）排名倒数第一名且得分在 90 分（不含 90 分）以下的单位，对主要负责人给予通报批评，并在公司安全办公会上做检查；专业系统倒数第一名且得分在 90 分（不含 90 分）以下的，对其分管副矿长给予通报批评。

（2）矿（厂）排名连续两次倒数第一名且得分在 90 分（不含 90 分）以下的单位，对其单位主要负责人启动安全约谈程序；专业系统连续两次倒数第一名且得分在 92 分及以下的，对分管副矿长启动安全约谈程序。

（3）矿（厂）排名连续三次倒数第一名且得分在 90 分（不含 90 分）以下，专业系统连续三次倒数第一名且得分在 92 分及以下的，对有关责任人进行责任追究（经济处罚或行政处分）。

（三）责任追溯

（1）安全绩效考核中存在的严重问题、重大隐患，对照河南能源新疆公司安全生产与职业卫生责任制，一律追究公司相关业务部室责任。

（2）被河南能源、矿山安全监察局新疆局及其分局、行政管理部门通报批评的严重问题及隐患，对照河南能源新疆公司安全生产与职业卫生责任制，一律追究公司相关业务部室责任。

第四部分

河南能源新疆公司安全生产责任制实施路径篇

☞ 第十一章　河南能源新疆公司概况及文化理念

☞ 第十二章　河南能源新疆公司安全生产系统框架

河南能源新疆公司是河南能源在新疆的子公司。在本部分中，我们基于前文构建的煤炭企业安全绩效考核指标体系结构等，围绕率先达到世界一流煤炭企业水平的目标，搭建了河南能源新疆公司安全生产系统框架。接下来，分别从河南能源新疆公司概况及文化理念、河南能源新疆公司安全生产系统框架两部分阐述河南能源新疆公司安全生产责任制的实施路径。

第十一章河南能源新疆公司概况及文化理念。河南能源新疆公司成立于2008年，是河南能源的战略投资重点及其所有在新疆企业的管理总部。河南能源新疆公司始终坚持“忠党报国、扎根边疆、不辱使命、创新发展”的企业信念，秉承“团结拼搏、务实创新、担当作为、追求卓越”的企业精神，连续10年保持安全生产并持续盈利，安全管理效果在自治区煤炭企业中始终处于领先位置。为了进一步提升河南能源新疆公司安全绩效管理水平，河南能源新疆公司通过建立安全绩效考核体系解决安全管理难题，促进安全生产管理水平提升，保证企业内各单位切实开展安全生产工作，达到“以评促建”、稳步提升的管理效果。

第十二章河南能源新疆公司安全生产系统框架。河南能源新疆公司践行“从零开始，向零奋斗”的安全理念，认真落实“012345”主动预防型安全管理模式，从建章立制等基础工作开始抓起，一步一个脚印，不断夯实安全基础。在此方面，河南能源新疆公司从安全实效工作开展、安全持续改进、安全环保绩效建设的先进经验总结、双重预防体系建设等方面，开展安全生产系统构建工作。在安全实效工作开展方面，河南能源新疆公司开展了打击违法违规、肃清安全造假，瓦斯专项整治、提升减防能力，安全责任落实、力保整体稳定，强化技术管理、夯实安全根基，开展专题活动、弘扬主题思想等工作。在安全持续改进方面，河南能源新疆公司开展了持续开展排查、巩固提高成果，开展专项会诊、防范安全事故，加大安全投入、健全保障体系，抓实安全培训、提高全员素质，开展雨季三防、保证安全度汛，做好地面生产、建设单位监管，对标一流自查、高位求进促升，加强督查力度、严格安全追责等工作。在安全环保绩效建设方面，河南能源新疆公司分别从基层管理、基础建设、考核体系建设、考核手段设计、考核结果应用等方面展开。在双重预防体系建设方面，取得的成就包括：加强双重预防体系建设，稳步推进工作开展；加强安全风险分级管控，促进安全关口前移；加强事故隐患排查治理，遏制安全生产事故；加强风险隐患体系公示，动员全员全程参与，加强体系信息系统建设，实现智能运行模式。

第十一章　河南能源新疆公司概况及文化理念

一、河南能源新疆公司概况

（一）公司发展历程

河南能源新疆公司是河南能源在新疆的子公司。河南能源是经河南省委、省政府批准，分别于2008年12月、2013年9月经过两次战略重组成立的一家国有独资特大型能源化工集团，注册资金为200亿元，在职员工17万人，是河南省最大的国有企业。目前，其产业主要涉及能源、化工、有色金属、装备制造、物流贸易、建筑矿建、现代服务业等领域，主要分布在河南、贵州、新疆、内蒙古、青海、陕西等省（自治区）。河南能源新疆公司积极履行社会责任，主动融入地方经济建设，始终保持安全生产，拥有较高的知名度和美誉度，发展业绩在直管企业中始终名列前茅。截至2020年底，新疆公司累计生产原煤7 000万t，营业收入1 100亿元，上缴税费60亿元，先后安置员工就业3万人次（其中少数民族职工5 000人次），通过就业脱贫的群众达1 500人以上。公司先后获得“全国煤炭工业先进集体”“全国煤炭系统企业文化建设先进单位”“全国安全文化建设示范企业”“河南省省管企业先进集体”“新疆维吾尔自治区成长型企业”“新疆维吾尔自治区模范劳动关系和谐企业”等诸多荣誉，并被评为“2013年新疆最具社会责任感企业”。

目前，河南能源新疆公司被确定为河南能源的战略转移承接地。根据国家、新疆及集团公司发展战略，河南能源新疆公司结合自身发展现状，按照“资源利用高效化、产业发展园区化”的发展理念，制定了中长期发展规划，形成了“一园区、两基地”的总体格局。通过重点发展煤炭、化工、电力、物贸“四大产业”，河南能源新疆公司到远期预计实现煤炭产量6 000万t、化工产品1 000万t、电力装机300万kW、贸易量达到1 395万t以上规模目标，预计新增收入1 513.5亿元、利润168.1亿元。

经过十多年的自我突破和不断完善，河南能源新疆公司安全绩效考核体系目前功能齐全、运行良好，已成为安全管理工作中不可缺少的一部分，为企业实现安全生产长周期运行立下了“汗马功劳”。随着时代的进步和企业的日益壮大，安全绩效考核体系更新完善稍有滞后，在运行中也会暴露一些问题，如企业偏重于对结果控制的考核，直接将事故指标作为安全管理的重要考核指标，忽视了安全生产的过程管理考核，弱化了事故源头预防工作，不能科学、客观地体现出企业安全生产管理水平等。

因此，河南能源新疆公司进一步开展安全绩效领域的各项基础工作的时代背景愈加明晰，愈加紧迫，完善安全绩效考核体系意义重大。企业通过建立安全绩效考核体系解决安全管理难题，促进安全生产管理水平提升，保证企业内各单位切实开展安全生产工作，达到"以评促建"、稳步提升的管理效果。为此，河南能源新疆公司整合各方部门人员，会同科研院校研究力量，针对当前运营发展状况开展了细致全面的调查研究，把安全绩效管理水平提升研究作为一项重要的研究主题。

（二）公司产能分布

（1）河南能源新疆公司下属龟兹矿业位于库车市阿格乡北山，下设东、西两个矿井，核定产能为 153 万 t/a，主要产品包括硅煤、东井沫煤。

（2）河南能源新疆公司下属阿克苏塔河矿业有限责任公司下辖库车市科兴煤炭实业有限责任公司榆树泉煤矿（以下简称"榆树泉煤矿"）、库车市榆树岭煤矿有限责任公司榆树岭煤矿（以下简称"榆树岭煤矿"）两对矿井。榆树岭煤矿位于库车市城北部距离约 100 km 处，"十一五"规划为 120 万 t/a 改扩建矿井，可采储量为 6 077.69 万t，煤种主要以气煤为主。榆树泉煤矿距榆树岭煤矿直线距离为 3 km，设计生产能力为 90 万 t/a，可采储量为 3 732.07 万 t，煤种主要以气煤为主。

（3）河南能源新疆公司下属众泰煤焦化公司位于拜城县重化工工业园区内，目前已形成 190 万 t 焦炭、20 万 t 焦炉煤气制甲醇、30 万 t 煤焦油深加工（规划项目）、8 万 t 粗苯精制（规划项目）在内的循环经济一体化项目，主要产品包括冶金焦、气煤焦、精煤、甲醇、焦油、粗苯等。

（4）河南能源新疆公司下属中联润世新疆煤业有限公司（简称"中国煤业"）位于奇台县芨芨湖红沙泉北露天煤矿，开采境界内地质储量为 5.38 亿 t，设计规模为一期 400 万 t/a，二期 800 万 t/a，主要产品包括块煤、沫煤、混煤。

（5）河南能源新疆公司下属伊犁永宁煤化工有限公司（简称"永宁煤化"）位于伊宁县潘津乡苏拉宫村，井田资源量为 7 910 万 t，可采储量为 5 224.1 万 t，设计规模为 90 万 t/a，主要产品包括块煤、沫煤。

河南能源新疆公司销售公司秉承"市场导向、客户至上"的营销理念，依托河南能源安全管理品牌，全年安全生产稳定，以优质的产品、贴心的服务和良好的信誉，营销业务辐射新疆多个地区，远销青海、辽宁、四川及云南十多个省市和地区，可满足不同客户的煤炭产品需求，为客户提供运力信息参考及全程销售跟踪服务。

近年来，公司紧跟国家"公转铁"发展方向，与中国乌鲁木齐铁路局建立了战略合作关系，具备代办火车运输服务能力，为客户争取运力、运价、运量等优惠政策。

组织结构层面，河南能源新疆公司是河南能源在新疆的全资子公司。在自治区各级领导的关心与支持下，经过多年发展，目前已拥有煤炭资源储量近160亿t，资产总额76.09亿元，下辖生产矿井5对（龟兹矿业西井、永宁煤化、中润煤业、榆树岭煤矿、榆树泉煤矿），托管矿井2对[众维煤业有限公司（简称"众维煤业"）、天欣煤业有限公司（简称"天欣煤矿"）]，参股单位1家[屯南煤业有限责任公司（简称"屯南煤业"）]。26家子公司分布在乌鲁木齐、哈密、吐鲁番、阿克苏、昌吉州、伊犁、克州等地，项目涉及煤炭、焦化、煤制天然气、物流贸易、机电制修等行业。

二、河南能源新疆公司文化理念

核心理念：安全是第一责任，职工是第一牵挂，发展是第一要务，创新是第一动力。

安全生产理念："三不四可"。即在安全生产态势上不轻言好转，在安全生产工作评价上不轻言成绩，在安全生产责任落实上不轻言到位；在处理安全与生产、安全与效益、安全与成本、安全与发展关系时，必须把安全放在首位，产量可以降、效益可以低、成本可以增、矿井可以关，坚决做到不安全不生产。

企业精神：团结拼搏，务实创新，担当作为，追求卓越。

企业使命：勇于担当，成就梦想。即站位高远，服务大局，以强烈的进取意识、机遇意识和责任意识，在中原崛起、河南振兴、富民强省的大业中勇担重任，成就河南能源做强、做大、做久的企业梦，成就员工高尚、卓越、受人尊敬的人生梦，共筑国家富强、民族振兴、人民幸福的中国梦。

企业愿景：行业领先，国际一流。即坚持战略引领，实施创新驱动，建设卓越团队，以全球化视野瞄准行业最前沿，抢占行业制高点，整合国内外资源，拓展国内外市场，打造企业文化先进、发展战略清晰、管理模式科学、产业结构合理、核心竞争力突出的企业集团。

企业哲学：人企合一，顺势而行。即企业和员工是利益共同体、发展共同体和命运共同体。企业以人为本，感恩员工，让员工体面劳动、幸福生活；员工感恩企业，用心做事，实现人企共赢、人企共荣。顺应宏观大势，研判经济趋势，把握发展走势，应势而变，乘势而上，顺势而行。

核心价值观：用心做事，追求卓越。即持之以恒，强化想做事的紧迫感；细心专注，强化善做事的责任感；精益求精，强化做成事的使命感。发扬"特别能战斗"的优良传统，把企业当家，把岗位当命，把工作当事业，持续提升，超越优秀，追求卓越，让员工实现更好发展，让企业实现更大价值。

管理理念：三化为本，创新驱动。即以“制度化、规范化、市场化”为内容的三化管理是企业规范高效运作的活力之本。“制度化”是基础，“规范化”是保障，“市场化”是核心。依靠创新驱动，“三化”有机融合，激发管理内生动力，激活资源要素活力，持续提升企业核心竞争力。

发展理念：先人一步，持续提升。即先人一步，遍地黄金。研判宏观大势、市场趋势、行业走势，洞察先机、抢占先机、赢得先机。坚持战略引领、风险可控原则，秉承规模增长与价值增长并重、价值增长优先，产业运营与资本运营并举、产业运营为主的发展思路，科学决策，诚信立业，不断提升企业可持续发展能力。

安全理念：从零开始，向零奋斗。即认真落实“安全第一、预防为主、综合治理”的方针，强化“底线思维”和“红线意识”，按照“抓系统、系统抓”的思路，坚持“铁制度、硬执行，真较真、不糊弄”的要求，做到“安全管理十个零”（安全工作零起点、责任落实零距离、系统运行零隐患、设备状态零缺陷、生产组织零违章、操作过程零失误、排查隐患零盲区、隐患治理零搁置、安全生产零事故、发生事故零效益）。实施主动预防型安全管理模式，推行安全风险预控体系，构建安全长效机制，打造本质安全型企业。

人才理念：人尽其才，以德为先。即人才是企业第一资源。尊重人才、善用人才、培养人才，让人才发挥最大潜力，实现最大价值。围绕结构优化的人力资源管理目标，坚持“德才兼备、以德为先”的用人标准和“民主、公开、竞争、择优”的选人方法，遵循“三优先、三鼓励、四不用”（优先从业绩突出的团队中选拔干部，优先从在艰苦地区工作过的干部中选拔干部，优先从基层和生产一线选拔干部；鼓励机关和本地区干部到艰苦地区工作，鼓励专家型人才进入技术或业务型岗位发展，鼓励干部向技术化和职业化转变；不思进取、不干实事的不用，品头论足、善于“公关”的不用，不敢负责、不敢碰硬的不用，搞花架子、善于作秀的不用）的用人导向，构建管理、技术、技能“W 型”职业发展三通道，建设支撑企业可持续发展的多元化人力资源队伍。

环保理念：清洁生产，绿色发展。即应用新技术、新工艺、新材料，推行清洁生产、节约生产、绿色生产，做到安全生产高效化、资源利用循环化、生产废料无害化、碳排放减量化，建设资源节约型、环境友好型企业。

廉洁理念：阳光透明，风清气正。即倡导清明、清廉、清正之风，营造公开、公正、公平氛围，推行“三不三无本廉体系”（从意识层面保证“不愿腐”，从实践层面保证“不能腐”，从机制层面保证“不敢腐”，确保党员干部无违纪、无违法、无犯罪），构建廉洁自律长效机制。提高修养，提升境界，算好人生“七笔账”（政治账、经济账、名誉账、家庭账、亲情账、自由账、健康账），时刻警钟长鸣，始终心怀敬畏，清清白白做人，干干净净做事。

第十二章 河南能源新疆公司安全生产系统框架

河南能源新疆公司践行“从零开始，向零奋斗”的安全理念，认真落实“012345”主动预防型安全管理模式，从建章立制等基础工作开始抓起，一步一个脚印，不断夯实安全基础。在此方面，河南能源新疆公司从安全实效工作开展、安全持续改进、安全环保绩效建设、双重预防体系建设等方面，开展安全生产系统构建工作。

一、安全实效工作开展

河南能源新疆公司先后制定了系列内部安全生产规范文件，开展了系列安全治理工作，统一思想，找准抓手，明确重点，采取措施，真抓实干，取得了显著的效果，确保了公司整体安全工作始终保持在良好的态势之上。

（一）打击违法违规，肃清安全造假

根据自治区开展依法打击和重点整治煤矿安全生产违法违规行为专项行动的工作要求，河南能源新疆公司制定了《关于打击和整治违法违规行为专项行动安全大检查实施方案的通知》（河南能源新〔2018〕29 号），成立了以总经理为组长的安全大检查领导小组，组织专业技术人员对河南能源新疆公司机关和下属矿井开展自检自改工作。通过集中开展整治违法违规专项活动，严厉打击召开安全会议作“秀”、制定安全措施做“戏”、执行安全措施作“弊”、安全评估作“假”等现象，查处河南能源新疆公司目前存在的违纪违规行为，持续强化安全制度、安全措施、技术措施的现场落实。

（二）瓦斯专项整治，提升减防能力

根据自治区《关于印发 2018 年自治区煤矿瓦斯专项治理工作方案的通知》（新煤监管发〔2018〕69 号）文件精神，新疆公司下发了《关于深入开展煤矿瓦斯专项整治活动的通知》（河南能源新〔2018〕53 号）。一是健全瓦斯综合治理工作体系和完善瓦斯管理制度，强化瓦斯防治责任和瓦斯防治措施的落实，不断提升瓦斯综合治理能力及瓦斯管理水平，切实预防各类瓦斯事故。二是成立了以公司总经理为组长的整治领导小组和以总工程师为组长的“专家会诊”小组，组织

河南能源新疆公司专业人员逐矿进行“把脉会诊”。三是加快各矿井监测监控系统升级改造，下发了《关于进一步加强安全监测监控系统管理的通知》（河南能源新函〔2018〕51号），明确了下属各单位监测监控系统升级改造时限。目前龟兹矿业西井、天欣煤矿井下监控系统硬件已全部更换为数字智能传输型，有效提高了系统的安全可靠性。四是严格按照《关于印发煤矿瓦斯等级鉴定办法的通知》（煤安监技装〔2018〕9号）的文件要求，进行瓦斯等级鉴定。

（三）安全责任落实，力保整体稳定

安全生产责任重于泰山，河南能源新疆公司按照“党政同责、一岗双责、齐抓共管、失职追责”要求，全面落实安全生产主体责任。一是新疆公司按照“管理提升年”活动要求，开展“查制度、查标准、查职责、查流程、查执行”工作，认真查摆，全面梳理，依据安全生产法规建立了安全生产管理体系。二是下发河南能源新疆公司安全生产责任制，明确了各级领导、各部门及工作人员的安全生产责任；建立了安全生产责任制考核标准，杜绝了职责不清、相互推诿的现象，促使各级人员尽职履责。三是对企业安全生产责任进行了列表梳理，逐项落实责任领导和责任部门，做到照单履责、失职追责。

（四）强化技术管理，夯实安全根基

1. 多措并举，提升技术管理水平

河南能源新疆公司受地域和维稳环境影响，技术、技能和管理人员相对缺乏。河南能源新疆公司结合实际，制订了《专业正规的安全生产队伍建设办法》，明确了各岗位入职标准，通过1～3年的努力，河南能源新疆公司和各基层单位安全生产队伍达到“人员专业对口、业务素质达标、队伍编制正规、管理制度完善、工作流程规范”等标准，为河南能源新疆公司可持续发展打下坚实基础。积极采取“走出去、请进来”的方式对技术人员技能进行提升，如利用春节放假到义煤公司重点进行防灭火和特厚煤层开采现场学习。

2. 提升装备，实现“装备保安、减人增安”

河南能源新疆公司推进“智慧矿山”、智能化建设，实现产业层次提升、工艺技术水平提升、设备装置层次提升、机械化率提升。河南能源新疆公司矿井所有采煤工作面轨道运输巷均实现无极绳绞车运输，淘汰了双速绞车；天欣煤矿掘进工作面后巷引进履带式柴油机车，减少了运输环节，提高了安全性，减轻了职工劳动强度；引进综采工作面上下巷动压区液压支架，截至目前，已用于龟兹矿业、永宁煤化、天欣煤矿，安全可靠，效果显著。实施煤矿科技减人方案，达到“机械

化换人、自动化减人”的目的。

3. 多措并举，优化矿井生产系统

强化安全生产组织，严格落实三年生产接替规划方案，克服布局不合理、采掘头面过于集中、剃头开采、系统不完善等现象，确保矿井正常接替，提升矿井安全保障水平。持续开展“三优、三减、三提升”活动，在龟兹矿业推广大采长、长切眼开采工艺，工作面切眼由 150 m 提升到 202 m，万吨掘进率降低 30%，减少了搬家倒面次数，发挥了综合机械化回采工艺高产高效的优点；在永宁煤化推行厚煤层放顶煤开采工艺，工作面可采储量由 52 万 t 提升至 197 万 t，缓解采掘接替紧张局面，所有矿井均实现了“一矿、一区、一面”（一对矿井、一个生产采区、一个采煤工作面）的集约高效安全生产模式。结合各矿井系统情况，及时优化、完善系统，实现布局最优，系统最简。众维煤业及时安排一采区剩余储量的回采，完成了一采区相关巷道封闭，停运了一采区主要通风机；对二采区原闲置的巷道进行封闭，简化了系统。永宁煤化进行了一采区彻底密闭，采取有效措施将一采区涌水导入二采区水仓，减少了排水设备，实现了矿井集中排水。

4. 依靠科技手段，提高灾害防治效果

（1）地测防治水方面：新疆公司采用“物、钻两验证两对比”的方法，对矿井火烧区、老窑区作进一步探查，探明了龟兹矿业西井 A503 上平巷北部老窑区边界及积水情况；龟兹矿业东井实施了地面帷幕注浆封堵导水通道工程。天欣煤矿在 1302 下平巷（俗称“顺槽”）实施物探存在微弱异常区时，河南能源新疆公司按照“三个一律”立即下达了工作面停产通知，根据现场实际下发了《关于天欣煤矿 1302 下顺槽防治水管理的指导意见》（河南能源新函〔2018〕65 号），并作为一类水害异常信息进行安全管控；聘请新疆区域 12 位地质、防治水专家赴矿分析、指导；借鉴龟兹矿业东、西井帷幕注浆封堵补给通道的防治水经验，认真制定实施方案，在充分论证完善后，计划对小白杨河补给通道进行注浆封堵。

（2）矿井防灭火方面：2018 年，河南能源新疆公司把永宁煤化特厚易自燃煤层放顶煤工作面首次开采的防灭火管理，作为重大灾害治理科技攻关项目，着力构建“端头封堵，控制漏风；注水注浆，降低煤温；注氮阻化，降低氧气；高效预警，重点防控”的防治自然发火技术体系。一是在 1—4 月份矿井停产期间，根据矿井历年来砌碹、喷浆巷道发热情况规律，对副井底、二采区机头硐室等地点进行预防性灌浆；二是在 2301 工作面回采前，超前工作面 30 m 范围施工钻孔向回采煤体注阻化剂，对于工作面初采初放期间的防灭火管理和顶煤弱化均起到了显著的效果；三是为保障初采初放期间的安全生产，河南能源新疆公司成立以总经理为组长的初采初放领导小组，明确职责和任务，委派安全技术人员驻矿盯守，扎实做好现场协调和技术指导。

（五）开展专题活动，弘扬主题思想

河南能源新疆公司认真贯彻落实《关于开展2018年全国“安全生产月”和“安全生产万里行”活动的通知》（安委办〔2018〕8号）文件精神，根据自治区和集团公司活动部署，一是在6月份，公司及各单位围绕“生命至上、安全发展”这一主题，开展安全生产宣传教育、安全知识竞赛、安全咨询日、事故案例学习教育等多项活动。结合纪律作风大讨论活动，河南能源新疆公司从上到下，深入开展反思活动。全体干部员工撰写了心得体会，对存在的问题，查找了原因，制定了改进措施。二是认真开展应急演练，提升应急处置能力，河南能源新疆公司各单位开展应急演练及反恐演习共13次，其中6月15日、6月28日，天欣煤矿、龟兹矿业分别承办了当地政府主办的水灾演练，在演练中检验应急预案的科学性、针对性和实用性，持续完善应急预案。5月25日，河南能源新疆公司机关开展了反恐防爆演习，提升应对暴恐事件指挥调度、快速响应和果断处置的各项实战能力，为实际处置暴恐突发事件积累经验。

二、安全持续改进

河南能源新疆公司在发展进程中，牢固树立“发展不能以牺牲安全为代价”的红线意识，按照国家、自治区及河南能源对安全工作的一系列指示、批示精神，扎实做好公司安全生产工作，用实、用好各级煤矿主管部门安全大检查、专项检查成果，强化隐患排查治理，严格隐患责任追究，持续提升企业安全管理水平和安全保障能力，聚焦打造河南能源一流企业的目标，持续为新疆社会稳定和长治久安作出新的贡献。

在安全生产管理方面，河南能源新疆公司始终践行“从零开始，向零奋斗”的安全理念，认真落实“012345”安全管理模式，深入贯彻“三个坚决”（一是坚决做到彻底治理事故隐患；二是坚决做到严厉打击非法违规行为；三是坚决做到严肃督促问责），以及吴甲春提出的“一手抓安全、一手抓稳定，两手都要硬”等安全指示精神。认真吸取库车市永新矿业有限责任公司（简称“永新煤矿”）透水事故和呼图壁县东沟煤炭有限责任公司（简称“东沟煤矿”）顶板事故教训，进一步强化安全生产，全面督促河南能源新疆公司各级安全生产主体落实责任、坚决打赢安全风险管控攻坚战，有效防范和坚决遏制事故发生，努力实现全年安全工作奋斗目标。

（一）持续开展排查，巩固提高成果

持续开展好以查思想、查管理、查责任、查隐患、查落实“五查”为重点的安全生产和维稳防暴“大排查”活动。查处安全违规违纪行为，排查识别重大安全隐患并彻底治理，停产整改不符合安全生产条件的采掘头面、安全设施、运行设备和系统装置，问责曝光维稳防暴工作开展不扎实、落实不到位，以及管理制度不落实、安全责任不落实、隐患整改不到位的单位和直接责任人。

（二）开展专项会诊，防范安全事故

按照“查大系统、除大隐患、防大事故”的原则，河南能源新疆公司重点开展重大灾害防治、专家会诊等活动。一是深化安全技术专家会诊长效机制。以促进本质安全型矿（厂）建设为目标，运用系统理论，对矿厂的安全威胁进行分级系统性排查、分类专业化指导、实施根源化治理，杜绝各类事故发生。二是实施“三个一律”管理措施：受水害或火灾威胁未采取有效防范措施的，一律停止施工；凡是安全没有把握的矿井采掘工作面，一律停产进行整改；所有停产的采掘工作面，未经河南能源新疆公司验收合格，未经河南能源新疆公司董事长、总经理、总工程师签字，未报河南能源新疆公司安全检查组备案的，一律严禁恢复生产。三是持续开展“瓦斯”专项整治活动。查找矿井在生产过程中存在的瓦斯治理的薄弱环节，强化瓦斯防治责任和瓦斯防治措施的现场落实，不断提升瓦斯综合治理能力和管理水平。

（三）加大安全投入，健全保障体系

河南能源新疆公司严格按照规定足额提取和规范使用安全费用，用于矿井灾害防治、完善和改造矿井瓦斯监测与抽放系统、安全防护设施支出等。秉持“多上设备少上人”和“无人则安、少人增安”的安全理念，投资 985.85 万元加快“智慧矿山”建设，运用机械化、自动化、信息化、智能化高科技手段，提升安全保障水平，提高防灾抗灾能力，做到减人提效、降本增安，坚决防范和遏制各类事故发生。

（四）抓实安全培训，提高全员素质

以贯彻落实《煤矿安全培训规定》（国家安全生产监督管理总局令第 92 号）为契机，抓实安全培训和宣传教育工作，全力开展“四学四提升”活动：学法规，学技术，学案例，学技能。提升领导干部的法律、法规素养，做到依法治安；提升管理人员和技术人员业务水平、技术水平，做到科技保安；提升全体员工对事故危

害的警惕程度，做到敬畏守安；提升一线员工和操作人员的操作技能，做到遵纪稳安。通过进行“全方位、多层次、制度化、规范化”的安全教育和培训，切实提高广大干部员工对安全生产重要性的认识，增强安全生产的责任感，提高遵守规章制度和劳动纪律的自觉性，增强安全生产的法制观念，提升安全技术知识水平，确保熟练掌握安全生产法律、法规、制度、规程、操作技术要求和预防、处理事故的技能。

（五）开展雨季三防，保证安全度汛

针对基层矿井集中位于山区腹地，山体陡峭，受季节融雪和暴雨的影响，河谷易发生崩塌、滑坡、泥石流等地质灾害，河南能源新疆公司及其基层单位将雨季“三防”定为近期重点工作，严密监控天气变化，加强供电设施、化工装置防雷设施的检测检验，检查雨季“三防”物资储备，提高应对洪涝灾害的防范能力。积极开展雨季“三防”应急演练，提高应急处置能力，保证安全度汛。

（六）做好地面生产、建设单位监管

围绕着众泰煤焦化有限公司（简称“众泰煤焦化”）“两重点一重大”、特殊作业等管理开展隐患排查治理，加大各级管理人员深入现场安全检查的力度，全面开展安全生产标准化建设和“零泄漏工厂”创建活动。在众泰煤焦化、拜城县众和机电有限公司进一步强化安全风险辨识、评估和管控，全面开展重大危险源、安全隐患的排查和治理，强化机械伤害、物体打击、高空作业等重点部位、重点环节安全管理。地面建设单位建立重大危险源公示与排查治理制度，加强高空坠落、基坑滑坡坍塌、机械伤害、起重伤害、施工触电等重大危险源辨识与整治，强化现场安全管理。

（七）对标一流自查，高位求进促升

河南能源新疆公司通过与国内先进一流企业山东兖矿集团和淄矿集团等对标学习，迅速提升安全生产标准化水平。一是明确达标目标。二是河南能源新疆公司下一步在提高劳动效率上下功夫，逐步取消夜班生产，体现安全生产以人为本。三是在基层矿（厂）分批推广具有故障检测和闭锁功能的智能型装备，探索无人化工作或岗位可视化集中控制系统。通过瞄准对手定目标，咬紧标兵争一流，不达目的不罢休，达到对出压力、对出动力、对出活力、对出效率的目的，从而推动公司安全生产水平的不断攀升。

（八）加强督查力度，严格安全追责

一是河南能源新疆公司及时掌握矿井安全生产布局、重点工作，有针对性地对矿井安全生产关键、薄弱环节进行排查，认真梳理当前安全管理的重点、难点、关键点，超前进行危险源辨识，实施 PDCA 循环，不断提高安全管理绩效。二是进一步加大安全检查监督力度，持续保持安全上严格惩戒的高压态势，把“铁制度、硬执行”贯穿始终，落到实处，突出一矿一策，狠抓管理短板、薄弱环节、重点人员，确保把“抓大系统、治大隐患、防大事故”工作落实到位。三是凡因安全原因等被责令停产停工的，一律追溯上级管理机构的连带责任。众泰煤焦化树立“无计划停车就是事故”的理念，坚持“瓦斯超限就是事故”的理念，凡是出现瓦斯超限、监测系统误报警、装置无计划停车等现象，严格按事故进行责任追究。

三、安全环保绩效建设

河南能源实行区域化管理，将河南能源及其下属企业永煤控股、义煤公司、焦煤公司等作为出资人在新疆地区所设立的各级公司由河南能源新疆公司统一管理。为持续提升河南能源新疆公司的安全管理水平，巩固其在新疆安全管理品牌，河南能源新疆公司持续开展了安全环保绩效建设考核，通过抓基层打基础，以管理制度系统化、质量标准化、现场精细化为切入点，把安全生产责任逐级延伸到工作现场和每个职工。规范干部的管理行为，规范职工的操作行为，提高安全执行力，解决“严格不起来，落实不下去”的问题，形成安全管理长效机制。

（一）安全环保绩效建设基层管理方面

1. 以“正职抓系统、副职系统抓”建立形成四大安全管理网络

（1）在安全管理上：形成由河南能源新疆公司、矿（厂）党政主要负责人、分管领导、业务部门、区队（车间）、班组构成的梯次管理网络。

（2）在安全检查上：形成由河南能源新疆公司矿（厂）分管领导、安监部门、信息中心、安检员、群众检查队伍构成的监督检查格局。

（3）在安全技术管理上：建立由河南能源新疆公司、各单位及所属矿（厂）总工程师、副总工程师、业务部门、区队技术员、技术职工组成的技术管理网络。

（4）在安全教育上：建立由新疆公司、矿（厂）分管领导、安全培训部门、安全培训基地、女工协管员、群监员、青安岗员、薄弱人物帮教小组等组成的宣传教育培训网络。

四个网络各司其职、各负其责，实行层次化、规范化、效能化管理，确保责任落实“零盲区”、责任边界“零错位”、责任履行“零缺位”。

2. 重点加强七支队伍建设

(1) 抓好矿(厂)班子建设。正确处理安全与生产、安全与效益、安全与发展的关系，始终把安全工作放在高于一切、重于一切、先于一切的位置。优先从安全业绩一流的团队、安全业绩一流的个人和安全生产条件复杂的岗位中选拔领导干部和专职安全干部。

(2) 抓好技术队伍建设。公司、矿(厂)配备总工程师或技术负责人，落实各级技术责任制。通过带资培训、外来培训、技术竞赛等形式，提高技术队伍素质，大胆提拔和重用有一技之长、素质过硬的技术人员，为他们的成才、成长提供的良好环境。

(3) 抓好区队、车间班组建设。开展区队自主、班组自治活动，建立以安全管理为首要任务，且具有良好安全生产意识、业务精良、恪尽职守的班组长队伍。推动班组管理精细化、规范化、科学化，实现由“生产型”向“安全生产型”的转变。

(4) 抓好职工队伍建设。开展职工“自律”活动，提高职工安全意识和自我保护、相互保安的能力。按照“干什么学什么”“缺什么补什么”的原则，加强职工素质教育培训，特别是“应知应会”“必知必会”知识的培训、学习，提高从业人员素质。

(5) 改进安监员选拔使用方法，变“安置型”“照顾型”为公开、公平、公正竞争选拔型，把想安全、懂安全、真正会抓安全和敢在安全检查上过真招的骨干人员充实到安监队伍中。不定期开展安监队伍思想、作风、纪律、组织整顿，建立矿井安监人员逐步实行积分考核、竞聘上岗、末位淘汰的动态考核管理机制。

(6) 抓好安全培训机构建设。健全安全培训机构，制订年度培训计划、培训大纲。不断创新培训方式、方法和内容，以多层次、小批次、专业化培训为主要模式，把专门培训与区队班前、班后会业余安全教育有机地结合起来。

(7) 抓好群众安全队伍建设。充分发挥工会、共青团等群安组织在安全生产工作中的重要作用，进一步提高群监员、青安岗员、女工协管员的地位；培养一批精通业务、大胆负责、任劳任怨的群众安全队伍；引导和发动群众参与安全监督管理，构建安全齐抓共管大格局，筑牢安全生产最后一道防线。

(二) 安全环保绩效建设基础建设方面

基础建设的重点是安全文化建设、制度建设和标准化建设，保障安全生产的基本条件。主要内容包括：

(1) 开展安全文化建设。坚持用先进的理念引导人，进一步体现、尊重、提升“生命价值”,突破传统的思维定式,规范干部的管理行为和员工的操作行为,坚持“从零开始,向零奋斗”的安全理念。

(2) 加强安全管理基础制度建设。根据管理模式和职能定位,按照“管业务、管生产必须同时管安全”的原则和“抓系统、系统抓”的工作要求,以安全责任制为核心,建立健全“事事有人管、管理有责任、责任有考核、考核有奖惩”的流程化制度体系。

(3) 扎实推进标准化建设。按照“管理精细化、现场标准化、环境人性化”的要求,全面开展安全质量达标活动。根据管理装备水平和自然灾害程度,按照“严于标准、细于标准、高于标准”的要求,制定实施细则,做到管理精细化。

(4) 推行安全计划管理制度。按照“抓系统、系统抓”的工作要求,对河南能源新疆公司下属各单位月度“双基”建设与考核、安全检查、安全办公会议、隐患排查、重点环节安全评价、安全培训及公司安排布置的重点工作落实等,逐月制订计划,并同月度生产经营计划一并下发、一并考核。

(5) 建立科技投入保障机制。足额提取和规范使用安全费用,不断优化安全生产系统,杜绝因安全投入不足造成安全隐患。按照“多上设备少上人”的理念,大力推广综采、综掘、岩巷作业线及机房无人值守、胶带集中控制、安全监测监控等自动化、智能化数控技术与装备。

(6) 完善安全生产系统。要按照标准、规范要求,设计、建立健全安全生产系统。设备和设施的选型、安装位置和数量、工程质量等要符合有关规定。要根据煤层开采条件,科学合理地确定开拓部署,优化生产系统,采用正规采煤方法合理组织生产。

(7) 加强隐患排查与风险管控。建立隐患排查制度,开展风险预控工作。按照隐患排查“零盲区”、隐患治理“零搁置”、治理效果“零反弹”的原则,建立集团公司、新疆公司、矿(厂)、区队(车间)、班组、岗位六级隐患排查体系。采取信息化手段,分级、分类建立隐患排查治理档案,限期整改,闭环管理。对重大隐患,除执行挂牌、销号制度外,还要从技术措施、工程质量、设备管理和技能培训等方面,深入分析根源,并形成可追溯制度。

(8) 完善经济分配政策。坚持正向激励,建立安全风险抵押制度,建立健全安全环保绩效考核机制,集团公司依靠“5+3”和“3+4”考核体系,将煤矿单位工资总额的30%、化工及地面单位工资总额的20%作为安全结构工资,实施月度考核,激发全员安全工作积极性、主动性。

(三) 安全环保绩效建设考核体系建设

针对河南能源新疆公司安全生产责任制量化考核指标体系,构建了“5+3”

和“3＋4”两套考核体系。

1．“5＋3”考核体系

“5＋3”考核体系的对象是单位、部门。

“5”即纵向5级：集团公司－新疆公司－矿（厂）－区队（车间）－班组五级单位层面的安全环保绩效建设考核。

“3”即横向3级：集团公司－新疆公司－矿（厂）三级机关层面的安全环保绩效建设考核。

集团公司从安全环保绩效建设基本要求、基层建设、基础建设、重点工作、安全管理等5个方面每月对各单位考核1次。

河南能源新疆公司对生产矿（厂）及机关业务处室每月考核1次。

矿（厂）每月对基层单位和业务部门考核1次。

区队、车间每天按照措施落实、培训效果、工程质量、文明生产、隐患整改、“三违”、工伤事故等对各生产班组动态考核，现场评分，日清日结。

班组由班组长负责，每班对员工岗位操作、工程质量、文明生产、“三违”等现场考核，班清班结。

2．“3＋4”考核体系

“3＋4”责任化考核体系的对象是个人，即各级班子成员。

“3”即河南能源新疆公司机关3级干部考核：集团公司对新疆公司主要领导、新疆公司主要领导对分管副职、分管副职对专业系统（部室领导）的安全环保绩效建设责任化考核。

“4”即矿（厂）管理4级干部考核：新疆公司对矿（厂）主要领导、矿（厂）主要领导对分管副职、分管副职对专业科室（区队）主要领导、专业科室（区队）主要领导对副职的安全环保绩效建设责任化考核。

责任化考核每月进行一次，其中个人安全绩效考核得分占60％、单位“双基”建设考核得分占40％。

考核内容：岗位责任制落实、重点工作和安全管理效果三个方面，涵盖岗位安全生产责任制、专业安全工作计划、系统隐患排查、系统安全检查、系统安全评估评价、系统月度安全环保绩效建设考核等内容。

（四）安全环保绩效建设考核手段设计

考核方式：集团公司每季度对河南能源新疆公司考核一次，河南能源新疆公司每月对下属单位考核一次。

季度第一个月。由集团公司安监局组织，业务部门参加，成立考核组；考核成员规模为4～5人。

季度每个月。由河南能源新疆公司安全副总经理牵头，安全监察局部长组织，安全生产部门参加，成立安全生产“双基”建设考核组；对下属各单位月度“双基”建设情况进行考核；考核成员规模为4～5人。

考核方法：坚持“三面对”原则（面对基层、面对现场、面对问题）、“三对比”制度和“五化”考核要求（坚持常态化建设、动态化考核、专业化保障、精细化要求、责任化落实），按照“5＋3”考核体系，围绕安全管理定位和职责范围，逐级检查考核。

自上而下实施逐级考核：集团公司对河南能源新疆公司的月度安全环保绩效建设考核在每月上旬3日至8日进行。在听取河南能源新疆公司安全环保绩效建设情况汇报、查阅河南能源新疆公司机关相关部室资料的基础上，随机抽查河南能源新疆公司1～2对矿井或化工单位，对河南能源新疆公司安全环保绩效建设及考核的工作过程和实施效果进行验证。

河南能源新疆公司考核下属单位在每月下旬26日至次月5日前进行，考核模拟集团公司方式进行。

实施系统横向对标考核。为体现“抓系统、系统抓”的工作要求，突出系统自控，找出安全管理薄弱环节，实行专业系统对标考核。其中安全管理占30%，采掘占20%，机电运输20%，“一通三防”占20%，地测防治水占10%。其中重大隐患、事故作为硬性指标，不在权重的考核范围内，在总分中直接扣除。

为鼓励安全自主管理，考核实行“三对比”制度。

（1）与河南能源新疆公司考核结果对比。河南能源新疆公司对基层单位月度安全环保绩效建设考核发现的主要问题和重大隐患，正在按照“五定”原则落实整改，且已责任倒查的，在集团公司月度安全环保绩效建设考核时不扣分。

（2）与基层单位考核结果对比。基层单位安全环保绩效建设自检或日常检查中发现的主要问题和隐患，已按规定进行责任追究，并正在按照“五定”原则积极落实整改的，在集团公司月度安全环保绩效建设考核时不扣分、不通报。

（3）与现场联合检查情况对比。集团公司月度安全环保绩效建设考核时，河南能源新疆公司机关部室陪检人员认真、主动检查，汇报、填写的现场安全隐患整改三联单与集团公司考核人员一致的问题和隐患，减半扣分。

考核程序：建立预备会和总结会制度。考核前召开预备会，考核后召开总结会。

建立问题跟踪落实机制。每月安全环保绩效建设考核结束后第二周，由河南能源新疆公司安全监察局组织，安全小分队负责，检查月度安全环保绩效建设考核问题整改情况。

（五）安全环保绩效建设考核结果应用

安全环保绩效建设考核实行百分制，月考核月兑现，结果与单位安全结构工资、班子成员安全奖罚挂钩，以正激励为主。

集团公司对河南能源新疆公司每季度考核一次，结合每月加减分项目应用三次。

河南能源新疆公司以 90 分为基准分，每高（低）于基准分 1 分，奖（罚）该公司安全结构工资指标的 4%。奖（罚）河南能源新疆公司班子成员正职 2 000 元，该公司常务副总经理、总工程师、安全监察局局长按班子成员正职的 90%奖（罚），该公司生产、机电、开拓基建等安全生产副职按 80%奖（罚），该公司其他副职按 60%奖（罚）。

化工单位以 90 分为基准分，每高（低）于基准分 1 分，奖（罚）该公司安全结构工资指标的 4%。奖（罚）该公司班子成员正职 1000 元，该公司安全生产、技术副职按正职的 80%奖（罚），其他副职按正职的 60%奖（罚）。

（六）安全环保绩效建设实施效果

（1）河南能源新疆公司通过持续开展安全环保绩效建设工作，在安全生产、安全生产标准化建设等方面均取得了很好的效果，树立了河南能源在新疆的安全管理品牌，公司已连续 6 年杜绝了死亡事故和重大非伤亡事故，并荣获“2015 年全国安全文化建设示范企业”称号。

（2）安全环保绩效建设在河南能源新疆公司安全管理中发挥了重要的作用，得到自治区主管部门的充分认可，公司下属企业众泰煤焦化成为自治区化工企业学习的标杆；公司下属龟兹矿业东井和西井、众维煤业均通过国家级质量标准化矿井验收。

四、双重预防体系建设

河南能源新疆公司按照河南省安全双重预防体系建设行动方案，顺利在龟兹矿业完成了“试点先行，示范带动”的第一阶段。龟兹矿业经过考察学习、研究摸索、专项辅导、逐项审查环节，基本建成了体系、理顺了机制、完善了制度、规范了管理，通过了集团公司“双预控”示范单位的验收。龟兹矿业双预控体系的建设经验为公司第二、第三阶段探索了路径、积累了经验、提供了样板，为公司全面推广安全双重预防体系建设打下了基础。

（一）加强双重预防体系建设，稳步推进工作开展

1. 严格落实上级文件

龟兹矿业严格按照国务院安委会办公室《关于实施遏制重特大事故工作指南构建双重预防机制的意见》、河南省煤炭工业管理办公室《关于进一步做好煤矿安全风险分级管控和隐患排查治理双重预防体系建设的通知》《河南省深化安全生产风险隐患双重预防体系建设行动方案》《河南省企业安全风险辨识管控与隐患排查治理双重预防体系建设导则》《河南能源深化安全生产风险隐患双重预防体系建设行动方案》《新疆公司安全生产风险隐患双重预防体系建设实施方案》等文件有关要求，由党委书记、董事长、总经理、矿长牵头开展专项会议，带头领学上级系列文件，研究讨论相关具体工作，结合龟兹矿业现有的管理模式与现场实际情况，制定了《龟兹矿业安全风险分级管控和隐患排查治理双重预防体系建设实施方案》，以预防为主、源头管控、综合施策为总抓手，明确风险管控分级和隐患排查治理是安全标准化体系创建的重要组成部分，要求各单位严格按照方案规定的时间节点完成双重预防体系建设工作，形成具有龟兹矿业特色的双重预防体系。

2. 健全组织机构，完善规章制度

（1）健全组织机构。成立以主要负责人为组长的领导小组和专门负责双重预防体系的工作机构，矿井主要负责人全面负责，分管负责人要全程参与、组织、协调和推进体系建设工作，并由安检科具体负责制定双重预防体系的管理制度与具体内容，将双重预防体系的关键环节、核心内容等进行细化、量化，各专业科室配合完成相关制度、内容的完善，专业科室、区队、班组按既定的制度、内容逐项进行落实，形成了自上而下、逐级管理的体系模式。

（2）完善规章制度。矿井健全完善双重预防体系相关制度，主要包括安全风险分级管控制度、事故隐患排查治理制度、教育培训制度等，进一步明确管理的内容、标准、责任、考核方法和改进措施，使双重预防机制建设实现制度化、规范化管理。

3. 加强培训学习，为体系建设奠定基础

首先矿井将双重预防体系建设列入安全培训的重要内容。明确培训学时、内容、参加人员、考核方式，分层次开展培训工作，有步骤地开展培训，培训资料包括培训计划、教材或课件与最终考核结果，区队日常班前会上将安全风险岗位明白卡内容作为两日一题的重要组成部分，对各岗位职工进行提问。其次通过上级公司领导帮扶加强对技术管理人员进行专项培训工作，明确技术管理人员所承担的职责，全面提高安全管理人员、从业人员的安全风险意识和风险辨识及

防控能力，营造了体系建设培训、学习的良好氛围。最终通过各项培训活动推进双重预防体系建设工作不断完善。

（二）加强安全风险分级管控，促进安全关口前移

1. 积极构建"1＋8＋8"安全风险辨识评估体系

矿井安全风险辨识评估采用"1＋8＋8"安全风险辨识评估体系。"1"是指1项矿井年度安全风险辨识评估。第一个"8"是指8项专项安全风险辨识评估。即新水平、新采区、新工作面设计前安全风险辨识评估；采煤工作面回采前安全风险辨识评估；矿井掘进工作面开工前或巷道贯通前安全风险辨识评估；生产系统、生产工艺、主要设施设备、重大灾害因素发生重大变化时安全风险辨识评估；矿井启封火区、排放瓦斯、过构造带等高危作业前安全风险辨识评估；矿井连续停工停产1个月以上复工复产前安全风险辨识评估；新技术、新材料、新装备试验或推广应用前安全风险辨识评估；本矿发生死亡事故或涉险事故，出现重大事故隐患或自治区发生煤矿事故后，或收到河南能源及新疆公司下发煤矿事故隐患排查通知后安全风险辨识评估。第二个"8"是指8项现状安全风险评估。即矿井基础管理评估；采煤工作面安全风险评估；煤巷掘进工作面安全风险评估；一通三防系统安全风险评估；瓦斯防治系统安全风险评估；机电运输系统安全风险评估；防治水系统安全风险评估；环保及职业卫生系统安全风险评估。对照开展专项安全风险辨识评估、现状安全风险辨识评估不断完善安全风险清单，结果用于完善设计、生产工艺选择，编制或修订完善措施、现场管控工作等。

2. 全面排查辨识

由矿长牵头组织各分管负责人和相关业务科室、区队，根据当年生产经营计划及采掘接替安排，对井下、地面进行全方位、全过程的辨识，从具体风险点、作业流程、岗位操作、动态风险等四方面存在的风险和危险因素，确定风险点的位置、数量、风险类型及专业系统，确保风险辨识工作系统、全面、无遗漏。

3. 科学量化评估

各专业系统、科室结合自身管理要求与工作实际，对所辨识出的安全风险进行分类梳理，采用安全风险矩阵法对安全风险进行综合量化评估，确定风险等级，风险等级从高到低分别划分为重大风险（红色）、较大风险（橙色）、一般风险（黄色）、低风险（蓝色）。

4. 分级管控

针对辨识评估后的各类风险，按照分级管控的原则制定具体管控措施，确定管控层级、责任单位、责任人。同时要求上一级负责管控的安全风险，下一级必

须同时负责管控。

5. 建立安全风险清单

通过逐项开展风险辨识、风险评估、风险分级管控工作，最终形成龟兹矿业安全风险清单。

6. 动态管控

各专业分管领导严格按照要求分旬度召开专项会议对矿井安全风险进行分析，并形成分析报告。月底由矿长牵头组织开展月度重大安全风险管控会议，形成分析报告，对重大风险管控情况进行落实，对各专业存在的安全风险进行重点分析并制定管控措施。

7. 重大风险管控情况

针对辨识出来的重大风险根据重新制定的《新疆龟兹矿业有限公司重大安全风险管控制度》要求，按照一风险一方案的要求重新进行编制，在重大风险中增加第一责任人、管控资金、限员人数、应急处置方案等内容，形成矿井重大安全风险清单。

8. 制作岗位安全风险明白卡，加强岗位风险管控

龟兹矿业根据实际情况，由各专业科室牵头制作岗位安全风险明白卡，告知各岗位职工本岗位存在的主要危险因素及后果、风险管控措施、举报电话、应急电话等信息。

（三）加强事故隐患排查治理，遏制安全生产事故

（1）健全完善"1＋3＋1＋1"的事故隐患排查治理体系

第一个"1"是指由总经理、矿长负责每月组织一次覆盖各专业的综合性隐患排查；"3"是指由分管副矿长每旬分别组织专业部室及相关区队进行一次专业系统隐患排查；第二个"1"是指由区队班组长负责每班组织一次现场隐患排查和安全确认；第三个"1"是指由岗位作业人员作业过程中随时排查事故隐患。

（2）制定排查清单，确保排查工作科学化

矿井隐患排查严格按照《煤矿重大事故隐患判定标准》（中华人民共和国应急管理部令第4号）及河南省、集团公司、新疆公司确定的生产安全事故隐患判定标准，矿井编制了隐患排查清单，并按照隐患整改的难易程度分为A、B、C、D四个等级。

（3）6个步骤实现隐患排查治理规范化、系统化

第一，排查人发现并提出隐患信息。第二，录入主动预防型信息化管理系统并下达隐患通知。第三，责任单位按"五落实"要求治理，即责任、措施、资金、时限、预案"五落实"。第四，责任单位按"五落实"要求整改结束后，申请验收单位

落实。第五，安检科或各专业科室组织复查，确认整改后销号。第六，把复查、销号结果录入主动预防型信息化管理系统。确保事故隐患排查治理工作全方位无死角，实现隐患排查的规范化、系统化。

(4) 明确隐患排查步骤

首先，制订年度事故隐患排查计划，并按照已经制订好的计划、对照已经确定的隐患排查清单，组织各单位按照计划时间节点有序实施隐患排查活动。其次，确定排查方案，由总经理、矿长、各专业分管领导在组织实施月度、旬度隐患排查前，制定隐患排查方案，明确排查时间、方式、范围、内容和参加人员。参加排查人员严格按照工作方案要求进行隐患排查工作，并填写隐患排查记录。最终将排查结果记录按照隐患排查治理制度的要求下发、整改、验收、闭合、销号，并建立事故隐患信息档案，做好存档工作。

(5) 高度重视隐患排查整改力度，杜绝出现重大隐患

通过隐患排查治理活动，建立隐患排查治理长效机制，对排查出的事故隐患及时制定整改措施并强化执行，全面强化矿井安全生产基础管理，确保隐患排查覆盖面达到 100%，一般事故隐患整改率达到 100%。若矿井出现重大事故隐患，由总经理、矿长立即牵头制定整改方案并挂牌督办。安检科建立重大事故隐患台账，确保重大隐患在整改期限内整改完毕。通过强化事故隐患排查治理，全面查找和弥补安全管理工作中的差错和疏漏，真正做到防微杜渐，确保实现安全生产。

(四) 加强风险隐患体系公示，动员全员全程参与

(1) 龟兹矿业以其安全风险清单为基础，按照各风险点重大风险、较大风险、一般风险和低风险的等级，分别用红、橙、黄、蓝四种颜色标示在矿井平面布置图中，形成安全风险四色图并在井口进行公示，向从业人员和外来人员公示安全风险分布情况。

(2) 龟兹矿业以其安全风险清单中作业流程各风险为基础，利用统计分析的方法，采用柱状图的形式形成矿井安全风险比较图，同时绘制了各系统作业风险比较图，并将作业风险比较图在井口对员工进行公示。

(3) 制作重大安全风险公告栏。在矿井所有存在重大安全风险场所的醒目位置设置重大安全风险公告栏，标明重大安全风险区域、风险描述、风险类别、管控责任人、作业范围人数上限、主要管控措施、应急处置措施、警示标识、举报电话、应急电话等信息。

(4) 每月对全矿各单位出现的各类事故隐患(借助河南能源主动预防型安全信息系统等)进行统计分析，将分析结果、事故隐患分布、治理进展情况向从业人员进行通报，并将事故隐患台账以及重大事故隐患在井口进行公示，明确重大

事故隐患的地点、主要内容、治理时限、责任人、停产停工范围。

(5) 为了保障井下安全生产工作,进一步提升各岗位应急处置能力,针对工作场所、岗位特点,编制内容简明、实用、便于携带的重点岗位应急处置卡37项。并且对可能出现的灾害地点现场悬挂重点岗位应急处置牌板,明确灾害预兆、应急处置、控制措施、急救措施、防护措施、安全标志、救援电话等。

(五)加强体系信息系统建设,实现智能运行模式

1. 引进双重预防体系,实现智能化办公

为保障双重预防体系在河南能源新疆公司落地生根,河南能源新疆公司结合实际,与山东精诚电子科技有限公司合作,安装投用了双重预防信息管理系统、智能播放公示装置、智能手持终端、信息接收标识卡等配套设施,利用信息化系统平台,经现场不断探索、调试完善,形成了独具特色的双重预防信息管理系统,并在实践中得到了较好的应用。确保了矿井隐患排查"零盲区"、隐患整改"零失误"、隐患治理"零搁置"、隐患效果"零反弹"。

2. 精准管控,安全运行

为配合井上信息化系统的运行,矿井购进手持终端15部放置在井口,由安检科进行统一管理。矿井共安设50个与该系统配套使用的安全标示卡,主要分布在井下各主要作业头面、进(回)风大巷、机电硐室等。通过智能手持终端和信息接收标识卡实现了井下标识地点20 m范围内自动推送管控菜单、预警和提醒,做到了过程管控。

3. 现场写实印证,严防推诿扯皮

传统的管理模式是通过文字或口头表达对隐患进行描述,隐患描述的客观性、准确性低,还会出现推诿扯皮的现象。通过拍照、录音录像的方式进行隐患、"三违"取证,做到了准确翔实地获取信息的第一手资料,解决了隐患排查、销号、"三违"取证难的问题。

五、河南能源新疆公司安全生产责任制工作亮点

(一)坚定信念,高效执行

一是秉承"多上设备少上人"的原则,河南能源新疆公司累计投资10多亿元,引进12台综掘机、10套综采设备,采煤机械化率已达100%,掘进机械化率达90%以上。二是深入推进安全环保绩效考核和安全生产标准化建设,大力推进"一矿一策""三盯三对照"等安全管理举措,实现了安全生产。三是立足基层单位多、距离

远、管理难度大等现实状况，强化安全自主管理，成立了河南能源新疆公司安全技术监察服务队，安全技术监察服务队驻矿蹲守，提高了安全管理的时效性。

（二）强基固本，建塑品牌

河南能源新疆公司一直致力于安全品牌的建设，多年的付出得到了自治区的肯定和赞誉，自治区先后数次在河南能源新疆公司召开安全管理现场会，推广相关安全管理经验，安全管理成为河南能源新疆公司的品牌。一是龟兹矿业东井、西井顺利通过2018年国家一级安全生产标准化矿井新疆地区的首批验收。二是2018年5月，河南能源新疆公司获得“全国煤炭工业先进集体”殊荣，新疆共有3家单位名列其中，而河南能源新疆公司是自治区八家直管煤炭企业唯一获此殊荣的单位。三是“新疆公司龟兹矿业西井2018年隐蔽灾害治理示范工程”被列入国家2018年煤矿安全改造地方项目计划，拟安排中央预算内投资905万元，地方政府配套投资181万元，投资比例居自治区2018年煤矿安全改造支持资金首位。四是天欣煤矿首采工作面采用叉车和矿用液压起重机安装新型液压支架，现场安全可靠。

（三）激励创新，注重实效

1. 坚持创新驱动战略，强化科技创新意识

制定了“鼓励创新、宽容挫折、容忍失败”的创新机制，实施智慧酝酿、凝聚、应用、表彰“四步流程”，激励职工结合实际提出金点子，充分激发全员创新积极性，有力促进了安全生产。

2. 坚持开放共赢的理念，借势借力登梯走高

相继与中国矿业大学、河南理工大学等高等院校以及煤炭科学研究总院重庆分院等知名科研院所合作，进行科技攻关。在众维煤业开展“氮气置换上分层采空区瓦斯”研究，有效解决了工作面的瓦斯治理问题及采空区防灭火问题；在永宁煤化实施“巨厚烧变岩下覆易燃特厚煤层群综放开采灾害防治关键技术研究”，有效解决了易燃特厚煤层群开采防火的难题。其中“天欣煤矿的基于多维异构数据融合主煤流智能管控系统研究与示范项目”等3个项目入选国家应急管理部2018年安全生产重特大事故防治关键技术科技项目目录。

3. 多方构建创新平台，充分发挥带头人作用

建立了自治区级企业技术中心，形成了以蒋善勇、赵文华等人物命名的创新工作室，产生煤炭企业技能大师工作室1个、自治区（劳模）创新工作室2个。新疆公司各单位创新工作室累计完成创新成果176项、五小成果623项，获得省级（行业）及以上重要奖项17项，获得国家各种专利共48项。

第五部分

河南能源新疆公司安全生产责任制案例篇

第十三章　河南能源新疆公司部室与基层单位安全生产责任制考核表

第十四章　2020 年度河南能源新疆公司安全环保工作实施成效

第十五章　2021 年度河南能源新疆公司安全环保工作实施成效

在河南能源新疆公司安全生产责任制量化考核体系建设的道路上，涌现了一大批代表性的实践典型，下面分别从河南能源新疆公司部室与基层单位安全生产责任制考核表、2020 年度河南能源新疆公司安全环保工作实施成效、2021 年度河南能源新疆公司安全环保工作实施成效三部分内容对河南能源新疆公司安全生产责任制量化考核体系建设实施成效进行阐述。

第十三章河南能源新疆公司部室与基层单位安全生产责任制考核表。基于前文构建的面向煤炭企业的普适性安全绩效考核指标体系，针对河南能源新疆公司部室与基层单位的具体情况，河南能源新疆公司整合各部门人员，会同科研院校研究力量，以结合企业实际、体现预防为主、成果简明实用、战略方向明确为原则，制定了河南能源新疆公司部室与基层单位安全生产责任制考核表。

第十四章 2020 年度河南能源新疆公司安全环保工作实施成效。2020 年，河南能源新疆公司在自治区、集团公司的正确领导下，以习近平新时代中国特色社会主义思想和习近平总书记关于安全生产的重要论述为指引，始终秉承“从零开始、向零奋斗”的安全“零”理念，牢固树立“发展决不能以牺牲安全为代价”的红线意识，不断强化安全措施执行落实，深入谋划、开展安全生产专项整治三年行动，持续推进“双重预防体系”和安全生产标准化建设，有效预防和杜绝各类生产安全事故，持续保持安全稳定发展的良好态势。

第十五章 2021 年度河南能源新疆公司安全环保工作实施成效。2021 年，河南能源新疆公司在集团公司的正确领导下，以习近平新时代中国特色社会主义思想为指导，全面贯彻“三不四可”安全生产理念，牢固树立安全生产红线意识和底线思维，坚持人民至上、生命至上，紧紧围绕河南能源改革重生中心任务，以安全环保绩效考核为抓手，积极构建安全风险分级管控和隐患排查治理双重预防机制，深入开展安全生产专项整治三年行动和安全生产大排查，持续推进安全生产标准化建设，强化安全基础保障能力，着力提高本质安全水平，持续保持安全稳定发展的良好态势。

第十三章　河南能源新疆公司部室与基层单位安全生产责任制考核表

河南能源新疆公司自2008年以来开展安全绩效考核工作，经过十多年的自我突破和不断完善，目前安全绩效考核体系功能齐全、运行良好，已成为安全管理工作中不可缺少的一部分，为企业实现安全生产长周期运行立下了“汗马功劳”。随着时代的进步和企业的日益壮大，安全绩效考核体系更新、完善稍有滞后，在运行中也会暴露一些问题，如企业偏重于对结果控制的考核，直接将事故指标作为安全管理的重要考核指标，忽视了安全生产的过程管理考核，弱化了事故源头预防工作，不能科学、客观地体现出企业安全生产管理水平等。因此，河南能源新疆公司进一步开展安全绩效管理领域的各项基础工作的时代背景愈加明晰，愈加紧迫，完善安全绩效考核体系意义重大，企业通过建立安全绩效考核体系能够起到解决安全管理难题、促进安全生产管理水平提升的重要作用，保证企业内各单位切实开展安全生产工作，达到“以评促建”、稳步提升的管理效果。

为了提高河南能源新疆公司安全绩效管理水平，新疆公司整合各方部门人员，会同科研院校研究力量，针对当前运营发展状况开展了细致全面的调查研究，把安全绩效管理水平提升研究作为一项重要的研究主题。

一、安全生产责任制量化考核表制定原则

通过对企业安全生产管理现阶段存在问题的分析，在进行企业安全绩效考核体系构建时，始终遵循以下原则：

结合企业实际。公司下属各企业由于安全生产风险存在差异，安全管理工作重点也不尽相同，考核指标及内容应贴合公司实际情况，与已有的安全管理制度体系保持一致，保证安全绩效考核能够客观反映企业安全生产水平，也能够通过考核起到一定的促进、提升作用。

体现预防为主。在构建公司宏观层面企业安全绩效考核指标体系时，不仅要选取结果控制指标，还要从源头预防和过程管理两个方面选取、设计考核指标和内容，引导企业在控制事故结果的同时，更加注重企业安全生产基础工作的落实，做到统筹兼顾，通过源头和过程管理防范事故的发生。

成果简明实用。在设计安全绩效考核体系时，应对考核指标和内容进行精简细化，做到可量化、可操作、客观性强，使安全绩效考核体系简明直观、易于理解，确保考核体系的实用性。同时，要减少考核人的主观判断等难以把握的因素的影响，从而形成客观、公正的绩效评估结果。

战略方向明确。安全绩效考核过程中能够发现企业存在的安全管理问题，实现安全管理工作的良性循环发展，达到“以评促建”的安全管理目标。从某种意义上说，绩效考核的结果能够反映出企业下一阶段的安全生产工作重点，在构建绩效考核体系过程中，应使绩效考核体系与企业安全战略规划相符，具备一定的前瞻性。

基于以上原则，企业应从源头预防、过程管理、结果控制以及符合企业实际四个层面来选取安全绩效考核指标。在选取考核指标时，首先，应从政府管理层面来进行遴选，依据是《安全生产法》《煤矿安全规程》《煤矿安全生产标准化管理体系基本要求》等法律法规及国务院有关部门出台的一系列有关安全管理工作的文件等。其次，应依据社会经济发展状况等宏观因素，结合企业安全管理实际开展情况以及应履行的安全生产工作职责进行界定和遴选。

考核指标的内容应包括安全生产目标、组织机构与职责、制度建设与执行、安全教育培训、安全检查与隐患排查治理、安全投入、风险管控、应急管理、事故管理、职业健康等全过程、各阶段管理的指标。还应从上级文件中有关贯彻落实、重点工作、现场安全管理等中选取符合企业实际的部分，灵活制定符合企业特点的考核指标。

对于其中的重点工作指标，可以要求企业依据安全管理的薄弱环节自行确定，对重点工作的落实、提升效果进行考核，从而激发企业安全管理人员的积极性、主动性，探索企业管理要点和存在难题，使企业安全管理工作有亮点、有特色。

在考核内容的制定上，应依据法律法规、规章制度以及企业相关制度，做到绩效考核“有据可依”。企业常见的考核依据有安全生产工作目标责任书、安全生产责任制、年度安全生产工作计划等。在构建企业安全绩效考核体系的过程中，应将相关考核依据按照指标条目逐条进行细化分解。

为了确保安全生产工作不漏项，在细化分解过程中，可以考虑将 PDCA 循环理论作为构建安全绩效考核体系的理论基础。将各项考核内容依据 PDCA 循环四个阶段进行逐条细分。如对于安全生产目标考核指标，从计划、执行、检查、效果四个方面进行制定，在制定过程中就要考虑到安全生产目标的管理是否全面，从而使安全生产主体责任落实落细。同时，在绩效考核评分过程中，可以结合 PDCA 循环四个阶段对企业各项指标完成情况进行科学评估，对每项考核指标的完成情况、符合情况和产生效果分三部分进行评分。这样，考核过程中不仅能够评估每项指标是否能够完成，还能够评估考核指标是否符合企业实际及是否能够取得效果，针对性地对存在问题进行改进提升，防止安全生产工作出现“形式主义”，从而影响安全生产主体责任的落实。

通过这样大环套小环、环环相扣的绩效考核内容结构，对考核实施效果进行跟踪监控，保证企业全方位、不漏项完成绩效考核工作，最终使河南能源新疆公司的安全生产管理体系持续改进，管理水平稳步提升。通过引导企业加强安全绩效考核工作，构建安全绩效考核体系，实现“以评促建”，有效推动企业安全生产主体责任仔细落实。构建安全绩效考核体系时，考核指标应基于源头预防、过程管理、结果控制以及符合企业实际四个层面进行选取，做到全过程安全绩效考核管理。安全绩效作为企业营运状况的重要指标之一，能够体现企业的安全管理水平和现状，可以使企业决策者及时了解企业安全管理的不足之处。考核内容结构结合科学的理论，在绩效考核体系构建和实施过程中及时改进完善，确保企业安全生产水平稳步提升。

二、安全生产责任制量化考核表制定意义

安全生产责任制量化考核表的重要意义在于明确了进一步提升安全绩效水平的方向，明晰影响企业安全绩效水平的诸多因素，通过设计优化安全绩效评价指标体系和具体举措，在现有的基础上进行升级突破。

首先，企业常常为追求经济效益最大化而轻视安全生产管理，导致安全生产主体责任落实不到位。如果将企业安全绩效纳入企业整体绩效的评估工作当中，可以促使各单位提高对安全生产的重视程度，落实安全生产各项工作措施。其次，安全生产管理也是现阶段各企业的一项重要工作，通过构建企业安全绩效考核体系，及时对企业安全生产水平做出科学评估，明确安全生产工作中存在的不足，通过考核来推动安全管理结构的优化提升。最后，构建企业安全绩效考核体系，可以促使企业采取多种措施增强员工的安全生产意识，更好地开展安全文化建设，从而确保企业安全稳定发展。

其次，加强企业安全绩效考核，实现安全绩效考核的标准化、规范化和常态化，能够提高企业开展安全生产工作的主动性，对企业安全管理体系的建立以及安全生产主体责任的落实具有重要意义。

三、安全生产责任制量化考核表制定目的

安全生产责任制量化考核表制定目的在于构建一个统领河南能源新疆公司

安全绩效全领域的煤矿安全绩效指标、运营、管控和评价系统，在系统中存在一个安全评价模型用于获得煤矿的安全等级，从而可采取措施来降低煤矿存在的安全风险，提升企业安全绩效水平。

本书研究的目的主要体现在：

（1）提升煤矿的安全性，降低事故率。系统部署后可用于预测煤矿的安全级别，若安全级别过低，则需要采取针对性措施来提升煤矿的安全级别，由此可降低煤矿的生产事故率。

（2）实现煤矿安全管理评价业务的规范化、科学化以及网络化，传统的煤矿安全管理评价模式比较主观，没有统一的标准，在引入煤矿安全管理评价系统后，可让整个评价过程有据可依。

（3）提升企业安全绩效管理的效率。传统的煤矿安全管理评价模式都以纸张记录为主，这种模式存在工作效率低以及容易出现错误等缺陷，最重要的是主观性太强，安全评价不够客观。推进信息化建设之后，所有的数据录入和数据计算都是系统自动进行，其效率和准确度都更高。

（4）实现煤矿安全管理评价大数据的长期存储。与纸质模式相比，信息化模式在各项相关工作的推进过程中，将主要采用理论研究和实证研究相结合、文献调查和专家问询相结合、定量分析与定性分析相结合，通过这些方法的综合使用，为本书理论、数据、实践等方面的论述提供了坚实的基础保证。

（5）促进该领域的理论分析与实证研究相结合。实证研究是对理论的一般性和客观性的检验，也将对理论起到一种修正作用。从现场资料和文献资料调查入手，通过安全管理理论对煤矿自身特点的分析，以绩效评价理论和多指标综合评价理论为基础，建立评价指标体系，运用绩效管理多种有效方法进行综合评价，并通过实例进行验证，为煤矿安全绩效考核指标体系的设计建立现实平台。定性分析与定量分析相结合，完善评价模型。将煤矿安全绩效定性指标定量化，同时，采用科学的分析法确定指标权重。在此基础上，采用综合评价法建立评价模型。

四、河南能源新疆公司机关部室安全生产责任制考核表

基于前文构建的煤炭企业安全绩效考核指标体系，结合煤矿安全生产责任制量化考核表制定原则，制定河南能源新疆公司机关部室安全生产责任制考核表如表 13-1～表 13-13 所列。

表 13-1　安全监察局安全生产责任制考核表

考核内容	评分标准	存在问题	加扣分
1. 传达贯彻国家安全生产与职业病危害防治方针、政策、法律法规、规章制度和上级相关指示精神，并对公司各单位的贯彻执行情况进行监督检查	学习或传达贯彻法律法规及规章制度等，每缺少一项扣 0～2 分，效果不好，扣 1 分；在分管范围内对基层各专业督导贯彻执行情况不到位，扣 0～2 分		
2. 建立健全本部门及职责范围内安全生产与职业病危害防治责任制，明确本部门各岗位的责任人员、责任范围和考核标准，参与制定企业安全生产规章制度，指导所属矿（厂）编制生产安全事故应急救援预案	本部门安全生产与职业病危害防治责任制有缺项或与实际不符，实用性不强，扣 0～2 分；未参与制定企业安全生产规章制度，指导所属矿（厂）编制生产安全事故应急救援预案，扣 0～2 分		
3. 组织公司主要负责人、安全生产管理人员参加安全培训及安全知识和管理能力考核工作；指导、监督、协调公司教育培训部门开展安全、技术、业务培训工作，监督落实安全生产教育和培训计划	在组织公司主要负责人、安全生产管理人员参加安全培训及安全知识和管理能力考核工作中，工作未及时开展，扣 0～3 分；在指导、监督、协调公司教育培训部门开展安全、技术、业务培训工作中工作不到位，扣 0～2 分		
4. 参与制定公司安全生产规划；督促所属矿（厂）编制和落实年度灾害预防和处理计划	未参与制定公司安全生产规划或参与过程中未做实质性工作，扣 0～2 分；对所属矿年度灾害预防和处理计划中存在的问题未及时反馈，扣 0～2 分		
5. 负责起草安全生产标准化、安全风险管控与事故隐患排查治理、安全环保绩效考核等安全生产相关制度并落实执行，督导检查各单位积极开展安全生产标准化、双重预防体系建设、安全环保绩效考核等工作；参与制定瓦斯、水害、火灾、粉尘、顶板、机电运输等重大灾害预防措施和治理方案，督促落实重大危险源的安全管理措施及重大事故隐患整改	缺少制度每项扣 3 分，未积极开展安全生产标准化、安全风险管控与事故隐患排查治理、安全环保绩效考核等，每项扣 0～2 分；未积极配合其他部门开展瓦斯、水害、火灾、粉尘、顶板、机电运输等重大灾害预防措施和治理方案等相关工作，扣 0～2 分		

表 13-1(续)

考核内容	评分标准	存在问题	加扣分
6. 监督检查应急救援演练开展情况	未对各单位应急救援演练进行监督检查,每单位扣 0~2 分		
7. 监督检查领导干部带班下井、跟班等安全生产责任制落实情况;监督检查所属矿(厂)作业规程和安全技术措施落实情况	监督检查不到位,每项扣 0~2 分		
8. 参加事故抢险救援,协助或配合调查和处理生产安全事故,对事故进行统计、分析,落实防范措施;落实对事故责任人和事故责任单位的处理意见以及事故防范和整改措施;总结分析生产安全事故原因,吸取事故教训,制定防范措施,并监督落实	未积极参加事故抢险救援,扣 3 分;未积极配合开展其他相关工作,每项扣 0~2 分		
9. 参与新建、改建、扩建工程项目验收移交,抓好安全投入、工程项目及技措资金计划的督查工作	未积极配合开展相关工作,每项扣 0~2 分		
10. 监督检查所属矿(厂)依法办理安全生产许可证;监督检查所属矿(厂)主要负责人和安全生产管理人员参加安全生产知识和管理能力考核并合格	监督检查不到位,每项扣 0~2 分		
11. 制止并报告无证或证照过期组织生产建设行为;查处超能力、超强度、超定员组织生产行为;查处和纠正违章指挥、强令冒险作业、违反操作规程作业行为;查处单班下井人数超过规定和井下作业人员超时作业行为;查处瓦斯、水、火、冲击地压等灾害治理措施不到位组织生产行为;查处生产系统不符合规定组织生产行为	每项工作开展不到位,扣 0~3 分		
12. 负责职业病危害防治工作,查处职业病危害防治措施不到位组织生产行为	职业病危害防治工作未制定管理制度,扣 2 分;未开展检查指导工作或指导效果不好,扣 0~2 分		

表 13-1(续)

考核内容	评分标准	存在问题	加扣分
13. 督促相关部门和所属矿(厂)落实重大隐患治理方案	督促不到位,扣0～2分		
14. 监督落实安全生产监管监察指令,并及时反馈;受理、查处安全生产举报	工作不到位、落实不及时,每项扣0～2分		
15. 组织公司安全生产办公会议等各类安全专题会议,贯彻落实国家法律、法规,分析安全生产形势,总结安全生产工作,布置阶段性安全管理措施;参加公司组织的有关生产、安全、计划等业务会议,分析安全生产动态,提出合理化建议	未及时组织召开会议,会议效果不好,会议安排工作未及时落实,未参加相关会议等,每项扣0～2分		
16. 建立健全环境保护管理体系,并协调、指导、监督、检查公司的环境保护工作	未建立健全环境保护管理体系,扣0～3分;其他工作未落实到位,每项扣0～2分		
17. 履行法律法规和公司内部管理制度规定的其他安全生产职责	工作不到位,扣0～3分;被公司领导及上级公司批评,扣1～3分		

表 13-2　生产技术部安全生产责任制考核表

考核内容	评分标准	存在问题	加扣分
1. 贯彻落实国家安全生产与职业病危害防治方针、政策、法律法规和上级相关指示精神,严格遵守各类安全规章制度;负责公司"一通三防"、地测防治水、煤与瓦斯突出、化工生产、科技创新等业务保安职责	学习或传达贯彻法律法规及规章制度等,每缺少一项扣0～2分,效果不好,扣1分;在分管范围内对基层各专业督导贯彻执行情况不到位,扣0～2分		
2. 建立健全分管系统及部门安全生产与职业病危害防治责任制等管理制度;建立健全公司安全生产技术管理体系,组织制定分管专业管理制度并督促执行	未编制分管系统安全生产与职业病危害防治责任制,扣0～3分		

表 13-2(续)

考核内容	评分标准	存在问题	加扣分
3. 负责公司安全生产技术层面的规划、计划、规程和措施的审核、审批工作;负责组织采区方案设计审批及特殊技术措施的审批,抓好采掘接替;负责业务范围内的新技术、新工艺、新设备、新材料的推广应用工作。负责组织新投产综采工作面的试生产综合验收	审批不认真,扣 0～3 分;未开展新技术、新工艺、新设备、新材料的推广应用工作,扣 0～3 分		
4. 负责采煤、掘进、“一通三防”、地测防治水及煤与瓦斯突出、化工生产专业的业务指导;组织搞好矿井生产能力核定管理。抓好分管专业安全生产标准化建设;组织或参加安全检查及验收工作;组织科技进步奖、特殊贡献奖等评审工作,编制奖励议案等评奖相关工作	未定期进行业务指导,扣 0～3 分;安全生产标准化建设工作不到位,扣 0～3 分;科技创新评审工作开展不到位,扣 0～3 分		
5. 检查安全生产状况,开展安全生产风险管控,及时排查生产安全事故隐患,提出改进安全生产管理的建议,督促落实安全生产隐患和重大危险源的安全管理措施	安全生产风险管控未开展,生产安全事故隐患排查不认真,扣 0～3 分		
6. 组织或参与生产安全性会议,每季度组织召开一次技术例会,督促检查各单位贯彻落实上级公司有关会议和安全生产安排执行情况	未组织会议或未参加,扣 0～3 分		
7. 审查矿井防治水工程计划和方案,组织分析排查水害隐患并负责审查处理措施;负责地质勘探、生产补勘和地质灾害的防治工作;负责大型贯通测量工程方案的审查、技术管理工作以及矿井的相关图件管理工作	审查不认真、落实不到位,每项扣 0～3 分		

表 13-2(续)

考核内容	评分标准	存在问题	加扣分
8. 参与审查矿井、水平、采区方案设计、通风方式、通风系统调整改造、瓦斯治理工程、防灭火工程、防突设计及措施、矿井灾害处理计划及灾害事故应急演练方案等内容，严格遵守《煤矿安全规程》和有关技术政策	未积极参与各项工作，每项扣 0～3 分		
9. 对矿井调整通风系统、瓦斯积聚、瓦斯超限、瓦斯抽采、防突、综合防尘、防灭火、安全监测等方面的重大技术问题，提出处理方案，并督促检查实施	落实不到位，每项扣 0～3 分		
10. 掌握本系统重大事故隐患整治措施，组织检查存在的生产安全与职业病危害防治隐患，并落实解决；跟踪落实上级监管监察的本系统隐患及问题	落实不到位，每项扣 0～2 分		
11. 发生“一通三防”、水害、化工生产、职业卫生等事故时，组织人员参与抢救、事故调查、分析、追查和处理，对本业务范围内发生的重大灾害处理提出意见	每项工作开展不到位，扣 0～3 分		
12. 制止和纠正违章指挥、强令冒险作业、违反操作规程的行为	如存在违章指挥、强令冒险作业、违反操作规程的行为，扣 0～3 分		
13. 组织或参与编制、修订分管专业应急救援预案	落实不到位，扣 0～3 分		
14. 督促分管专业系统安全生产教育和培训计划的实施	工作不到位、落实不及时，每项扣 0～3 分		
15. 组织公司生产调度会议，协调公司产销综合平衡	工作不到位、落实不及时，每项扣 0～3 分		
16. 参与公司新建、扩建、改建、技术改造项目的有关评审会，确保工程项目的安全施工及使用安全	工作不到位、落实不及时，每项扣 0～3 分		
17. 督促单位按要求组织开展冬季“三防”和雨季“三防”工作，并进行检查落实	未开展评审会，扣 0～3 分；工作不到位，扣 1～3 分		

表 13-2(续)

考核内容	评分标准	存在问题	加扣分
18. 履行法律法规和公司内部管理制度规定的其他安全生产职责	未履行法律法规和公司内部管理制度规定的其他安全生产职责,扣0～3分		

表 13-3 机电部安全生产责任制考核表

考核内容	评分标准	存在问题	加扣分
1. 负责编制职责范围内的安全生产责任制、规章制度和操作规程	每缺少一项管理规章制度,扣0～2分;执行落实不到位,每项次扣1分;规章制度缺乏可操作性,每项次扣2分		
2. 检查机电运输岗位工种接受培训和持证上岗情况	所有岗位工要求持证上岗,上岗人员未取得上岗证上岗,扣2分/人次;有上岗证未随身携带至岗位,扣1分/人次;发现串岗、顶岗现象,扣1分/人次		
3. 审查矿(厂)提升、运输、供电、智慧矿(厂)建设等系统技术改造方案;审查大型设备安装、拆除安全技术措施	未编制改造方案、措施施工,扣2分/次;上交机电部审核的方案或措施超过3天未进行回复,扣1分/次;回复内容不明确,模棱两可不能执行,扣2分/次;审核过程不认真,措施中存在较大漏洞,扣2分/次		
4. 建立机电运输设备台账	常规情况下,每季度最后一个月28日前定期更新设备台账,新购大型设备时待设备完成入库即更新设备台账。未建立设备台账,扣3分;超过3个月未更新设备台账,扣0～3分;台账与实际不符,导致工作无法正常进行的,扣2分		
5. 检查指导所属矿(厂)供电、提升、运输、压风、排水、信息化等系统安全运行和机电设备的安全保护装置灵敏可靠	系统无计划停运,扣1～3分/次;现场发现保护失效或安装位置不正确,扣1分/处,人为甩开保护运行,扣3分/处		

表 13-3(续)

考核内容	评分标准	存在问题	加扣分
6. 组织所属矿(厂)开展机电运输安全检查和安全生产标准化检查工作	无专业年、度季度安全生产标准化达标规划,扣 0～3 分;未按要求组织达标验收考核,扣 2 分;专业在集团公司达标验收考核中排名倒数,扣 1～3 分		
7. 督促所属矿(厂)开展机电运输设备、材料检测检验工作;防止非防爆、非阻燃、无煤安标志(MA)的设备、器材、仪器仪表等入井或在防爆区域使用	监督检查不到位。在防爆区域内出现非防爆设备,每项扣 0～3 分;机电运输设备、材料检测检验报告不合格,验收不规范,每发现一台次扣 0～2 分		
8. 监督检查雨季和冬季"三防"相关工作;制定落实极端天气条件下矿区供电安全保障措施	持续做好地面供电系统管理,保障矿区供电安全,发生因供电导致矿井安全事故发生,扣 3 分/次;因储备物资不够影响矿井局部安全,扣 1～2 分/次;未按照雨季"三防"和冬季"三防"相关工作要求开展应急演练,扣 2 分;演练方案未结合实际,扣 1～2 分		
9. 负责职责范围内安全风险分级管控和隐患排查治理工作,建立机电运输事故隐患排查治理档案;组织所属矿(厂)开展提升系统、胶带输送系统、井下辅助运输系统等专项检查	没开展专业隐患排查,扣 2 分,未建立重大隐患跟踪落实台账,扣 1 分,重大隐患没按要求落实整改,每条扣 0.5 分		
10. 负责机电运输安全生产工作的服务、指导、检查、考核工作;监督检查机电运输岗位人员按章操作情况,查处机电运输系统违章指挥、强令冒险作业、违反操作规程的行为	未制订帮扶计划,扣 2 分;计划不落实,扣 1 分。未深入基层帮扶指导或次数不符合新疆公司要求,扣 1 分/人次;没有填写帮扶指导记录,扣 0.5 分/人次;帮扶指导内容不具体不能解决实际问题,扣 0.5 分/人次;做好分管领导入井或下基层记录统计,少统计一次扣 0.5 分;发现三违人员,扣 2 分/人次		

表 13-3(续)

考核内容	评分标准	存在问题	加扣分
11. 指导所属矿(厂)开展安全评价工作;参加矿井水平延深、新采区设计方案、初步设计的会审;参加对新投产工作面的安全生产验收工作及新采购设备的招议标工作;参加新建设项目的方案编制	未制订安全评价工作计划,扣 2 分;内容不全面,按缺项情况每条扣 0.2 分;安全工作计划未执行,扣 2 分;一项计划未完成或完成质量差扣 0.2 分;安全评价工作考核不到位扣 0.5 分/项;安全评价工作计划迟报,扣 0.5 分/天,每月 18 号之前上报		
12. 督促所属矿(厂)编制机电运输生产安全事故应急救援预案;参与事故抢险救援,协助调查和处理生产安全事故;按职责权限落实事故防范措施	矿井及地面相关单位无应急救援预案,扣 2 分/项次;无年度演练计划或不按计划进行演练,各扣 1 分/项次;应急预案演练内容不全、针对性不强扣 0.5 分/项次,相关人员不熟知,扣 0.5 分/人次;未对演习情况分析总结,扣 0.5 分/项次		
13. 负责机电设备的维修管理指导和质量监督工作;参与审查年度机电运输设备大修和更新计划;指导所属矿(厂)停产检修工作	未编制年度检修、大修和更新改造计划,每矿(厂)扣 1 分;检修计划未分类管理,扣 0~2 分;检修计划未落实执行情况,扣 0~2 分		
14. 参与审查机电运输岗位安全培训计划;参与开展机电运输岗位工种业务培训	未编制岗位培训计划,扣 2 分;编制计划未进行,扣 2 分;编制计划并按计划组织进行培训但未组织进行考核,扣 0~2 分;考核内容与培训内容不一致,扣 0.5 分		
15. 参加有关安全生产会议,监督检查机电运输管理制度、安全技术措施落实情况;组织召开机电运输专业会议,分析研究机电运输管理中存在的问题,并提出改进措施	没按时组织召开系统工作例会,扣 3 分;会议无实质性内容,扣 2 分;会议安排重点工作不落实,每项次扣 1 分;执行落实不到位,扣 0.5 分		

表 13-3(续)

考核内容	评分标准	存在问题	加扣分
16. 积极推广机械化、自动化、智能化、信息化，推广应用机电运输方面的先进技术和先进经验，促进安全技术进步	未编制年度推广计划，扣 0～3 分；编制的推广计划无故未按时间节点开展工作，扣 2 分/项；虽然按计划开展但开展质量较差，扣 0～2 分/项；未组织开展工作落实情况检查，扣 2 分；未做到全覆盖，扣 2 分/单位；虽组织进行了考核，但在考核结束后未对考核结果进行实际运用，扣 1 分；未积极配合开展其他相关工作，每项扣 0～3 分		
17. 督促落实职责范围内的安全生产监管监察指令和领导交办的其他工作	一项工作没有落实，扣 0～3 分；一次没有按要求参加会议，扣 2 分；工作完成不积极，时间、质量不符合要求，每项次扣 0～3 分		

表 13-4　人力资源/组织部安全生产责任制考核表

考核内容	评分标准	存在问题	加扣分
1. 认真贯彻落实党和国家安全生产与职业病危害防治方针、政策、法律法规及上级有关安全工作指示，严格落实和执行集团公司及新疆公司安全决策部署，严格遵守各类安全规章制度	学习或传达贯彻法律法规及规章制度等，每缺少一项扣 0～2 分；效果不好，扣 1 分		
2. 建立健全部门安全生产与职业病危害防治责任制等；制定新疆公司人力资源政策，保证人力资源满足安全生产发展需要	本部门安全生产与职业病危害防治责任制有缺项或与实际不符，实用性不强，扣 0～3 分		
3. 结合国家、自治区及上级公司规定，制定社保保险及住房公积金缴纳政策，并确保按时缴纳社会保险金及住房公积金	未及时缴纳社保及住房公积金，扣0～3 分		
4. 参加劳动鉴定工作，会同有关部门做好重大事故的调查和处理，办理事故责任者的惩处手续，参加工伤鉴定处理工作	未参与重大事故调查与处理，扣 0～3 分		

表 13-4(续)

考核内容	评分标准	存在问题	加扣分
5. 规范使用安全教育培训经费	安全培训经费使用不规范，一次扣0～3分		
6. 做好职业技能鉴定工作，提升员工操作技能	未开展相关工作，扣0～3分		
7. 参与生产安全及职业病危害事故(事件)的调查和处理；协助安全监察部门做好安全生产的考核奖罚兑现	未及时兑现安全生产考核奖罚，扣0～3分		
8. 负责公司内部干部的任免、考核、选拔、培训及监督管理，领导班子建设、党建及党员管理，机关党委日常事务，干部人事档案管理，政工职称评审，出入境管理，老干部管理等工作	未开展相关工作，扣0～3分		
9. 按照干部管理权限，配齐符合要求的安全生产管理人员	未及时提出配备意见，扣0～3分		
10. 调查掌握安全生产实际情况，把安全生产业绩考核列入选配干部的重要内容	安全生产业绩考核未列入选配干部条件，扣0～3分		
11. 对未能履行安全职责的领导干部，按照有关规定进行组织处理	未及时处理，扣0～3分		
12. 围绕安全生产开展党建活动，充分发挥党组织在安全生产方面把方向、管大局、保落实的责任和作用	未开展相关工作，扣0～3分		
13. 履行法律法规和公司内部管理制度规定的其他安全生产职责	工作不到位，扣0～3分；被领导批评，扣1～3分		

表 13-5　财务部安全生产责任制考核表

考核内容	评分标准	存在问题	加扣分
1. 传达贯彻国家安全生产与职业病危害防治方针、政策、法律法规和上级相关安全指示精神，严格遵守各类安全规章制度	未制定安全费用管理制度，扣0～2分；不落实，扣1分		

表 13-5(续)

考核内容	评分标准	存在问题	加扣分
2. 参与编制安全生产资金提取、使用计划、使用管理，建立专用账户，确保安全费用专款专用	对生产单位安全专项费用提取情况进行监督检查，未进行检查每次扣0～3分；安全专项费用提取不足、核算不规范，每矿次扣0～2分		
3. 监督落实安全专项资金提取及使用，强化监督管理，保障安全生产资金正常使用	没有建立绿色通道制度或因监督不到位造成资金问题影响安全隐患整改，一次扣0～3分；未能及时帮助基层人员解决专业性问题，一次扣2分		
4. 保证职工劳动保护费用支出；保证职工劳动保险、社会保险等方面的资金及时缴纳	未及时发放职工劳动保护费，一次扣0～3分；未及时缴纳职工社会保险、住房公积金，一次扣0～3分		
5. 加强本部门安全防范工作，确保财务档案、工作设备的安全，做好库存现金、有价证券和重要票据的保管工作	安全防范工作不到位，每项扣0～3分		
6. 参与重大事故或灾害的应急救援及善后处理工作	工作不到位、落实不及时，每项扣0～3分		
7. 履行法律法规和公司内部管理制度规定的其他安全生产职责	工作不到位，扣0～3分；被公司领导及上级公司批评，扣1～3分		

表 13-6　企管部安全生产责任制考核表

考核内容	评分标准	存在问题	加扣分
1. 贯彻国家安全生产与职业病危害防治方针、政策、法律法规和上级相关安全指示精神，严格遵守各类安全规章制度	学习或传达贯彻法律法规及规章制度等，每缺少一项扣0～2分，效果不好扣1分		
2. 在契约化管理中明确安全管理责任，将安全作为重要指标考核	未在契约化管理协议书中明确安全管理责任，扣0～3分；未将安全作为考核指标，扣1～3分		
3. 编制下达生产经营计划，保障依法依规生产，禁止超能力下达生产经营计划	超能力下达生产经营计划，扣1～3分		

表 13-6(续)

考核内容	评分标准	存在问题	加扣分
4. 定期牵头组织对各单位安全生产经营指标完成情况进行考核,编制考核报告	未及时对生产经营指标考核,扣1～3分		
5. 负责公司物资采购招议标管理工作,做好设备、材料的招议标采购;对于涉及安全生产和职业病防治工作的物资优先组织采购	凡因公司原因造成招议标影响安全生产的,扣2分/次;采购的各类安全生产设备、材料不满足安全需要的,扣2分/次		
6. 负责编制专项资金计划,保证安全费用足额提取、足额使用;监督指导生产经营单位安全费用的投入、评价及管理工作,确保安全费用足额提取使用	未编制专项资金计划,扣1～3分;每月未对基层单位安全费用完成情况进行检查分析,扣0～3分/次,分析不认真,扣0～2分/处		
7. 负责涉及本部门业务相关安全先进管理经验的引进、吸收、应用和推广,以及内部与本部门业务相关先进安全管理经验的总结、交流和推广工作	未引进、应用、推广本部门业务相关安全先进管理经验,扣1～3分		
8. 负责公司价委会日常管理工作,做好产品市场调研、产品定价和销售考核	未执行公司价委会决定,或未对销售进行考核,每次扣1～3分		
9. 严格执行统计法律法规,为安全生产提供统计信息资料	未及时提供安全生产统计信息资料,扣1～3分		
10. 参与新疆公司组织的安全督导服务,并做好信息反馈	未参与安全督导服务,或未做好信息反馈,扣1～3分		
11. 履行法律法规和公司内部管理制度规定的其他安全生产职责	工作不到位,扣0～3分;被公司领导及上级公司批评,扣1～3分		

表 13-7　规划发展部安全生产责任制考核表

考核内容	评分标准	存在问题	加扣分
1. 传达贯彻国家安全生产与职业病危害防治方针、政策、法律法规和上级相关安全指示精神,严格遵守各类安全规章制度	学习或传达贯彻法律法规及规章制度等,每缺少一项扣0～2分,效果不好扣1分;在分管范围内对基层各专业督导贯彻执行情况不到位,扣0～2分		

表 13-7(续)

考核内容	评分标准	存在问题	加扣分
2. 组织开展并实施公司中长期战略发展规划、投资计划时要符合国家安全生产与职业病危害防治相关规定	工作不到位,扣 1～3 分;未积极开展工作,扣 1～2 分		
3. 严格遵守国家安全生产法律法规,按照程序组织对外投资项目的分析、评估和决策工作	未按照程序组织开展决策工作,扣 0～3 分;造成严重影响的,扣 1～4 分		
4. 做好矿权管理工作,督促各单位做好矿证的办理、延续、保留、年检等工作,确保安全合法生产;督促各项目单位严格按照法定程序办理项目前期手续,确保安全合法开工	证照办理不及时影响安全生产的,每次扣 0～4 分;因证照管理不善,导致证照缺失、过期,每个扣 0.5～4 分;未按集团公司及新疆公司制度进行项目前期手续和后评价管理,扣 1～3 分		
5. 做好新疆公司权限范围内的工程建设的招标工作,审核合同各方的安全责任,维护公司利益,做好安全风险管控	招标工作出现违规,扣 0～4 分;合同审查不严出现纠纷或安全风险,扣 0～3 分;未做好影响工程进度,扣 0～3 分		
6. 组织开展公司资源整合工作,按照安全生产与职业病危害防治法律法规的规定,组织资源整合项目	未按规定组织资源整合项目,扣 0～3 分;未组织或工作不到位,扣 0～3 分		
7. 收集国家、自治区层面最新产业政策和法律法规,为安全生产提供政策依据	未及时收集或识别国家、自治区层面最新产业政策和法律法规,能为安全生产提供政策依据而未开展的,扣0～4 分		
8. 履行法律法规和公司内部管理制度规定的其他安全生产职责	工作不到位,扣 0～3 分;被公司领导及上级公司批评,扣 1～3 分		

表 13-8　党委宣传部安全生产责任制考核表

考核内容	评分标准	存在问题	加扣分
1. 宣传贯彻国家安全生产与职业病危害防治方针、政策、法律法规和上级相关安全指示精神，严格遵守各类安全规章制度	学习或宣传贯彻党和国家安全生产方针、政策、指令不到位，扣 0～2 分，每缺少一项扣 1 分，效果不好扣 0～2 分		
2. 坚持正确的舆论导向，深入持久地做好安全生产与职业病危害防治宣传工作，提高职工安全与健康意识	本部门安全生产与职业病危害防治责任制有缺项或与实际不符，实用性不强，扣 0～3 分		
3. 指导基层开展安全宣传工作，宣传先进典型和推广先进工作经验	未指导基层开展安全宣传工作，扣 0～3 分；没有对安全先进典型和工作经验进行报道宣传，扣 1～3 分		
4. 负责新疆公司安全文化宣贯与建设工作	没有在公司及以上报刊宣传报道公司安全管理先进经验，扣 0～3 分；微信公众平台关于安全宣传的稿件每月至少 20 篇，少 1 篇扣 1 分		
5. 负责舆情监控工作，妥善处置舆情突发事件	舆情监控工作开展不到位，扣 1～3 分		
6. 参与重大事故或灾害的应急救援处理工作	未参与重大事件处置，扣 3 分；工作落实不到位，扣 1～3 分		
7. 强化内部安全管理，做好防火、防盗和员工自主保安工作	未积极配合开展相关工作，每项扣 0～3 分；信息反馈不及时，反馈效果差，扣 1～3 分		
8. 履行法律法规和公司内部管理制度规定的其他安全生产职责	工作不到位，扣 0～3 分；被公司领导及上级公司批评，扣 1～3 分		

表 13-9　纪委监察部安全生产责任制考核表

考核内容	评分标准	存在问题	加扣分
1. 传达贯彻国家安全生产与职业病危害防治方针、政策、法律法规和上级相关安全指示精神，严格遵守各类安全规章制度	学习或传达贯彻法律法规及规章制度等，每缺少一项扣 0～2 分，效果不好扣 1 分		
2. 对影响安全生产、职工反映强烈的违规违纪问题进行调查处理，为安全生产提供纪律保证	调查处理工作不到位、落实不及时，每项扣 0～3 分		
3. 在纪检工作评比考核中，把安全业绩作为重要的考核内容	未将安全业绩列入纪检监察工作考核内容，扣 0～3 分		
4. 运用效能监察、专项治理等抓手加强对安全生产资金使用的监督，及时提出监察意见	效能监察未立项，扣 0～3 分，专项治理工作不到位，扣 0～2 分		
5. 参与生产安全事故、违法违规行为和重大隐患的调查处理工作	调查处理工作不到位、落实不及时，每项扣 0～3 分		
6. 监督检查领导干部作风建设及履行安全工作职责情况	监督检查不到位，每项扣 0～3 分		
7. 参与组织研究对事故责任单位及责任人的处理、处罚意见	工作不到位、落实不及时，每项扣0～3 分		
8. 履行法律法规和公司内部管理制度规定的其他安全生产职责	工作不到位，扣 0～3 分；被公司领导及上级公司批评，扣 1～3 分		

表 13-10　审计法务部安全生产责任制考核表

考核内容	评分标准	存在问题	加扣分
1. 传达贯彻国家安全生产与职业病危害防治方针、政策、法律法规和上级相关安全指示精神，严格遵守各类安全规章制度	学习或传达贯彻法律法规及规章制度等，每缺少一项扣 0～2 分，效果不好扣 1 分		
2. 对所属单位的内部控制和风险管理情况进行审查和评价	未按要求开展工作，扣 1～3 分；工作不到位，扣 0～3 分		
3. 对所属单位的领导人员履行经济责任情况进行审计	审计开展不及时，扣 1～3 分；开展不到位，扣 0～3 分		
4. 对所属单位资产的安全和完整性进行审查和评估	未进行审查和评估，扣 1～3 分；工作不到位，扣 0～3 分		

表 13-10(续)

考核内容	评分标准	存在问题	加扣分
5. 对所属单位安全专项资金和职业病危害防治资金提取、使用情况进行审计，确保足额提取，专款专用	未开展审计或审计不到位，扣 0～3 分		
6. 对本单位及所属单位的基建工程和重大技改、大修立项、概(预)算、工程结算以及竣工决算进行审计监督	审计监督不到位，每次扣 0～3 分		
7. 协助职能部门办理公司注册、并购、重组、抵押等法律事务并审查相关法律文件以及对外回函、发表声明等涉法事务	相关工作开展不到位，每项扣 0～3 分		
8. 负责公司合同管理工作，规避合同风险，监督公司重大合同的履行	工作未开展或开展不到位，每项扣0～3 分		
9. 对本单位及所属单位违反法律法规的行为提出纠正意见，监督或者协助有关部门予以整改	监督不到位、协助不及时，每次扣 0～3 分		
10. 参与本单位重要规章制度的制定和实施，参与本单位重大经营决策，参与公司重大经济合同的讨论和谈判工作	未按要求参与，每次扣 0～3 分		
11. 负责本部门员工的安全培训和教育工作	工作未开展或开展不到位，每项扣0～3 分		
12. 协助有关部门做好债权债务的清理和追收工作	未开展协助工作，扣 0～3 分；协助不到位，扣 0～2 分		
13. 履行法律法规和公司内部管理制度规定的其他安全生产职责	工作不到位，扣 0～3 分；被公司领导及上级公司批评，扣 1～3 分		

表 13-11　综合部安全生产责任制考核表

考核内容	评分标准	存在问题	加扣分
1. 传达贯彻国家安全生产与职业病危害防治方针、政策、法律法规和上级相关安全指示精神，严格遵守各类安全规章制度	学习或传达贯彻法律法规及规章制度等，每缺少一项扣 0～2 分，效果不好扣 0～2 分		

表 13-11(续)

考核内容	评分标准	存在问题	加扣分
2. 根据公司领导的安排及时组织召开各类会议，配合起草、管理并印发安全文件和相关文稿	一次无故不参加，扣 0～3 分；一次未及时上报材料，扣 0～3 分		
3. 及时传递上级和各基层单位的安全生产文件、资料，积极配合相关部门做好安全相关文件的印发工作	一次不及时下发，扣 0～3 分；文件、会议纪要出现错误，扣 2 分/处		
4. 配合相关部门做好上级领导和有关部门的视察、调研、安全检查、安全会议、参观学习等的接待工作	对视察、调研、安全检查、安全会议、参观学习等的接待工作出现一次失误，扣 0～4 分		
5. 做好涉及安全生产与职业病危害防治事项的督办工作	对安全生产与职业病危害防治事项的督办工作不到位，扣 0～3 分		
6. 负责建立健全保密制度，严禁失、泄密事件发生	保密制度缺项，扣 0～3 分；未建立健全，扣 0～2 分；失、泄密一次，扣 0～4 分		
7. 参与重大事故、灾害的应急救援及善后处理工作	重大事故、灾害的应急救援及善后处理工作参与不到位，扣 0～3 分		
8. 强化内部安全管理，做好防火、防盗和员工自主保安工作	内部安全管理工作落实不到位，扣 2 分；实施不到位，扣 0～3 分；出现防火、防盗和员工自主保安工作失误，扣 0～3 分		
9. 保证安全工作的用车需要，并确保车辆安全运行	出现车辆安全事故，扣 3 分/车次；车辆出现违章，扣 1 分/条；未及时处理违章，扣 1 分/条；非专职人员驾驶车辆，扣 0～3 分/人		
10. 负责做好信访稳定工作，营造和谐稳定的内外部环境，保证公司安全生产顺利进行	出现信访事件，扣 2 分/次；基层出现信访事件，扣 1 分/次；信访事件影响较大，扣 0～4 分/次		
11. 在敏感期、党和国家及省重大政治活动和重大节日期间，制定维稳工作方案，确保安全稳定	未及时制定维稳工作方案，扣 0～3 分；安全稳定工作落实不到位，扣 0～3 分		

表 13-11(续)

考核内容	评分标准	存在问题	加扣分
12. 履行法律法规和公司内部管理制度规定的其他安全生产职责	工作不到位,扣 0～3 分;被公司领导及上级公司批评,扣 1～3 分		
13. 加强厨师及帮厨的安全培训,确保食堂食材、食品安全	未按规定对厨师及帮厨进行安全培训,扣 0～3 分;职工餐厅管理出现问题被领导提出批评和督促,扣 0～3 分/次;食堂食材、食品出现安全隐患,扣 0～3 分/次		

表 13-12 工会安全生产责任制考核表

考核内容	评分标准	存在问题	加扣分
1. 监督和协助企业贯彻执行各项安全劳动保护法令、规程、条例和规定,代表职工及时解决生产中出现的有关安全卫生方面的问题,不断改善劳动条件	未监督和协助企业执行各项安全劳动法令、规程、条例和规定,扣 0～2 分;未代表职工解决生产中出现的和安全卫生有关的问题或问题解决不及时,扣 0～2 分		
2. 督促并协助企业开展安全生产、职业卫生宣传和培训	未督促和协助基层单位开展安全生产、职业卫生宣传和培训,工作不到位,扣 0～3 分		
3. 依法组织职工参加安全生产工作的民主管理和民主监督,依法对职业病防治工作进行监督	未起到民主管理和民主监督作用或作用不明显,扣 0～3 分;未对职业病防治法工作进行监督,扣 0～3 分		
4. 对企业制定或修改有关安全生产的规章制度、召开有关安全生产的会议、开展职业病防治工作等提出意见和建议	未对企业制定或修改有关安全生产的规章制度、召开有关安全生产的会议、开展职业病防治工作等提出意见和建议,或建议或意见不合理,每项扣 0～3 分		
5. 依法代表职工与企业签订劳动安全卫生集体合同,对集体合同、劳动合同中劳动安全卫生条款的执行情况进行监督检查	缺少制度,每项扣 3 分;未积极参与相关工作,扣 0～3 分		

表 13-12(续)

考核内容	评分标准	存在问题	加扣分
6. 就职工反映的有关安全、职业病防治的问题进行协调并督促解决，对违反安全法律法规，侵犯职工合法权益的行为，要及时纠正	未监督、协调解决职工反映的有关安全、职业病防治的问题，每项扣0～3分；未对违反安全法律法规，侵犯职工合法权益的行为进行及时纠正，每项扣1～3分		
7. 负责建立健全公司群众安全管理工作制度并认真落实	未建立健全公司群众安全管理工作制度，有缺项的每项扣0～3分；未认真落实群众安全制度，每项扣0～3分		
8. 督促企业行政按照国家规定发放劳动保护用品，认真执行国家关于职工工作时间和休息时间的规定，制止危害职工安全健康的加班	未督促企业行政按照国家规定发放劳动保护用品，扣0～3分；未对违反国家关于职工工作时间和休息时间的行为及时进行调研，扣0～3分；未制止危害职工安全健康的加班，扣0～3分		
9. 参加生产安全事故和职业危害事件的调查，维护职工合法权益	未参加生产安全事故和职业危害事件的调查，每项扣1～3分		
10. 组织开展群众性的劳动竞赛、技术革新、技术比武和安康杯竞赛活动，提高职工安全生产技能	未开展竞赛活动、技术革新的，每项扣0～3分		
11. 负责职工文化、体育等群体活动的安全工作	未对职工文化活动、室内大型体育活动制定紧急安全撤离、急救措施的，每项扣0～3分；未在大型活动中设置紧急撤离出口、配备灭火器等救火装置的，扣0～3分		
12. 负责女职工劳动安全和健康权益的维护	未执行女职工权益特别保护条例，或对女职工健康权益行为未能及时监督纠正的，扣0～3分		
13. 履行法律法规和公司内部管理制度规定的其他安全生产职责	工作不到位，扣0～3分；被公司领导及上级公司批评，扣1～3分		

表 13-13 保卫部安全生产责任制考核表

考核内容	评分标准	存在问题	加扣分
1. 传达贯彻国家安全生产与职业病危害防治方针、政策、法律法规和上级相关安全指示精神，严格遵守各类安全规章制度	学习或传达贯彻法律法规及规章制度等，每缺少一项扣 0～2 分，效果不好扣 1 分；在分管范围内对基层各专业督导贯彻执行情况不到位，扣 0～2 分		
2. 组织制定、健全、落实本部门安全生产与职业病危害防治责任制等管理制度	本部门安全生产与职业病危害防治责任制有缺项或与实际不符，实用性不强，扣 1～3 分		
3. 负责或指导公司及基层单位消防安全管理、火工品及危险化学物品等防丢失、防被盗、防被抢的安全管理工作，对基层单位进行安全监督、检查、指导、考核	消防安全管理制度、火工品及危险化学品安全管理制度不完善，少一项扣 2 分；每少一项档案扣 0～2 分；监督指导不到位，每单位扣 1～3 分		
4. 负责或指导公司及基层单位各类群体性突发事件和重大活动的安全、保卫及协调处理工作	监督指导不到位，每单位扣 0～3 分；公司及基层单位发生各类群体性突发事件，扣 1～6 分		
5. 组织或参与公司应急救援预案制定、演练，以及事故救援及调查等工作	未组织或参与公司应急救援预案制定，缺少一项扣 0～3 分；演练开展不到位，扣 1～2 分；预案演练流程不规范，扣 1～2 分		
6. 在敏感期、党和国家及省重大政治活动和重大节日期间，制定重大事件处置预案，确保安全稳定	未制定重大事件处置预案，扣 0～3 分；落实不到位，扣 1～3 分		
7. 参与公司组织的安全督导服务，并做好信息反馈	未积极配合开展相关工作，每项扣 0～3 分；信息反馈不及时，反馈效果差，扣 1～3 分		
8. 参与所在地区组织的社会治安综合治理工作	未积极参与配合开展社会治安综合治理相关工作，每项扣 1～3 分		
9. 履行法律法规和公司内部管理制度规定的其他安全生产职责	工作不到位，扣 0～3 分；被公司领导及上级公司批评，扣 1～3 分		

五、河南能源新疆公司基层单位安全生产责任制考核表

与前文河南能源新疆公司机关部室安全生产责任制考核表的构建思路类似，结合煤矿安全生产责任制量化考核表制定原则，制定河南能源新疆公司基层单位安全生产责任制考核表如表13-14～表13-21所列。

表13-14　安全管理系统(煤矿、化工单位)安全生产责任制考核表

序号	项目	考核要求	考核方法	评分标准
一	双重预防体系建设	1. 积极推进安全风险分级管控、事故隐患排查治理双重预防性机制建设。按照公司安全生产风险管控和事故隐患排查治理制度考核	查资料与现场检查	未按规定建立双重预防体系的，扣2分；组织机构不完善、实施方案不具体、体系文件不完善、考核奖惩未落实、未按制度开展工作的，扣0.5～1分/项。单位风险清单涵盖不全面或未按照风险清单进行辨识的，扣0.5分/项；未按风险点类型、等级进行划分的，扣0.2分/项
		2. 加强双重预防体系管理工作。按规定对重大风险进行辨识评估并进行分级管控落实责任，按规定要求开展事故隐患排查并对重大风险、重大隐患挂牌、公示		未按规定组织开展安全风险辨识评估的，扣1分/项；安全风险未进行分级管控、管控措施落实不到位、管控不全面的，扣0.5～1分/项。未按规定开展事故隐患排查治理或不符合要求的，扣1～2分/项；隐患整改不彻底、整改期限设定不合理的，扣0.5分/条；未实现闭合管理的，扣1分/条。未按规定对重大风险和重大事故隐患进行公示的，扣1分/处；缺少“岗位安全风险告知卡”，扣0.5分/个；重大风险的作业场所和有关设备、设施缺少安全警示标识，扣0.5分/处。未及时更新安全风险辨识管控清单的，扣0.5分/次；未及时上报重大安全风险和重大事故隐患信息的，扣0.5分/次，未对重大安全风险和重大事故隐患进行分级管控和治理的，扣1～2分/条。上级单位检查的突出、典型安全问题、隐患重复出现或隐患搁置的，扣0.2～1分/条

表 13-14(续)

序号	项目	考核要求	考核方法	评分标准
一	双重预防体系建设	3. 确保安全管控效果。安全生产系统完善,现场安全管理符合行业安全规程、安全生产标准化标准和上级公司相关规定,现场安全、整洁、整齐,无“三违”、无重大隐患。无被上级停产的头、面和停运的设备;实现零事故、零伤害;无较大以上环保、消防事件	查资料与现场检查	参照《新疆公司安全环保“零”目标考核标准》扣分
二	安全生产责任制	4. 加强组织领导和制度建设。成立安全绩效考核工作领导小组,明确工作职责,持续改进,每月召开一次会议(可与安全办公会一并召开),协调解决存在问题。结合实际及时修订完善安全生产和职业健康基础管理制度,并抓好贯彻落实	查资料与现场检查	未成立领导小组或主要领导未按要求组织召开会议,扣 2 分;会议内容不落实,扣 1 分/项;上级会议未建立落实台账或上报不及时,扣 1 分;应参会人员未参会,扣 0.2 分/人;主要领导未参加,扣 1 分;安全生产基础管理制度缺项,扣 2 分/项;不符合实际或落实不到位,扣 1 分/处
		5. 建立完善安全管理机构和责任制。安全生产和职业健康管理机构健全,按要求配备安全生产副职,配齐安全生产管理人员并经培训合格上岗。建立健全各级负责人、各部门、各岗位安全生产与职业病危害防治责任制		安全生产和职业健康管理机构设置不符合规定,扣 2 分;安全生产副职配备不齐全,扣 1 分/人,安全生产管理人员配备不符合要求,扣 1 分/人,未经培训合格上岗,扣 0.5 分/人。单位各级负责人、部门、岗位无责任制,扣 2 分/项;不符合实际,扣 1 分/处,不熟知岗位责任制,扣 0.5 分/人;责任制落实不到位,扣 1 分/项,五职矿长加倍扣分
		6. 加强安全绩效考核管理。按照“抓系统、系统抓”工作要求,分专业系统逐级制定考核办法。按“五化”要求,逐月考核,每月 28 号前形成月度考核报告		未制定考核标准,扣 10 分;标准不结合单位实际或不符合要求,扣 1 分/处;考核率达不到 100%,扣 5 分;考核不认真,扣 2 分;不按标准兑现奖罚或奖罚兑现不及时,扣 3 分;月度考核报告没有扣分明细,扣 2 分;月度考核报告上报不及时,扣 1 分
		7. 加强班组建设。建立统一的班组长选聘制度,制定班组长选拔任用标准,明确班组长的责任、权利和义务,完善班组长考核办法、晋升和淘汰机制,并严格落实		未建立班组长选聘制度、班组长选拔任用标准内容不明确或选聘制度落实不到位,扣 1 分;选聘班组长不符合任用标准或班组长不胜任的,扣 2 分

表 13-14(续)

序号	项目	考核要求	考核方法	评分标准
二	安全生产责任制	8. 加强领导现场管理。严格执行矿(厂)、单位领导值班带班、安全检查和周安全活动日制度,安全活动日突出事故案例警示教育、事故逃生演练等主题,下井、下现场、带班次数符合规定。煤矿领导按规定开展现场写实工作,安全生产副职及副总工程师每月深入现场工作写实不少于1次(重点对现场关键环节、薄弱环节的工序、工艺进行写实)	查资料与现场检查	下井、下现场次数不符合规定,扣1分/人次(因故请假的,按规定核减深入基层或下井次数);未建立周安全活动日制度、主要负责人未亲自组织、分管负责人未牵头开展检查的,每项扣1分,落实不到位,扣1分,未填写隐患记录,扣0.5分/人次。煤矿领导带班期间未按要求深入"七必去"地点检查工作、未对重大风险跟踪落实的,各扣0.5分/人次,现场写实工作未按要求开展的、写实报告质量差的,扣0.5分/人次(写实记录与现场隐患记录分开填写)
		9. 积极推进安全管理信息化建设,按规定使用集团公司主动预防型安全信息化管理系统、双重预防信息化管理系统、人员位置监测系统、智慧化监测监控预警等系统,做到系统完善,维护到位,并按要求填报和处置		不按规定维护、使用的,扣1分/次;模块数据录入不及时或不全面,扣0.5分/项;录入缺项的,扣1分/项
		10. 按照规定提取和使用安全费用。编制并落实安全投入计划,并对安全投入项目进行评价,不存在因投入不足造成的安全隐患		未按规定提取和使用安全费用,扣1~2分;未开展项目评价,扣0.5分/项;因投入不足造成安全隐患,扣1分/条
		11. 积极开展安全生产标准化体系建设。制定单位达标规划,按规定进行检查验收,确保达标		未制定达标规划,扣2分;未按规定组织标准化检查验收,扣3分;矿(厂)、单位达不到达标规划,扣2分
		12. 加强应急管理。成立应急管理机构和应急队伍,编制符合实际的应急救援预案,按要求开展应急演练和应急培训,并对演练结果评估		机构和队伍不符合规定,扣1分;预案编制、演练不符合规定,扣0.5分/处;未组织应急演练,扣2分;未组织应急培训,扣0.5分;演练未评估,扣1分

表 13-14(续)

序号	项目	考核要求	考核方法	评分标准
三	安全文化	13. 加强外委施工单位管理。外包工程施工队伍资质齐全有效,签订安全协议,明确安全责任,并纳入单位安全生产统一管理。加强内部专业服务队伍的安全监管,严格双方责任约定	查资料与现场检查	无安全协议、无责任约定、责任不明确、未纳入本单位安全管理体系范围的,各扣 1 分
		14. 按规定及时上报新疆公司要求的活动方案、工作总结等各项资料		未上报的,扣 1 分;迟报、敷衍应付的,扣 0.5 分
		15. 建立安全文化和生态文明建设工作体系		未制定文件,扣 3 分;未按文件规定要求开展工作,扣 1 分/项;出现安全方面上访事件,扣 2 分/次
		16. 加强多种形式宣传教育工作,营造浓厚的舆论氛围		未开展宣传工作,扣 2 分;宣传形式单一、舆论氛围不浓厚,扣 1 分
		17. 按照“干什么学什么”“缺什么补什么”的原则开展培训,制订培训计划,明确培训方式、方法、内容,对培训效果进行评价,做到员工持证上岗		无培训机构,扣 2 分;无培训计划、无培训教案、无总结、未对培训效果进行评价,各扣 1 分;员工未持证上岗或证件失效,安管人员、特殊工种扣 0.5 分/人,一般工种扣 0.2 分/人;新入职、转岗人员未开展岗前培训、转岗培训的或培训不合格安排上岗的,扣 1 分/人;未履行导师带徒制度的,扣 1 分/人,履行不到位的,扣 0.5 分/人;现场提问不合格的,扣 0.2 分/人,考试不合格的,扣 1 分/人;上级检查情况加倍扣分
		18. 作业环境整洁卫生、安全路线畅通无阻		现场脏、乱、差,扣 0.5 分/处;安全路线不畅通,扣 1 分
		19. 积极开展齐抓共管保安全活动。做到党员、劳模、先进工作者、青安岗、群监员身边无“三违”		未开展相关活动,扣 1 分/项;党员、劳模等人员身边出现“三违”,扣 3 分/人次

表 13-15　煤矿采掘系统(井工矿)安全生产责任制考核表

序号	考核项目	考核内容	考核办法	评分标准
一	日常工作	1. 专业系统管理机构健全,部门职责明确,专业技术人员和岗位人员配备符合规定	查资料	管理机构不健全,扣3分;岗位素质不能满足工作需要,扣0.5分/人
		2. 建立完善专业系统安全生产岗位责任制,认真执行	查资料	未制定岗位安全生产责任制,扣3分;岗位责任不明确或责任人未领会,扣2分/人;责任不落实,扣1分/项次
		3. 建立完善专业系统采煤作业规程编制、审批、复审、贯彻、实施等管理制度,并贯彻落实	查资料和现场	制度缺项,扣2分/项;制度缺乏可操作性,扣0.5分/项;制度不落实,扣1分/项
		4. 积极推进采掘系统安全风险分级管控、隐患排查治理双重预防机制建设,专业系统按规定开展风险辨识并采取分级管控措施,按时组织相关人员对覆盖的重大安全风险管控措施落实情况、管控效果和事故隐患排查,并对排查出的重大隐患分级挂牌管理	查资料	未组织专业系统进行危险源辨识、未进行安全风险分级管控,扣2分;未按规定组织专业系统重大风险管控措施落实情况、管控效果和事故隐患排查,扣3分;排查不认真,扣1分/次;系统挂牌督办重大隐患出现无故搁置、延期,扣1分/条;重大风险和重大隐患未按规定上报,扣0.5分
		5. 制定安全生产标准化体系建设达标规划,制定标杆队创建达标规划,按规定进行检查验收,确保达标	查资料	未制定专业系统达标规划,扣2分;未按规定组织验收,扣3分;专业系统不达标,扣2分
		6. 分管领导每月至少召开一次专业技术例会,研究布置专业系统重点工作,分析解决专业系统问题	查资料	未按期召开技术例会,扣2分;会议布置工作未落实到位,扣1分/项(相关记录等资料可与隐患排查合并,但必须有相关内容)

表 13-15(续)

序号	考核项目	考核内容	考核办法	评分标准
一	日常工作	7. 建立矿井顶板异常信息分析评价处置制度，对现场发生变化和异常的施工环节及时采取切实可行的应对措施，做到应急响应到位	查资料和现场	未建立矿井顶板异常信息分析评价处置制度，扣 3 分；未按制度要求汇报、分析，各扣 1 分；对现场异常施工环节未采取切实可行的应对措施，扣 1 分；应急响应不到位，扣 1 分
		8. 按照规定及时编制作业规程和施工措施，作业规程编制符合《煤矿安全规程》等要求；采掘工作面地质条件或生产工艺发生变化时，及时修改作业规程或补充安全技术措施；矿总工程师至少每两个月组织对作业规程及贯彻实施情况进行复审，且有复审意见；作业规程中各种附图完整规范	查资料	技术资料存在缺项，一处扣 1 分；规程措施不完善、有错误，一处扣 0.5 分；审批把关程序不符合规定，一处扣 2 分；其他技术资料出现错误，酌情扣 0.5～1 分/条；资料、数据造假，扣 5 分
		9. 按要求上报上级公司需要的各种材料	查资料	未按要求上报，扣 0.2 分/次；上报的材料出现错误，根据情况扣 1～3 分
		10. 矿井组织编制年度及中长期采掘接替计划，并严格落实，做到“四量”平衡	查资料	矿井未编制年度及中长期采掘接替计划，扣 3 分；未按计划落实造成采掘接替脱节或“四量”不符合规定，扣 5 分
		11. 采掘专业技术资料齐全，设计编制合理，图纸制作规范，修改及时，与现场一致，所安排布置重点工作应落实及时、到位	查资料和现场	技术资料缺项，扣 1 分/项；内容出现错误，扣 0.1 分/处；资料不规范、修改不及时，扣 0.1 分/处；资料与现场不一致，扣 1 分/项；安排布置的重点工作落实不到位，视工作重要程度，扣 1～3 分/项

表 13-15(续)

序号	考核项目	考核内容	考核办法	评分标准
二	现场管理	12. 工作面的支护形式、支护参数、支护材料规格等符合作业规程及设计要求；工作面出口畅通，进、回风巷支护完好，无失修巷道，巷道满足通风、运输、行人、安全设施及设备安装、检修、施工的需要；工作面通信、监测监控设备运行正常；采掘工作面控顶距符合作业规程要求，杜绝空顶作业；临时支护符合规定，安全设施齐全可靠，工程质量符合作业规程要求	查资料和现场	工作面的支护形式、支护参数、支护材料规格等不符合作业规程及设计要求的，扣0.5分/处；工作面出口不畅通，巷道净断面不能满足通风、运输、行人、安全设施及设备安装、检修、施工需要的，扣1分/处；工作面通信、监测监控设备运行不正常的，扣0.5分/处；掘进工作面控顶距或临时支护不符合作业规程要求的，扣0.5分/次
		13. 采掘工作面设备能力匹配，系统无制约因素；设备完好，保护齐全；运输设备完好整洁，附件齐全、运转正常，电气保护齐全可靠；运输机头、机尾固定牢固，行人处设过桥；轨道运输各种安全设施齐全可靠	查现场	系统能力不匹配、不完善，制约生产，扣2分；设备不完好、保护不齐全，扣1分/处；运输设备不完好、附件不齐全、运转不正常，扣1分/处；运输机头、机尾固定不牢固，行人处未设置过桥，扣0.5分/处；轨道运输及安全设施不齐全可靠，扣1分/处
		14. 采掘工作面现场作业人员操作规范，作业前进行岗位安全风险辨识及安全确认	查资料和现场	现场作业人员操作不规范，扣0.5分/人；作业前未进行岗位安全风险辨识及安全确认，扣1分；岗位安全风险辨识及安全确认不认真，扣0.5分
		15. 管理人员、技术人员掌握采煤工作面作业规程，作业人员熟知本岗位操作规程、作业规程及安全技术措施相关内容	查现场	对照作业规程随机抽考1名现场管理、技术人员各1个问题，回答错误扣0.2分/人；随机抽查1名作业人员或岗位人员岗位操作规程和规程措施相关内容，回答错误扣0.1分/人
		16. 作业场所卫生整洁，照明符合规定；工具、材料等摆放整齐，管线吊挂规范，图牌板内容齐全、准确、清晰	查现场	作业场所卫生、照明不符合规定，扣0.1分/处；工具、材料等摆放不整齐，管线吊挂不规范，图牌板内容不齐全、准确、清晰，扣0.1分/处

表 13-15(续)

序号	考核项目	考核内容	考核办法	评分标准
三	安全效果	17. 责任范围内无被停产的头、面和停运的设备	查资料和现场	被上级停产头、面,每次扣2分,停运设备,每台扣1分;矿井被责令停产整顿,扣5分(此项扣分直接计入单位总分考核)
		18. 专业系统管理实现零"三违"、零伤害、零事故	查资料和现场	上级检查发现"三违",扣1分/人;发生事故,参照《新疆公司安全环保"零"目标考核标准》扣分
附加项		19. 采用先进技术和设备提高单产单进,提升安全效果		一项加1～5分

表 13-16 煤矿机电运输系统(井工矿)安全生产责任制考核表

序号	项目	考核要求	考核方法	评分标准
一	双重预防体系建设	1. 积极推进安全风险分级管控、事故隐患排查治理双重预防性机制建设,专业系统按规定开展专项、现状风险辨识评估,并采取分级管控措施,每月按规定组织进行事故隐患排查并对排查出的重大隐患分级挂牌管理	查资料与现场检查	未组织专业系统进行危险源辨识、安全风险分级管控,扣2分;未按要求组织专项、现状风险辨识评估,扣2分;未按规定组织专业系统隐患排查,扣3分,排查不认真,扣1分/次;系统挂牌督办重大隐患出现无故搁置、延期,扣1分/条。专业系统存在较大重复或反弹隐患,扣0.5分/条;重大风险和重大隐患未按规定上报,扣0.5分
		2. 确保安全管控效果。安全生产系统完善,现场安全管理符合行业安全规程、安全生产标准化标准和上级、公司相关规定,现场安全、整洁、整齐,无"三违"、无重大隐患。无被上级停产的头、面和停运的设备;实现零事故、零伤害;无较大以上环保、消防事件		系统不完善,扣5分;重大风险应辨识未辨识、重大隐患应查未查被上级或公司查出或未按"五落实"原则管控整改,扣3分/条;较大安全问题、隐患重复出现或隐患搁置,扣0.5～1分/条;发现违反安全规定典型问题,视严重程度扣1～2分/条;被上级停产头、面、系统装置,扣3分/次,停运设备,扣1～2分/台

表 13-16(续)

序号	项目	考核要求	考核方法	评分标准
二	安全生产责任制	3. 建立完善专业系统安全生产与职业病危害防治责任制,并分解到岗位;根据上级规定和公司要求,结合本单位实际,建立完善专业系统管理制度,并抓好贯彻落实工作	查资料与现场检查	责任制未体现“抓系统、系统抓”和“管业务、管生产必须同时管安全”工作要求,扣 2 分;责任制未分解到岗位,扣 2 分,部门管理人员不熟知,扣 0.5 分/人,制度缺项,扣 2 分/项;制度缺乏可操作性,扣 0.5 分/项;制度不落实,扣 1 分/项
		4. 按照安全环保绩效考核要求,专业系统逐月开展考核工作;分管领导对分管科室、专业系统对区队考核认真,过程严格,结果符合实际		覆盖面和考核率达不到 100%,扣 5 分;考核不认真、过程不严格、结果脱离实际,各扣 1 分
		5. 积极开展安全生产标准化体系建设,制定专业达标规划,按规定进行检查验收,确保达标		未制定专业系统达标规划,扣 2 分;未按规定组织标准化检查验收,扣 3 分;专业系统不达标,扣 2 分;查现场不合格,扣 1～3 分/处
		6. 分管副职每月至少组织召开一次专业技术例会,研究布置专业系统工作,分析解决专业系统问题		未按期召开技术例会,扣 2 分;会议布置工作、分析问题未落实到位,扣 1 分/项
		7. 建立矿井灾害异常信息分析评价处置制度,对现场发生变化和异常的施工环节及时采取切实可行的应对措施,做到应急响应到位		未建立矿井灾害异常信息分析评价处置制度,扣 3 分;未按制度要求汇报、分析,各扣 1 分;对现场异常施工环节未采取切实可行的应对措施,扣 1 分;应急响应不到位,扣 1 分
		8. 积极推广使用新技术、新材料和新工艺,开展技术创新和小改小革工作		年度制订推广计划,每月有进展、有考核,季度有总结、无计划,扣 2 分;月度没进展,扣 1 分,不及时总结,扣 0.5 分
		9. 专业系统技术资料齐全,图纸制作规范,修改及时,与现场一致		技术资料缺项,扣 1 分/项;资料内容出现错误,扣 0.5 分/处;图纸不规范、修改不及时,扣 0.5 分/处;假资料,扣 1～3 分/项;资料上报不及时,扣 0.5 分/次
		10. 煤矿检修必须有计划、有方案、有安全技术措施,内容完善,节点清晰,可操作性强,并严格落实		检修无计划、无方案或无措施,各扣 3 分;内容不完善,扣 0.2 分/项;不落实,扣 1 分/项;检修质量不过关,扣 0.5 分/项

表 3-16(续)

序号	项目	考核要求	考核方法	评分标准
三	机电运输	11. 加强安全评价管理。矿井每月对提升系统、电气防爆及三大保护系统进行安全评价,做到全覆盖,确保系统可靠		分管矿领导未按要求开展安全评价,扣2分;评价内容与实际不符,扣0.5~1分/处

表 13-17 煤矿灾害防治系统(井工矿)安全生产责任制考核表

序号	考核项目	考核内容	考核办法	评分标准
一	防治效果(40分)	对生产未造成影响,无重大灾害事故造成的重大财产损失	查资料	凡发生重大灾害死亡事故、非伤亡事故、瓦斯超限事故,按《新疆公司安全环保"零"目标考核标准》扣分
				因发生自然发火造成煤炭损失,一次扣3分;封闭工作面,一次扣20分
				地质预报严重失误,造成误揭构造、误揭煤层、巷道误贯通,扣5分
				发生突水影响生产,扣2分/次;突水量超过180 m^3/h,扣5分;突水淹工作面,扣10分/次,淹采区,扣20分
二	工程指标(30分)	区域瓦斯治理:瓦斯抽采量、区域治理巷道进尺、抽采钻孔工程量、保护层开采面积、达标煤量、降阻工程量。 自燃灾害治理:注氮量、注浆黄土量、注(喷洒)阻化剂量、安全回采煤量。 水害治理:超前钻探进尺、探放水进尺、防治水新增达标煤量	查资料	加分项:瓦斯抽采量、瓦斯利用量计划完成110%以上,加1分,完成130%以上,加2分;区域治理岩巷工程计划完成110%以上,加2分,完成120%以上,加3分
				治理工程量总计划任一项指标完成比例低于100%,扣分管专业5分,低于90%,扣分管专业10分
				验收不规范,扣1分/处;对报表弄虚作假的单位,扣5分/处

表 3-17(续)

序号	考核项目	考核内容	考核办法	评分标准
三	技术管理(30分)	组织体系:机构健全,部门职责明确。系统完善、运行正常;装备先进、满足需要	查资料	管理技术人员配备不足,少一人扣2分;职责不明确,扣1分/处,落实不到位,扣2分/处
				未落实灾害治理人员一线工资待遇,扣3分
				未制定岗位安全生产责任制,扣3分;未分解到岗位或部门管理人员未领会,扣2分/人;分管领导安全生产责任制未落实,扣1分/项
		制度体系:根据上级规定和集团公司要求,结合本单位实际,建立完善专业系统管理制度,并抓好贯彻落实工作	查资料	集团公司、新疆公司下发的关于重大灾害防治的制度、文件落实不到位,一项扣1分
				根据《煤矿安全规程》《煤矿安全生产标准化管理体系基本要求及评分方法(试行)》《防治煤与瓦斯突出细则》等国家规定及细则,缺少制度,扣2分/项;缺乏可操作性或存在漏洞及错误,扣0.5分/项;未落实或落实不到位,扣1分/项
				安排布置的重点工作落实不到位,视工作重要程度,扣1～3分/项;日常报送资料不及时,扣0.1～0.5分/次,资料存在应付的情况,扣1分/次
				未严格执行重大灾害治理路线的,扣5分;随意更改的,扣10分

表 3-17(续)

序号	考核项目	考核内容	考核办法	评分标准
三	技术管理(30分)	技术体系:明确技术路线,完善灾害防治规划、计划、措施、图纸、台账、评价报告等相关资料,并严格审批把关;确保措施的针对性和有效性,并落实到位。强化重点管控关键头面、异常区和异常信息管理	查资料和现场	各项灾害防治工作的管理、技术资料(如防治规划、年度计划、月度计划等)存在缺项,扣2分/处;对规划、计划、措施等审批把关程序不符合规定,扣2分/处;资料、数据造假,扣5分;其他技术资料出现错误,酌情扣0.5～1分/条;突出矿井无区域瓦斯治理计划,扣3分
				每年进行重大灾害防治能力评估,未进行评估的,扣3分;未按规定建立评价体系的,扣3分,未按规定开展相关评价的,扣1分/次,评价不可靠的,扣5分/次;评价弄虚作假的,扣10分/次;按照要求收集、分析、处置、上报异常信息,未按程序要求上报、分析的,各扣1分,未制定切实可行措施的,扣1分/次,一级或二级异常信息规定的应急响应程序未执行的,扣5分/次
				按照规定进行地质探查,高突矿井及瓦斯、水害异常区矿井未对超前地质探查进行分析、总结,扣2分/次;瓦斯、水害异常区未及时上报,扣2分/面,每周未分析,扣1分/(头、面)
				未落实集团公司重大灾害治理管控清单,扣2分/项;未在采掘头、面醒目位置进行悬挂管控牌板,扣0.2分/处;管控措施执行不到位,扣0.5分/处
				按规定绘制图纸,建立各种台账,图纸未及时绘制更新、台账未及时填写或与现场不一致,扣1分/项,存在其他错误,扣0.1～0.5分/处
				各类措施现场落实不到位,视情况扣0.1～1分/处

表 3-17(续)

序号	考核项目	考核内容	考核办法	评分标准
三	技术管理(30 分)	系统建设:矿井通风系统、防灭火系统、瓦斯抽采系统、安全监控系统、打钻视频监控系统、压风自救系统、供水施救系统、紧急避险系统、水文监测系统、排水系统等运行可靠	查资料和现场	有关灾害防治系统不完善、不可靠,扣 5 分;系统装备落后或配备不满足要求,扣 2 分;系统装备未及时标校、检验,扣 1 分/次
				未按要求构筑通风设施,扣 2 分/处;通风设施不完好,扣 0.5 分/处;新出现一处共用(长距离掘进巷道为解决通风问题除外)、锐角、折返通风或通风巷道严重失修而未制定计划,扣 1 分/处;回风巷道、回风眼堆积杂物、材料,扣 1 分/处
				井上下消防设施配备不满足要求,扣 1 分/处;容易自燃或自燃发火矿井未按照要求管控采空区“自燃”三带,扣 2 分
				各类监测监控系统运行不稳定,扣 1 分/次;存在应装未装的设备、设施,扣 0.5 分/处
				防灭火、防尘措施现场落实不到位,扣 1 分/处
		质量控制:按照安全生产标准化中通风、地质灾害防治与测量专业要求,加强现场管理和资料管理	查资料和现场	未制定专业系统达标规划,扣 2 分
				未按规定组织标准化检查验收,扣 3 分
				专业系统不达标,扣 2 分
		风险管控:按照要求开展专项安全风险辨识评估	查资料和现场	未按要求开展专项评估,扣 2 分/次,未编制报告,扣 1 分/次,管控措施落实不到位,扣 1 分/项;专项辨识评估分管专业领导未参加,扣 1 分/次,辨识内容缺项,扣 2 分/项,辨识评估范围不全,扣 2 分/处
				4 类重大灾害矿井未将相应风险评估为重大风险,扣 2 分/项;重大风险管控措施不完善、不落实或操作性不强,扣 0.2 分/项
				区(队)长、班组长不熟知本工作区域或岗位重大安全风险及管控措施,扣 0.5 分/人次

表 3-17(续)

序号	考核项目	考核内容	考核办法	评分标准
三	技术管理(30 分)	隐患管理:按要求开展隐患排查治理,加强重大隐患管控	查资料和现场	未每半个月开展专业隐患排查,扣 2 分,隐患排查流于形式,扣 1 分,隐患排查弄虚作假,扣 5 分;外部检查隐患未建立台账,扣 1 分
				隐患管控措施不全面、不具体,整改期限不合理,整改措施不落实、未验收,扣 1 分/项
				重大隐患应查出未查出,扣 5 分/次;整改不力,扣 2 分;未建立专门台账,扣 1 分
四	创新亮点加分	大力推广创新成果转化应用,产生显著经济效益	查资料和现场	科技创新先进成果转化应用效果好的项目,经考核领导小组认可后给分管专业加 0.5～2 分;新增灾害治理系统或装备视情况加 1～2 分

表 13-18 露天矿专业系统安全生产责任制考核表

序号	项目	考核要求	考核方法	评分标准
一	双重预防体系建设	1. 积极推进安全风险分级管控、事故隐患排查治理双重预防机制建设,专业系统按规定开展专项、现状风险辨识评估,并采取分级管控措施,每月按规定组织事故隐患排查并对排查出的重大隐患分级挂牌管理	查资料与现场检查	未组织专业系统进行危险源辨识、安全风险分级管控,扣 2 分;未按要求组织专项、现状风险辨识评估,扣 2 分;未按规定组织专业系统隐患排查,扣 3 分,排查不认真,扣 1 分/次;系统挂牌督办重大隐患出现无故搁置、延期,扣 1 分/条;专业系统存在较大重复或反弹隐患,扣 0.5 分/条;重大风险和重大隐患未按规定上报,扣 0.5 分
		2. 确保安全管控效果。安全生产系统完善,现场安全管理符合行业安全规程、安全生产标准化标准和上级、公司相关规定,现场安全、整洁、整齐,无“三违”、无重大隐患。无被上级停产的头、面和停运的设备;实现零事故、零伤害;无较大以上环保、消防事件		参照《新疆公司安全环保“零”目标考核标准》扣分

表 13-18(续)

序号	项目	考核要求	考核方法	评分标准
二	安全生产责任制	3. 专业系统管理机构健全，部门职责明确，专业技术人员和岗位人员配备符合规定；建立完善专业系统安全生产与职业病危害防治责任制，并分解到岗位	查资料与现场检查	专业系统管理机构不健全，扣 3 分；专业技术人员和岗位人员配备不足，扣 0.5 分/人。未制定责任制，扣 3 分；责任制未体现“抓系统、系统抓”和“管业务、管生产必须同时管安全”工作要求，扣 2 分；责任制未分解到岗位，扣 2 分；部门管理人员不熟知，扣0.5 分/人
		4. 根据上级规定和公司要求，结合本单位实际，建立完善专业系统管理制度，并抓好贯彻落实工作		制度缺项，扣 2 分/项；制度缺乏可操作性，扣 0.5 分/项；制度不落实，扣 1 分/项
		5. 按照安全环保绩效考核要求，专业系统逐月开展考核工作；分管领导对分管科室、专业系统对区队考核认真，过程严格，结果符合实际		覆盖面和考核率达不到 100%，扣 5 分；考核不认真、过程不严格、结果脱离实际，各扣 1 分
		6. 积极开展安全生产标准化体系建设；制定专业达标规划，按规定进行检查验收，确保达标		未制定专业系统达标规划，扣 2 分；未按规定组织标准化检查验收，扣 3 分；专业系统不达标，扣 2 分
		7. 分管副职每月至少组织召开一次专业技术例会，研究布置专业系统工作，分析解决专业系统问题		未按期召开技术例会，扣 2 分；会议布置工作、分析问题未落实到位，扣 1 分/项
		8. 建立矿井灾害异常信息分析评价处置制度，对现场发生变化和异常的施工环节及时采取切实可行的应对措施，做到应急响应到位		未建立矿井灾害异常信息分析评价处置制度，扣 3 分；未按制度要求汇报、分析，各扣 1 分；对现场异常施工环节未采取切实可行的应对措施，扣 1 分；应急响应不到位，扣 1 分
		9. 各项采剥、排土工程有正规设计，编制作业规程或安全技术措施，做到内容简明扼要、可操作性强，并贯彻及时，落实到位		无正规设计，扣 3 分/处；因采、剥设计不合理造成设备安装运行困难、无辅助运输系统，扣 2 分/处；未按规定编制作业规程或安全技术措施，扣 5 分/项；缺乏针对性、落实不到位，各扣 1～2 分/项

表 13-18(续)

序号	项目	考核要求		考核方法	评分标准
二	安全生产责任制		10.专业系统技术资料齐全,图纸制作规范,修改及时,与现场一致	查资料与现场检查	技术资料缺项,扣 1 分/项;资料内容出现错误,扣 0.5 分/处;图纸不规范、修改不及时,扣 0.5 分/处;资料虚假,扣 1～3 分/项;资料上报不及时,扣 0.5 分/次
			11. 煤矿检修必须有计划、有方案、有安全技术措施,内容完善,节点清晰,可操作性强,并严格落实		检修无计划、无方案或无措施,各扣 3 分;内容不完善,扣 1 分/项;不落实,扣 1 分/项
三	重点工作	采剥	12. 组织编制年度及中长期(3～5 年)采掘接替计划,并严格落实,做到“二量”平衡	查资料与现场检查	无计划,扣 3 分;未按计划落实造成采剥接替失调或“二量”不符合规定,扣 1 分
			13. 排土段高、作业区安全挡墙、反坡等设施设置符合设计要求;配备专职安全员负责作业现场安全管理;爆破孔深、孔距、行距、坡顶距实际值与设计值误差在允许范围内		不符合设计要求,扣 2～4 分/处;孔深、孔距、行距、坡顶距等参数实际值超过允许误差,扣 2 分/处
			14. 配备专职安全员负责作业现场安全管理		未配备专职安全员,扣 3 分;专职安全员配备不足,扣 1 分
		机电筛分	15. 加强安全评价管理;每月对原煤破碎、胶带运输系统、电气防爆及三大保护系统进行安全评价,做到全覆盖,确保系统可靠		分管矿领导未按要求开展安全评价,扣 2 分,评价内容与实际不符,扣 0.5～1 分/处
			16. 设备完好、保护装置齐全可靠,符合标准要求。按要求开展设备定期性能测试,建立大型关键设备的专业化定期维保机制;加强电气设备定期检测检验及供电管理,实行主管部门专业化管理		未建立定期维保工作机制,扣 2 分;未实行专业化管理,扣 1～2 分/项;未落实,扣 1 分/项

表 13-18(续)

<table>
<tr><th>序号</th><th>项目</th><th colspan="2">考核要求</th><th>考核方法</th><th>评分标准</th></tr>
<tr><td rowspan="7">三</td><td rowspan="7">重点工作</td><td rowspan="2">运输</td><td>17. 运输道路宽度、坡度、转弯半径、平坡距、表面平整度符合设计要求</td><td rowspan="7">查资料与现场检查</td><td>不符合设计要求,扣 2～4 分/处</td></tr>
<tr><td>18. 采场固定边坡的台阶坡面角和边坡角必须符合设计要求</td><td>不符合设计要求,扣 2～4 分/处</td></tr>
<tr><td rowspan="3">边坡</td><td>19. 采场固定边坡的台阶坡面角和边坡角必须符合设计要求</td><td>不符合设计要求,扣 1 分/处</td></tr>
<tr><td>20.边坡在线监测设备运行正常、数据准确,并及时归档监测数据;定期对边坡稳定性进行评价</td><td>边坡在线监测设备运行不正常,扣 2 分;监测数据失准,扣 1 分/次;监测数据未按时归档,扣 1 分/次;无边坡稳定性评价报告,扣 3 分</td></tr>
<tr><td>21. 在采场固定帮及外排土场顶部区段设观测网络,定期进行观测,并有位移观测记录</td><td>未观测或未做记录,扣 3 分/处;观测或记录不及时、不完整、有错误,扣 1～3 分/处</td></tr>
<tr><td rowspan="2">防排水</td><td>22. 防排水系统完善、定期巡查,发现问题及时处理</td><td>防排水系统不完善、不可靠,扣 2 分;未定期巡查,扣 2 分;对发现问题处理不及时,扣1 分/条</td></tr>
<tr><td>23. 对台阶明显出水点的出水及时进行疏干、引流</td><td>未及时进行疏干、引流,扣 2 分/处</td></tr>
</table>

表 13-19　化工单位专业系统安全生产责任制考核表

序号	项目	考核要求	考核方法	评分标准
一	双重预防体系建设	1. 积极推进安全风险分级管控、事故隐患排查治理双重预防机制建设，专业系统按规定开展风险辨识并采取分级管控措施，每月按规定组织事故隐患排查并对排查出的重大隐患分级挂牌管理	查资料与现场检查	未组织专业系统进行危险源辨识、未进行安全风险分级管控，扣 2 分；未按要求组织专项风险辨识，扣 2 分；未按规定组织专业系统隐患排查，扣 3 分，排查不认真，扣 1 分/次；系统挂牌督办重大隐患出现无故搁置、延期，扣 1 分/条；专业系统存在较大重复或反弹隐患，扣 0.5 分/条；重大风险和重大隐患未按规定上报的扣 0.5 分
		2. 确保安全管控效果。安全生产系统完善，现场安全管理符合行业安全规程、安全生产标准化标准和上级、公司相关规定，现场安全、整洁、整齐，无“三违”、无重大隐患，无被上级停运的设备、装置；实现零事故、零伤害；无较大以上环保、消防事件		参照《新疆公司安全环保“零”目标考核标准》扣分
二	安全生产责任制	3. 专业系统管理机构健全，部门职责明确，专业技术人员配备和岗位人员素质符合规定；建立完善专业系统安全生产责任制，并分解到岗位，认真落实		专业系统管理机构不健全，扣 3 分；专业技术人员不足，扣 0.5 分/人；岗位人员素质不能满足工作需要，扣 0.5 分/人。未制定专业系统安全生产责任制，扣 3 分；责任制未体现“抓系统、系统抓”和“管业务、管生产必须同时管安全”工作要求，扣 2 分；责任制未分解到岗位，扣 2 分；部门管理人员不熟知，扣 0.5 分/人

表 13-19(续)

序号	项目	考核要求	考核方法	评分标准
二	安全生产责任制	4. 根据上级规定和两级公司要求,结合本单位实际,建立完善专业系统管理制度,并抓好贯彻落实工作	查资料与现场检查	制度缺项,扣 2 分/项;制度缺乏可操作性,扣0.5 分/项;制度不落实,扣 1 分/项
		5. 按照“简明、务实、有效”的原则,制定专业系统安全绩效考核标准,分管副职每月组织对分管部室、专业系统进行一次考核		未制定专业系统安全绩效考核标准,扣 2 分;分管副职未对分管科室、专业系统进行月度考核,扣 2 分;考核不认真,扣 1 分
		6. 单位副职每月至少组织召开一次专业技术例会,研究布置专业系统工作,分析解决专业系统问题		未按期召开技术例会,扣 2 分;会议布置工作、分析问题未落实到位,扣 1 分/项(相关记录等资料可与隐患排查合并,但必须有相关内容)
		7. 电气、工艺、设备、管道、机电安装等工程有正规设计,编制作业规程或安全技术措施,做到内容简明扼要、可操作性强,并贯彻及时,落实到位		无正规设计,扣 3 分/处;未按规定编制作业规程或安全技术措施,扣 5 分/项;作业规程或安全技术措施缺乏针对性、落实不到位,各扣 1～2 分/项
		8. 严格作业票证管理。高危作业风险辨识准确,安全管控措施到位,审批手续齐全,现场落实执行到位		无票证作业,扣 5 分/处;票证内容不全、辨识错误、审批不严格、措施不落实、监护不到位,扣 2 分/项
		9. 专业系统技术资料齐全,图纸制作规范,编制、修改及时,与现场一致		技术资料缺项,扣 1 分/项;资料内容出现错误,扣 0.5 分/处;图纸不规范、修改不及时,扣 0.5 分/处;资料造假,扣 1～3 分/项

表 13-19(续)

序号	项目		考核要求	考核方法	评分标准
三	重点工作	工艺	10. 工艺管理及组织职责、岗位操作规程、工艺变更管理、生产过程管理、工艺事故管理、工艺质量记录管理等制度齐全，并在生产中执行到位	查资料与现场检查	工艺管理及组织职责、岗位操作规程、工艺变更管理、生产过程管理、工艺事故管理、工艺质量记录管理等制度不全，扣2分/项，未执行或执行不到位，扣0.5～2分/项
			11. 严格执行操作规程，对工艺参数运行出现的偏离情况及时分析，保证工艺参数控制不超出安全限值，偏差及时得到纠正		操作规程未经评审或签发，扣10分；操作规程不完善，扣3分/处；工艺参数偏离未分析原因，一次扣3分；超出安全限值未及时进行纠正，扣2分；工艺参数凡出现偏离情况，一次扣1分
			12. 定期召开工艺技术例会，对工艺流程运行情况、工艺参数控制情况、异常信息情况、产量计划安排情况等进行分析和改进		未召开工艺技术例会，扣2分/次；工艺流程运行和工艺参数异常、未按照生产计划组织生产，扣0.5～2分/次
			13. 严格生产调度管理。发挥调度“组织、指挥、协调、平衡”职能作用；定期修订调度手册，建立分级应急响应程序；及时准确传达落实领导及上级部门安排的工作		调度职责落实不到位，扣1分/次；无调度手册，扣5分；调度操作手册修订或补充不及时，扣2分；调度指令执行不到位，扣1分/次；领导及上级部门安排的工作传达落实不到位，扣1分/次
			14. 严格开停车管理，编制开停车方案及重要项目交出方案并严格审批，落实到位		一处无开停车方案及重要项目交出方案，扣2分/项；方案审批不严格，扣2分/个；方案落实不到位，扣1分/项
			15. 严格工艺联锁管理，执行联锁修订切除手续		没有执行联锁修订切除手续，扣2分；手续不完善，扣1分
			16. 操作人员应掌握工艺安全信息，如化学品物理及化学性质；工艺参数(如压力、温度、流量)安全上下限值，异常情况的应急处理程序		化学品物理及化学性质、工艺参数(如压力、温度、流量)安全上下限值、异常情况的应急处理程序等，操作人员不熟悉或处理不妥善，扣1分/处

表 13-19(续)

序号	项目		考核要求	考核方法	评分标准
三	重点工作	设备	17. 落实点检定修制度,设备管理零缺陷;现场防雷、防静电、防误闭锁、防雨,接地装置齐全完整可靠;润滑管理、特种设备及安全附件等管理到位;现场设备完好,系统运行正常	查资料与现场检查	制度落实不到位,扣 1 分;备机不备,扣 2 分/台;现场设备失爆,扣 1 分/(台、处);其他不符合要求,扣 0.5～1 分/处
			18. 严格检修管理,制定检修计划,编制检修方案和安全技术措施并落实到位;严格作业票证管理,作业风险辨识准确,安全管控措施到位,确认及审批手续齐全;加强承包商管理及外来人员管理,做到安全文明检修施工		未编制计划、方案,扣 5 分/项,内容不完善,扣 1 分/项,安全技术措施落实不到位,扣 1 分/处;无票证作业,扣 5 分/处,票证内容不全、辨识不准确、审批不严格、措施不落实、监护不到位,扣 2 分/项;未做到安全文明检修施工,扣 1 分/处;特殊作业未做到有效监管,扣 2 分/次
			19. 制定公司"零泄漏工厂"创建方案,有组织机构、有创建目标、有管控措施、有考核验收、有奖惩等激励措施,并认真落实		无创建方案,扣 2 分;组织机构不全,扣 2 分;未对"零泄漏工厂"创建按照周期进行检查验收及考核,扣 2 分/次;涉及的台账更新不及时,扣 0.5 分/项;现场发现一处漏点,扣 0.2 分;未对漏点进行管控,扣 0.5 分/处
			20. 加强特种设备管理,对在用特种设备及安全附件、安全保护装置、测量调控装置及有关附属仪器仪表进行定期校验、检修,并保存记录		管理制度内容不符合要求,扣 1 分/项;未定期校验或无校验报告,扣 1 分/台次;未定期检修或未保存记录,扣 0.5 分/台次
		电气	21. 企业供配电系统设置符合要求,供电系统运行可靠	查资料与现场检查	未形成双重电源供电,扣 5 分;供电系统运行不可靠,扣 2 分/处;不间断供电系统、直流屏或事故电源运行不正常,扣 1 分/处;抗晃电设施未正常投用,扣 0.5 分/处
			22. 现场防爆设备管理到位,无失爆现象		现场发现失爆,扣 1 分/处

表 13-19(续)

序号	项目		考核要求	考核方法	评分标准
三	重点工作	仪表	23. 仪表自控系统符合化工装置安全控制要求;分布式控制系统(DCS)、紧急停车系统(ESD)、安全仪表系统(SIS)等设置完善可靠	查资料与现场检查	仪表自控系统存在缺陷,扣 0.5～2 分/处
			24. 视频监控、可燃和有毒气体检测报警仪等安全监测监控系统完善,现场监测仪表安装位置正确,指示准确		监测仪表安装不符合规定,扣 2 分/处,未定期校验,扣 2 分/处;视频监控、可燃和有毒气体检测报警仪未有效联网或未有效监控,扣 2 分/处;对可燃和有毒气体超限报警信息未记录、未采取有效措施或未进行分析,扣 2 分/次;其他不符合要求,扣 0.5 分/处;异常信息未及时处置,扣 3 分/次
		选煤生产技术	25. 专业系统技术资料齐全,图纸制作规范,编制、修改及时,与现场一致,操作规程及时更新,工艺参数合理管控		专业系统技术资料不全,工艺图纸与现场不一致,操作规程未根据工艺及环境变化及时更新,工艺参数设置不合理等,扣 1 分/处
			26. 完成产量指标;严格产品质量管控,洗选产品灰分达到合同规定,精煤或洗选产品水分符合合同规定,杜绝产品质量纠纷		按月度计划考核,每降低 5% 扣 5 分,单纯因矿井原煤产量减少而引起的入选产量未完成情况除外;检查公验等报表,发现一批次灰分超标扣 5 分,精煤水分每发现一批次不合格扣 5 分(有补充协议的不扣分);出现质量纠纷,扣 10 分
			27. 按照《选煤厂洗水闭路循环等级》(GB/T 35051—2018),严格煤泥水处理管理,实现洗水闭路循环		按照《选煤厂洗水闭路循环等级》(GB/T 35051—2018)要求考核,达不到一级扣 5 分
			28. 积极推广应用新技术、新工艺、新设备,提高生产效率;严格按照关于选煤厂技术改造立项工作安排,制订工作计划、时间节点等,在保障安全的前提下,加快实施技术改造等项目		全年没有推广应用新技术、新工艺、新设备,扣 10 分;技术改造项目没有制订工作计划,扣 5 分,超出预定时间节点,扣 5 分,没有特殊情况未做到按期完成,扣 10 分

表 13-19(续)

序号	项目		考核要求	考核方法	评分标准
三	重点工作	选煤生产技术	29. 产品储装运系统完善,不装漏煤车,产品不混装,计量准确;煤场管理规范,各类主、副产品存放区域无杂物	查资料与现场检查	每出现一次混装或计量不准确,扣 5 分;各类产品存放区域,发现存有杂物等影响质量现象,每发现一处扣 2 分
			30. 生产原始资料齐全,分类保管整齐规范;各岗位记录完整,报表和统计资料有据可查		生产原始资料缺项,扣 2 分/项;记录不完整,报表和统计资料不真实,扣 5 分
			31. 上岗人员经专业培训考核合格后方可上岗作业,计量器具完好,定期校验		原始资料不符合规定,扣 2 分/处;人员未持证上岗,扣 5 分/人;器具不完好或未定期校验,扣 5 分/次
		选煤机电	32. 建立设备档案和台账,定期进行检查,特种设备必须按规定定期检验		未建立档案、台账,扣 3 分;档案、台账内容有遗漏或错误,扣 1 分/处;未定期进行检查,扣 1 分/台;到期未检验,扣 3 分/台
			33. 建立设备润滑台账,设备保养严格按照“润滑五定”的要求进行;设备检修必须有计划、有方案、有安全施工技术措施,内容完善,节点清晰,可操作性强,并严格落实;按时完成检修计划项目,做好检修记录,并进行验收		没有润滑台账或润滑五定表,扣 3 分;润滑油品、数量、加油周期与规定不符,每处扣 1 分;检修无计划、无方案或无措施,各扣 2 分,内容不完善,扣 1 分/项,不落实,扣 2 分/项;没有填写检修记录,扣 1 分/次;检修记录不完整或有填写错误,扣 1 分/项
			34. 在用设备零缺陷,现场与设备卫生干净;防雷、防静电、防误闭锁、防雨,接地装置等齐全完整可靠;设备铭牌完好,责任牌齐全		不符合“四无”“五不漏”扣 0.5 分/处;设备、安全设施及保护、防护装置不符合要求,扣 0.5 分/处,缺少,扣 1 分/项;内容填写错误,扣 0.5 分/处
			35. 电气设备及继电保护安全自动装置的配置符合规程要求和现场实际,运行工况正常;定期检验,检验项目齐全,检验结果真实,记录完整,保护定值投入正确,动作可靠		电气设备及继电保护安全自动装置的配置不符合规程要求,扣 2 分;与现场实际不符,扣 2 分;运行工况不正常,扣 1 分;未定期检验,扣 2 分;检验项目不全、记录不完整,扣 1 分/台;保护定值投入不正确,扣 1 分/台

表 13-19(续)

序号	项目		考核要求	考核方法	评分标准
三	重点工作	选煤机电	36. 机电设备保护装置齐全可靠,符合标准要求;按要求开展设备定期性能测试,建立大型关键设备的专业化定期维保机制;加强电气设备定期检测检验及供电管理,实行主管部门专业化管理	查资料与现场检查	未建立定期维保工作机制扣2分;未实行专业化管理扣1～3分/项;未落实扣1分/项
			37. 机电设备完好,防爆电气设备、仪表无失爆现象		主要设备不完好,扣1分/处;失爆,扣2分/处
			38. 劳动保护和安全措施齐全(安全罩、栏杆、危险标记、灭火器数量充足、存放位置合理整齐)		发现不符合标准,扣1分/处
			39. 所有厂房机电设备无积尘,车间无杂物,管线整齐,标志明显;地面整洁,无跑、冒、滴、漏;检修用的备件、工具、材料堆放整齐		发现不符合标准,扣0.5分/处

表 13-20 环保管理系统(煤矿、化工单位)安全生产责任制考核表

序号		考核要求	考核方法	评分标准
一	环保责任制	1. 成立环保领导小组、环保管理机构,配备专兼职环保管理人员;建立健全环保责任制和权责清单,制定生态环境保护、无组织排放、危险废物、放射源、环保设施等管理制度,及年度环保工作计划	查文件会议记录查台账	无管理机构,扣2分;环保管理人员数量和素质符合要求(区域公司机关部室、生产矿井机关专职管理人员不少于2人),每少1人扣2分,无具体工作职责扣0.5分;环保管理制度缺项,扣1.5分/项;制度脱离实际、操作性差、存在错误、不完善等,扣0.5分;未建立权责清单,扣1.5分;清单不完善,扣0.5分;无环保工作计划,扣1.5分;计划空洞、操作性差,扣0.5分;环保项目未按公司及单位计划落实,扣2分/项

表 13-20(续)

序号		考核要求	考核方法	评分标准
一	环保责任制	2. 召开月度环保会议，传达贯彻上级环保会议及文件精神，协调解决环保问题，结合实际安排，部署具体环保工作(可与安全办公会合并召开)	查文件会议记录查台账	未召开会议，扣1分；与会人员、内容等不符合要求，扣0.5分/项；未传达贯彻上级环保会议及文件精神，扣0.5分，落实不到位，扣0.3分；布置重点工作未跟踪落实，扣0.5分/项，跟踪落实不到位，扣0.3分/项
		3. 按照本单位考核办法，对相关科室和区队(车间)开展环保考核，月度兑现奖罚；留存考核原始记录，整理考核总结，制定“五定”表(考核总结可纳入单位月度安全绩效考核总结)		考核记录无签名、记录内容不翔实，扣0.3分/处，有造假现象，扣2分；考核中发现的问题整改不到位，扣0.5分/次，重复出现一次扣1分；考核不认真、问题描述不全面、流于形式，扣0.5分/处；未制定“五定”表，扣0.5分
		4. 制订环保知识宣传培训计划，每季度开展一次环保政策、规范、标准、专业知识培训；建立宣传培训档案，包括培训计划、培训实况影响、课件资料、签到表、培训效果评价资料等		未开展宣传培训，扣1分；未提供视频影像资料，扣1分；在公司组织的环保考试中平均成绩排名倒数后三名的，分别扣2分、1.5分、1分；根据各单位培训内容现场检验培训效果，不能回答或回答不全面，扣1分/人；现场提问环保设施运行人员，不能回答或回答不全面，扣1分/人
		5. 依法办理环评、环保验收、排污许可证等环保手续，环保手续齐全，生产和建设依法合规		环评、环保验收、排污许可证等环保手续缺项，扣2分/项；按照环评法未开展环境影响评价、环保“三同时”验收的建设项目，扣2分/项，直至改正为止
		6. 按规定上报环保报表和相关资料；完成公司安排的各项环境安全管理工作		要求上报的资料迟报，扣0.5分/次；上报内容不符合要求，扣0.5分/次；未完成公司安排的环保工作，扣1分/次

表 13-20(续)

序号		考核要求	考核方法	评分标准
一	环保责任制	7. 环保设施完善，运行稳定，标识完好，污染物排放达标，一般固废处置规范；建立环保设施管理及运行台账，建立健全岗位责任制、操作规程，定期检修和维护环保设施	查资料与现场	环保设施不完善、不正常运行，扣 2 分/项；管理不到位，扣 1 分/处；污染物超标排放，扣 3 分/次；环保标识缺失，扣 1 分/项；环保设施运行、维护记录和台账不完善，扣 0.5 分/处；无岗位责任制、操作规程，扣 1 分；检修和维护记录缺失或不完善，扣 0.5 分/次
		8. 生产现场环境干净、整洁，各类物料堆放整齐，密闭到位，符合规定；煤炭、矸石、灰渣等物料运输规范，车辆整洁，道路无积灰、扬尘		覆盖、抑尘、防渗、防流失等无组织排放措施落实不到位，扣 1 分/处；车辆不整洁，道路有积灰、积泥、扬尘，扣 1 分/处；冲洗设施压力不足、不能对车帮全冲洗，冲洗污水不能全收集，车辆冲洗效果差，扣 1 分/处
二	重点工作	9. 放射源和射线装置环评、环保验收、辐射安全许可证手续齐全，现场设置警示标识、告知牌、安全警戒线或防护网，配备铅衣、铅眼镜、铅手套、个人剂量报警仪等防护用具，以及防火、防盗、防射线泄露等装备设施	查资料与现场	手续、证照不全，扣 3 分/项；现场标识、防护设施和用具不全或不能正常使用，扣 1 分/项，日常巡检记录不完善，扣 0.5 分/处
		10. 建设规范的危险废物暂存库，制订危险废物管理计划，严格执行危险废物转移联单制度，严禁将危险废物提供或者委托给无资质的单位收集、贮存、利用、处置		无危险废物暂存库，扣 3 分；违反公司危险废物管理制度，扣 1 分/处；管理档案不齐全，扣0.5 分/处；不按规定处置危险废物，扣 5 分/次
		11. 建立环保设施台账，按月建立污染物管理台账，包括污染物种类、浓度、流向、控制排放标准等，做好废水、废气和固废统计工作		未建立台账，扣 1 分；台账存在错误，扣 0.5 分/处；存在虚假记录，扣 1 分/处

表 13-20(续)

序号		考核要求	考核方法	评分标准
三	环境安全管理	12. 制定突发环境事件应急预案及放射源、危险废物、重大危险源、重污染天气管控等专项预案，明确应急程序、现场处置措施、机构、人员、设施、物资等；每年组织演练一次，演练前制定方案、脚本并组织评审和学习，记录演练情况，撰写演练总结(可与安全演练结合)；设置足够容量的事故池并保持状态正常	查资料与现场	预案缺项，扣 1.5 分/项，预案内容不全或无可行性，扣 0.5～1 分；预案未演练，扣 2 分；演练资料不完善，扣 0.5 分/处；未提供演练视频影像资料，扣 2 分；未落实演练中发现的问题，扣 1 分；事故池存在隐患，扣 1 分
		13. 将环保风险和隐患纳入单位双重预防体系建设，每月由分管领导组织召开环保风险和隐患排查会议，编制会议纪要及重大风险和隐患管理台账，并落实闭环管理整改消除隐患或采取风险预控措施；每月由分管领导组织相关专业开展环保大检查		未纳入双重预防体系建设，扣 2 分；未召开环保风险和隐患排查会议，扣 2 分；未下发正规会议纪要，扣 1 分；未开展环境风险研判和隐患评估，扣 1 分/项；环境风险研判和隐患评估错误，扣 0.5 分/处；未建立重大风险和隐患管理台账，扣 1 分。未开展环保大检查，扣 2 分；参加人员不符合要求，扣 0.5 分。风险和隐患未落实闭环管理或未采取风险管控措施，扣 1 分/条；上级检查问题未落实闭环管理，扣 1 分/条
四	环境管理效果	14. 无被国家及地方生态环境保护主管部门通报批评、列入黑名单、挂牌督办、停止运行等给本单位及新疆公司带来不良影响的事项；未发生一般及以上突发环境事件	查资料与现场	出现 10 万元以下罚款，扣 2 分/次；出现 10 万元及以上罚款，扣 3 分/次；因环保问题被媒体负面报道经查证属实，扣 5 分/次；发生一般及以上环境事件，环保考核成绩记零分
		15. 管理效果较好，有力促进单位及新疆公司环保工作开展		承办地市级政府现场推进会、突发环境事件应急演练、通报表彰，加 2 分/次；在主流媒体、省部级官方媒体正面报道，加 2 分/次；通过环境管理体系认证，加 2 分

表 13-21 消防安全管理系统(煤矿、化工单位)安全生产责任制考核表

序号	项目	考核要求	考核方法	评分标准
一	消防安全责任制	1. 根据上级规定和两级公司要求,结合本单位实际情况建立健全各项消防制度,并抓好贯彻落实工作	查制度查文件查资料查台账	制度缺项,扣 2 分/项;缺乏可操作性,扣 0.5 分/项;不落实,扣 1 分/项
		2. 各单位应成立防火安全委员会(防火领导小组),明确消防安全责任人、消防安全管理人及其职责		未成立防火安全委员会,扣 2 分;责任人不明确,扣 1 分;职责不落实,扣 0.5 分/项
		3. 贯彻落实《中华人民共和国消防法》《河南省消防条例》和《机关、团体、企业、事业单位消防安全管理规定》(中华人民共和国公安部令第 61 号),逐级落实消防安全责任制,层层签订消防安全责任书		未签订消防安全责任书,扣 2 分;少签订消防安全责任书,扣 1 分;消防安全责任书弄虚作假,扣 2 分
		4. 建立健全消防档案,并严格执行		未建立档案,扣 5 分;档案不健全,扣 0.5～2 分
二	消防队伍建设	5. 保卫部门至少明确 1 名消防专干	查文件查资料查台账现场检查	未按照要求配备人员,扣 2 分
		6. 按规定建立义务消防队和微型消防站,并按公司要求进行管理和训练		未按规定建立义务消防队和微型消防站,扣 2 分/项;对其管理和训练不达标,扣 0.5 分/项
		7. 上级安排的任务必须认真贯彻执行		未按要求执行,扣 0.5～2 分
		8. 按规定对重点部位制定灭火应急疏散预案,并对该部位至少每半年组织一次消防演练;演练要有计划、预案、照片、签到和总结		未制定预案,扣 3 分;未开展演练,扣 2 分/次;资料不齐全,扣 0.5 分/处;发现弄虚作假,扣 2 分
		9. 开展经常性、重大节日消防安全宣传教育;制作消防宣传图版不少于 2 块,并定期更换内容(各版面每月 15 号前更换不少于一次);宣传有计划,有总结,有图片	查资料查图片查台账查现场	未开展消防安全宣传教育,扣 2 分/次;未按规定制作消防宣传图,扣 1 分/次;未定期更换内容,扣 0.5 分/处;资料不齐全,扣 0.5 分/处

表 13-21(续)

序号	项目	考核要求	考核方法	评分标准
三	消防宣传教育培训	10. 每年开展一次全员消防培训,新上岗、转岗员工及外来施工人员进行消防培训;培训有方案、教案、图片、签名	查资料查图片查台账查现场	未按要求开展培训,扣 2 分;未培训,扣 0.5 分/人;资料不齐全,扣 0.5 分/处
		11. 积极在“平安能源”上发表消防宣传稿,每月 20 号之前不少于两篇		每少一篇,扣 0.5 分
		12. 消防控制室实行 24 h 值班,每班不少于 2 人,每班值班时间不超过 8 h,并持中级消防证上岗		值班人员每班少 1 人,扣 2 分;未持证上岗,扣 1 分/人
四	火灾隐患排查整改	13. 按要求开展防火检查、巡查	查台账查资料查现场	检查、巡查未做到全覆盖,扣 1 分;未开展检查,扣 2 分/次;巡查次数不满足要求,扣 0.5 分/次
		14. 按要求对消防器材进行管理,每月 15 号前在检查卡上显示		未按要求管理,扣 0.5 分/处
		15. 现场无火灾隐患,无违反消防安全规定的典型问题		发现火灾隐患,扣 1 分/项;未按“五落实”原则落实整改,扣 0.5 分/条;发生火灾事故一次,根据损失情况,扣 5～10 分

第十四章　2020年度河南能源新疆公司安全环保工作实施成效

2020年，河南能源新疆公司在自治区、集团公司的正确领导下，以习近平新时代中国特色社会主义思想和习近平总书记关于安全生产的重要论述为指引，始终秉承“从零开始、向零奋斗”的安全“零”理念，牢固树立“发展决不能以牺牲安全为代价”的红线意识，不断强化安全措施执行落实，深入谋划、开展安全生产专项整治三年行动，持续推进“双重预防体系”和安全生产标准化建设，有效预防和杜绝各类生产安全事故，持续保持安全稳定发展的良好态势。

一、安全工作指标完成情况

2020年，河南能源新疆公司整体实现零死亡，消灭了一级非伤亡事故，非煤单位实现零重伤，消灭了二级非伤亡事故；整体杜绝了1.5%以上瓦斯超限事故；杜绝了一般以上突发环境事件。各单位安全生产标准化工作正在按照既定目标有序推进，众泰煤焦化达到一级水平，榆树泉煤矿、中润煤业和永宁煤化通过二级安全生产标准化验收，榆树岭煤矿、众维煤业、天欣煤矿达到二级安全生产标准化水平。

二、安全工作主要举措

（一）严格落实上级文件及会议精神，确保执行不走样

河南能源新疆公司通过月度安全环保办公视频会议、OA办公系统以及QQ、微信工作群将国家、自治区、集团公司、河南能源新疆公司有关安全生产文件、会议精神传达至各部室、各单位，河南能源新疆公司及各基层单位按照业务分工，建立分解落实台账，制定方案和计划，由各分管领导负责逐条逐项对照落实，并将落实情况纳入月度安全环保绩效考核。一是贯彻国家、自治区安全生产电视电话会议以及集团公司安全办公会议精神，将领导讲话及会议要求发至各部室、各基层单位进行全员学习。二是深入开展“安全生产月”活动，根据河南能源新疆公司“安全生产月”活动方案，组织各矿厂按照方案陆续开展了安全技术

讲座、安全知识竞赛、安全咨询日、事故警示教育、应急演练、“安全生产啄木鸟”“企业风险扫描仪”“隐患排查显微镜”等隐患排查、安全大检查活动，强化全员红线意识，弘扬安全文化，普及安全知识，提升职工素质，做到安全生产以月促年，进一步夯实煤矿安全生产基础。三是常态化开展警示教育活动，针对自身灾害特点、当前安全管理重点和存在的突出问题，筛选出典型煤矿事故案例视频，通过召开安全办公会、专项培训、区队车间班前会等进行播放，并安排专业人员对事故案例进行更深入具体的分析、点评，切实从警示教育活动中提高全员安全意识和防范水平。四是深刻吸取事故教训，将重庆某煤矿火灾事故、陕西某煤矿煤与瓦斯突出事故及山西某煤矿透水事故等转发至各单位进行警示教育，并开展全面隐患排查以及“一通三防”、机电运输、地测防治水等专项风险辨识，共检查问题和隐患 482 条，已全部整改完毕，无新增重大风险。五是统筹部署雨季“三防”和冬季“三防”工作。夏季，加大对排水系统、供电线路、周围河沟、山体等方面隐患的排查工作，提前对恶劣天气预警并采取对应措施，确保安全度汛。冬季，加强人员和设备保暖防寒、车辆防滑以及煤炉使用期间防煤气中毒，同时提高各设备设施检查频次，确保各大系统正常运行。

（二）建立责任制考核清单，严格落实安全主体责任

河南能源新疆公司陆续完善、制定了《河南能源新疆公司安全生产与职业病危害防治责任制》《河南能源新疆公司安全环保绩效考核办法》《河南能源新疆公司安全生产标准化管理办法》等制度，明确了各级领导、各部门及工作人员的安全生产责任，建立了安全生产责任考核清单，做到照单履责、失职照单追责。一是形成公司考核矿井、矿井考核科室、科室考核区队的三级考核体系，推进安全工作“关口前移，重心下移”，把安全生产责任逐级延伸，压力层层传递。二是将生产单位总体工资的 30%作为安全结构工资，奖罚与考核结果挂钩，并坚持月考核、月兑现的奖罚机制不动摇，充分发挥基层单位和员工的主动性、积极性，形成全员参与的安全保障体系，促进企业安全生产稳定发展。三是公司成立安全技术监察服务队，常年在南北疆巡回检查，重点督查基层管理人员安全责任制落实、安全文件和会议精神落实落地、各项安全活动开展、安全隐患整改，实现安全生产动态监管，严防基层出现执行上级制度要求的棚架现象。四是每旬编制下发安全简报，传达贯彻行业最新政策要求，转发全国煤矿事故快报，通报各单位主要隐患及责任追究情况，安排部署下旬重点工作。

（三）推进“双重预防体系”建设，实现全面达标

河南能源新疆公司积极构建安全风险分级管控和事故隐患排查治理“双重

预防体系”工作机制，不断提高安全生产防控能力和水平。2019 年底，河南能源新疆公司全面建设完善了安全生产“双重预防体系”，并实现大数据信息化管理，逐一通过了河南能源新疆公司验收。在此基础上，2020 年河南能源新疆公司进一步对“双重预防体系”建设运行和日常监督管理进行了明确、规范，下发了《河南能源新疆公司安全生产风险隐患“双重预防体系”管理办法》（河南能源新〔2020〕65 号），并对照《煤矿安全生产标准化管理体系基本要求及评分方法（试行）》，对公司“2＋4”、矿井“1＋8＋8”的风险辨识评估模式，以及公司“3＋1”、矿井“1＋2＋1＋1”的隐患排查治理模式进行优化完善。一是对工作面安装回撤、国内省内发生煤矿安全事故后等即时性的专项辨识内容进行了明确。二是对风险分级管控动态检查分析和隐患排查治理的会议进行了优化整合，真正将风险分级管控和隐患排查治理工作有机结合、统筹推进。三是持续完善岗位现场安全风险管控机制，狠抓管控措施的现场落实和施工人员的培训教育，让每一名员工熟练掌握本岗位安全风险和防范措施、应急处置措施，实现风险辨识无遗漏，风险管控无缺位。四是对排查出的隐患，按照轻重缓急制定隐患整改“五定”表，整改结果按时复查，闭合管理。五是按照集团公司《关于开展安全生产双重预防体系运行情况专项检查的通知》（豫能明电〔2020〕122 号）要求，深入开展自查、自纠、自改，重点解决制度不完善、运行不规范、操作不熟练、执行不到位等问题，共自查问题 56 条，截至目前已全部整改完毕。

为进一步明确河南能源新疆公司各单位近期安全管控重点，深入分析评判重大风险、全面排查重大隐患，河南能源新疆公司每月由总经理组织安全生产口分管领导及专业人员，召开安全风险辨识及隐患排查会议，结合各单位生产实际及灾害特点，逐矿逐头逐面分析梳理安全管理的重点、难点、薄弱点。现阶段河南能源新疆公司无重大隐患，正在管控的重大风险 41 条，所有重大风险均已制定了管控措施，明确了矿厂主要负责人、分管领导、业务部室及区队（车间）三级管控责任人，处于有效管控中。

（四）持续提升安全生产标准化水平，实现动态达标

一是始终坚持高标准、严要求，以标准化促进精细化，促进煤矿安全生产标准化工作向纵深推进，实现生产现场全过程安全动态达标，夯实煤矿安全管理基础，超前管控和有效化解各类安全风险，预防和杜绝各类事故发生。二是持续按照“巩固一级、提高二级、消灭三级”的总体目标，修订了安全生产标准化年度达标规划，并分解到季度、月度，落实责任人员。三是严格考核，矿井每月进行自检，公司每季度对各矿（厂）达标规划进行全面验收。6 月份、10 月份，河南能源新疆公司组织开展了二季度、三季度安全生产标准化考核验收工作，对照 2020

版新标准、新要求，对各单位标准化推进及提升情况、新标准掌握及落实情况进行全面、深入、细致的摸底考核，河南能源新疆公司及各基层单位根据考核情况召开专题会议，分析问题原因、查摆自身不足、明确整改方案、制订提升计划，力争最终实现全年达标规划。共检查问题 960 条，均按照“五定”原则进行落实整改。

2020 年，榆树泉煤矿、中润煤业陆续通过自治区发改委组织的二级标准化矿井验收，永宁煤化通过了伊犁州发改委组织的二级标准化矿井验收。

（五）深入开展“学法规、抓落实、强管理”活动，全面提升安全意识和知识水平

按照自治区、集团公司关于开展“学法规、抓落实、强管理”活动的相关通知要求，公司机关及各基层单位积极组织开展煤矿安全重点法律法规政策、规程标准宣贯活动，充分利用网络媒体，采取领导领学、员工自学、逢检必考等形式，务求做到真学、真查、真改，务求活动取得实效。一是由分管矿领导牵头，分系统、分专业制订培训计划，明确培训内容，组织管理人员开展授课培训。二是认真组织参加国家煤矿安全监察局举办的网络培训直播。三是加强新职工岗前培训、转岗培训、岗位操作手指口述、导师带徒和实操培训工作，促进班组建设。公司管理人员下矿检查及各矿井领导干部带班过程中不定期抽查提问，确保培训效果持续提升。四是以考促学、以学促改。采用微信考试平台的“一规程三细则”题库，河南能源新疆公司机关每月组织一次专题考试，安全技术监察服务队每周对矿井管理人员进行一次考试，并对考试不及格人员进行责任追究。五是各矿井组织对标自查自改，边学习、边整改、边提高。活动期间，河南能源新疆公司对标对表自查自纠问题共 3 352 条，已完成整改 3 249 条，其余问题正在按“五定”原则落实整改。

（六）谋划部署安全生产专项整治三年行动，全面提升本质安全水平

按照国家、自治区、集团公司有关文件及会议要求，结合集团公司专项整治三年行动方案，河南能源新疆公司根据实际情况，分 2 个专题（学习宣传贯彻习近平总书记关于安全生产重要论述专题、落实企业安全生产主体责任专题）和 4 个行业领域（危险化学品、煤矿、消防、危险废物等领域）深入推行实施。7 月份，河南能源新疆公司召开专题会，将安全生产专项整治三年行动分解为 68 项主要任务，明确责任、措施和时间节点并持续推进、落实。河南能源新疆公司总经理每月组织召开安全生产专项整治三年行动专题会，对各项任务工作的推进落实情况、存在的问题以及下一阶段的重点工作进行全面的分析和安排部署，持续推

进安全生产专项整治三年行动并取得实效。截至目前,已完成工作 16 项,长期开展工作 22 项,正在开展中工作 30 项。

学习贯彻习近平总书记关于安全生产重要论述专题方面:一是河南能源新疆公司及各单位结合“学法规、抓落实、强管理”活动和“以案促改”警示教育活动,对习近平总书记关于安全生产的重要论述及安全生产法律法规进行全员贯彻学习。二是河南能源新疆公司领导班子召开了安全生产“以案促改”专题民主生活会,对照事故案例和“九个自查”,结合自身实际从思想、作风、管理、体制机制方面深入查摆安全管理方面存在的问题。三是坚持常态化警示教育,日常通过调度会、班前会、公共场所大屏幕、井口 LED 屏、矿区广播等循环播放、学习结合自身实际的事故案例,强化警示教育,增强职工安全意识。

落实安全生产主体责任专题方面:一是制定、完善、下发了《河南能源新疆公司安全环保绩效考核办法》《河南能源新疆公司安全生产标准化管理办法》等,进一步加强安全管理力度。二是加强不安全行为管控方面,对作业区域的职工随时进行安全操作行为教育,指导职工安全站位,有效督促各职工按章操作,避免习惯性“三违”和违规操作。三是严格落实安全生产主体责任,河南能源新疆公司及各单位全体干部职工手抄各自安全生产责任制内容,加深每个人对各自安全生产岗位职责的了解和掌握。四是加强安全矿长履职尽责考核。河南能源新疆公司每月通过入井带班、检查隐患、查处违章、安全培训、安全处罚、安全效果以及其他重点工作等方面,对安全矿长进行综合考评、排序,在河南能源新疆公司安全环保办公会上进行通报,并在月度安全环保绩效考核中给予奖惩兑现。五是积极构建风险预控和隐患排查体系。六是持续推进安全生产标准化建设。

煤矿安全整治方面:一是扎实开展“三优三减三提升”工作。二是推进煤矿“四化”建设。榆树泉煤矿 1012 智能化综采工作面已建成并顺利通过集团公司验收。榆树岭煤矿完成了井下千兆环网及地面园区智能网络的建设,地面主要通风机、瓦斯抽采泵站、井下主排水泵房等均实现了远程监测与控制,完成了综合自动化平台搭建工作(已集成接入 18 套子系统,集成平台在用 17 套子系统),实现手机 App 远程查看与控制;天欣煤矿淘汰了前探梁临时支护,采用机载支护,新购置安装两台除尘风机,投入 386 万元采购了第二台型号为 EBZ-260H 的岩巷掘进机,新购置两台低噪声(72 分贝)FBDY№7.1/2 * 45(S)局部通风机。各煤矿均已完成安全监控、人员定位、工业视频三大系统与自治区的联网工作。三是加大煤矿重大灾害超前治理力度。区域瓦斯治理、水害治理、自燃灾害治理等均超额完成计划任务。

危险化学品专项整治方面:众泰煤焦化通过深入开展三年行动,扎实推进危险化学品安全治理体系和治理能力现代化。消除危险化学品生产、贮存、使用、经营、运输、处置等环节相关安全监管盲区漏洞；强化主体责任落实，建立以风险分级管控和隐患排查治理为重点的危险化学品安全预防控制体系。一是加强在建项目危险化学品及生产工艺的监管力度。根据“三同时”规定，目前20万t/a甲醇项目、有毒有害气体监测及火灾报警等安全附件设施同步建设中，火灾报警系统完成80%，安全仪表系统完成80%，视频监控系统完成93%，可燃和有毒气体检测系统已安装完成。应急预案专家评审已通过，正在根据专家提出的意见进行整改，待整改完毕后，上报应急管理局备案。试生产方案正在补充完善各类附件，计划月底聘请专家进行评审。二是加强监督指导。河南能源新疆公司总经理以及安全、生产、化工、项目建设管理、资金筹备分管领导陆续深入现场开展督导服务工作，确保各环节有序推进。

消防安全整治方面：河南能源新疆公司强化源头治理、系统治理、精准治理，深入推进打通消防生命通道、重点场所治理、突出风险整治等工作，有效防范化解重大消防安全风险，全面提升职工消防安全素质，建立完善从根本上消除火灾风险隐患的消防管理责任链条、火灾防控体系、监测预警机制，推动河南能源新疆公司消防安全形势持续向好发展。

危险废物安全整治方面：河南能源新疆公司深入开展危险废物排查工作，各单位建设专用危险废物临时储存库用于存放危险废物，库房设有警示标识、危险废物介绍、管理制度等牌板，安排专人保管危险废物管理台账；垃圾规范化处置，生活垃圾集中拉运至指定地点处理；开展了污水处理等环保设施的安全隐患排查工作，对排查出的隐患及时整改，确保了环保设施的正常运行。

三、化工安全管理主要举措

（一）加强重大危险源管理

众泰煤焦化目前有2个三级重大危险源，1个四级重大危险源。60万t焦化项目和130万t焦化项目油库罐区属于三级重大危险源。60万t焦化项目化产冷鼓区域属于四级重大危险源，已按照重大危险源管理规定对液位、压力、温度等设置了在线监测监控，且监控数据已联网到自治区应急指挥平台。另外定期组织专业人员对重大危险源的视频监控设备、呼吸阀、阻火阀等安全设施进行检查，确保设施运行正常，在6月份的安全生产月活动中，众泰煤焦化开展了油库地震火灾应急演练，查找演练中的不足之处，同时加以改进，既锻炼了应急队伍，也积累了应急救援经验。

（二）持续推进“双重预防体系”建设

众泰煤焦化根据到山东荣信集团和永城龙宇煤化工实地考察学习经验，结合公司实际情况，持续优化“双重预防体系”建设，制定了《安全风险分级管控制度》《深化安全生产风险隐患双重预防体系建设行动方案》《事故隐患排查治理制度》，采用作业危害分析（JHA）、安全检查表（SCL）、风险矩阵分析（LS）等评价方法，对 60 万 t 焦化项目识别出风险点 292 项，对 130 万 t 焦化项目识别出风险点 265 项，制作 570 张本岗位安全风险明白卡、28 块安全风险点告知牌、4 张重大安全风险公告、12 张风险公告四色图等，并全部制定管控措施，明确责任人，目前所有风险处于可控状态。

（三）强化项目建设管理

2020 年，众泰煤焦化在建项目较多，主要包括甲醇项目、干熄焦项目、封闭煤仓项目、煤气管道建设项目、防风抑尘网项目等。一是涉及的受限空间作业、高处作业、动火作业、吊装作业等特殊作业较多，督促并经常检查众泰煤焦化对外委施工队伍的现场安全监管和特殊作业的安全监管。二是部分项目处于建设后期，特别是甲醇项目涉及催化剂、过滤物质的填充以及设备的试车等，由河南能源新疆公司主要领导带队对项目建设进度及安全管理进行现场协调推进，并严格审核试车方案、应急预案、安全操作规程等。

（四）强调特殊作业管理

严格按照作业票证管理办法，做好动火、登高、进入受限空间等特殊作业的培训和作业过程的监管，每天对特殊作业情况进行统计、风险分析、公告，并安排人员对安全措施的落实情况进行监督考核。

（五）持续开展“零泄漏工厂”创建活动

众泰煤焦化自 2015 年以来持续开展“零泄漏工厂”创建活动，2015 年实现“零泄漏工厂”创建三级达标，2018 年通过集团公司“零泄漏工厂”创建二级达标验收，2020 年进一步完善制定了“零泄漏工厂”创建相关制度，成立了组织机构，明确了责任分工，制定了达标规划，完善了设备台账、动静密封台账等，制定了有效的消漏、堵漏措施，并严格按照制度规定进行月度检查、季度自查总结等工作。“零泄漏工厂”创建工作取得了良好的效果，提升了化工设备管理水平，基本上消除了生产现场的跑、冒、滴、漏现象，改善了职工工作环境，实现了安全、文明、清洁生产。

四、环保工作主要举措

（一）严格落实环保责任制

一是加强环保制度建设及落实。更新和完善《生态环境保护责任制》《生态环境保护管理办法》《环保隐患排查治理制度》《危险废物管理制度》《辐射安全管理规定》等五项管理制度，并严格落实。二是加强环保隐患排查。今年以来，河南能源新疆公司进一步加强环保隐患排查治理工作，上半年通过矿（厂）自查、小分队巡查、河南能源新疆公司月度排查共查出环保隐患 563 条，已全部按照“五定”原则落实整改。三是污染治理设施运行管理，确保达标排放。加强对各单位污染治理设施运行管理的监督检查，其中：龟兹矿业完成了西井矿井水处理设施年度检修，更换填料和部分配件；众泰煤焦化完成了烟气在线监测系统验收工作；榆树岭煤矿燃煤锅炉改造项目已结束，现已投入正常使用。四是加强煤场管理。众泰煤焦化 130 万 t 焦化项目煤场封闭建设已完成，60 万 t 焦化项目煤场防风抑尘网建设已完成总工程量的 60%。榆树岭煤矿筒仓工程已完工，现正投入使用。五是加大矿区环境治理。今年以来，各单位进一步加大矿区环境治理力度，结合自身实际组织开展绿化、道路硬化等工作。

（二）环境综合整治工作情况

为确保污染源头治理，加强对各单位地面综合环境治理的监督和考核。一是加强外运车辆冲洗和加盖篷布管理工作，车身不洁或篷布覆盖不严的严禁出矿；二是加强地面设备、材料的管理，对出井设备冲洗干净后，分类码放整齐，覆盖篷布，并安排人员定期巡查；三是加强运煤道路洒水降尘；四是加强对污染处理设施的维护管理，确保污染处理设施有效运转；五是加强对露天储煤场防风抑尘网的检查和维护，及时修补坡口。

五、工作亮点

（1）河南能源新疆公司以龟兹矿业为依托，建立三级培训机构，命名为河南能源新疆公司安全培训中心，该中心于 5 月底通过自治区发改委验收，目前可实现关键岗位人员安全培训考核、班组长安全技能提升专项培训考核及特种作业人员安全技能培训考核。

（2）与新疆工程学院签订了产教融合、校企合作战略框架协议，河南能源新疆公司提供 12 名有实践经验的管理技术人才挂职学校的荣誉教授、讲师等，为学生传授实践经验;学校委派 23 名理论知识丰富的教授专家挂职企业的高级研究人员,和企业共同完成学术难题攻关,提升学校教师的实践经验,提升企业管理水平。

(3) 河南能源新疆公司每旬编制《安全简报》,及时发布国内外煤炭、化工行业安全事故、最新政策等内容,提醒各级管理人员时刻保持清醒头脑,通报安全技术监察服务队检查重点安全隐患,促使各单位“举一反三”,严格落实各级安全监察责任。

(4) 河南能源新疆公司着重改善榆树泉煤矿、榆树岭煤矿形象,通过 1 年多的不懈努力,榆树泉煤矿和榆树岭煤矿在企业形象、矿区面貌、制度建设、管理水平、标准化水平方面均取得了明显进步。

(5) 河南能源新疆公司安全生产标准化建设工作取得了长足进步,榆树泉煤矿和中润煤业陆续通过了由自治区发改委组织的二级标准化矿井验收,永宁煤化通过了伊犁州发改委组织的二级标准化矿井初验收,下一步力争通过自治区发改委组织的二级标准化矿井验收。

(6) 榆树泉煤矿在 1014 上平巷首次推广“110”工法项目,通过实施“110”工法,预计可增加回收煤炭资源 17 万 t,增加产值约 1 亿元。此项目施工以来,被自治区、集团公司领导多次组织检查、参观并提出好评。1012 综采工作面为河南能源新疆公司首个智能化工作面,顺利通过集团公司专家组考核验收,受到一致好评。

六、存在的问题和不足

(1)《煤矿安全生产标准化管理体系基本要求及评分方法(试行)》于 7 月 1 日起正式实施,目前对新标准新增管理要素,尤其是新增项目的执行落实情况还掌握得不够清晰。

(2) 榆树岭煤矿为河南能源新疆公司首个煤与瓦斯突出矿井,而河南能源新疆公司瓦斯防治技术力量相对薄弱,瓦斯防治经验不足,人员素质亟须提升,需要不断向瓦斯治理先进单位学习,不断提升相关人员业务水平。

(3) 由于众泰煤焦化 20 万 t/a 甲醇项目的投料试车存在技术含量高、风险大、不确定性因素多等特点,以及河南能源新疆公司化工专业人员较少且没有类似化工项目的开车经验,为确保甲醇项目投料试车一次成功,需要集团公司协助聘请一批经验丰富、技术过硬、参加过同类项目试车或安全审查的相关技术专家,对甲醇项目试车进行现场指导。

(4) 部分单位对环境保护工作重视程度不高,环境保护工作比较被动,需要进一步提高思想认识,按照“三管三必须”原则落实生态环境保护工作。

第十五章 2021年度河南能源新疆公司安全环保工作实施成效

2021年，河南能源新疆公司在集团公司的正确领导下，以习近平新时代中国特色社会主义思想为指导，全面贯彻“三不四可”安全生产理念，牢固树立安全生产红线意识和底线思维，坚持人民至上、生命至上，紧紧围绕河南能源改革重生中心任务，以安全环保绩效考核为抓手，积极构建安全风险分级管控和隐患排查治理双重预防机制，深入开展安全生产专项整治三年行动和安全生产大排查，持续推进安全生产标准化建设，强化安全基础保障能力，着力提高本质安全水平，持续保持安全稳定发展的良好态势。

一、安全环保工作指标完成情况

2021年，河南能源新疆公司未发生人身伤亡事故和二级及以上非伤亡事故，杜绝了一般及以上突发环境事件，实现环保“零事件”。榆树泉煤矿、中润煤业保持二级安全生产标准化水平，永宁煤化、榆树岭煤矿通过二级安全生产标准化验收，各单位安全生产标准化工作均按照既定目标有序推进。

二、安全工作主要举措

（一）树牢安全“零”理念，严格落实全员安全生产责任制

河南能源新疆公司始终秉承“从零开始，向零奋斗”的安全“零”理念，牢固树立“发展决不能以牺牲安全为代价”的红线意识和底线思维，持续保持河南能源新疆公司安全稳定良好态势。一是完善责任体系，全面修订河南能源新疆公司全员安全生产责任制，制作责任制牌板和桌签在办公场所醒目位置悬挂、摆放，促进安全生产责任入脑入心。二是建立安全生产责任制考核清单，健全公司考核矿井、矿井考核科室、科室考核区队的三级安全绩效考核体系，通过开展月度绩效考核、季度安全生产标准化考核、业务部室专项检查以及安全技术监察服务队动态巡查，推进安全工作“关口前移，重心下移”，做到全员照单履责、失职照单追责。三是加强执行力建设，推动安全生产工作落实落细，及时将国家、自治区

以及集团公司有关安全生产文件、会议精神转达至各部室、各单位，并建立分解台账，由各分管领导负责逐条逐项落实推进，确保上级各项指示精神落实到基层一线和生产现场。

（二）健全“双重预防体系”，高效管控重大安全风险

新疆公司积极构建安全风险分级管控和事故隐患排查治理双重预防体系工作机制，不断提高安全生产防控能力，实现关口前移、精准管控、源头治理、科学预防。一是完善管理制度。进一步修订《新疆公司安全生产风险隐患双重预防体系管理办法》和《新疆公司安全生产风险分级管控与事故隐患排查治理双重预防体系建设规定》。二是开展风险辨识评估。河南能源新疆公司每季度由总经理组织安全生产口分管领导及专业人员召开安全风险辨识及隐患排查会议，结合各单位生产实际及灾害特点，逐矿（厂）逐头逐面分析梳理安全管理重点、难点、薄弱点，完善风险管控措施，安排部署安全风险管控重点。三是分级管控风险。根据风险评估结果，逐一落实矿（厂）、车间、班组和岗位管控范围和责任，从组织管理、工程技术、个体防护、教育培训、应急处置等方面对安全风险进行有效管控。四是加强隐患排查。安全技术监察服务队常年在南北疆各矿（厂）开展巡查、驻矿督查，对日常安全生产工作情况进行检查、考核、指导，并在特殊时期、重点工程、重要环节开展专盯，实现动态安全管理。河南能源新疆公司建立信息互通机制，每日转发安全检查问题，“举一反三”排查整改；同时加强跟踪、考核力度，对政府部门、集团公司、河南能源新疆公司各项检查问题隐患的整改进行全过程监管。五是风险管控效果显著。现阶段河南能源新疆公司无重大隐患，正在管控的重大风险有 38 条，所有重大风险均已制定了管控措施，明确了矿（厂）主要负责人、分管领导、业务部室及区队（车间）三级管控责任人，处于有效管控中。

（三）聚焦集中攻坚，强力推进专项整治行动取得实效

河南能源新疆公司认真贯彻落实习近平总书记关于安全生产“两个根本”重要论述，以安全生产大排查为抓手，大力推进“专项整治三年行动”，切实从根本上治理隐患，从根本上解决问题。一是细化方案措施，明确目标任务和攻坚举措，制定了《新疆公司安全生产专项整治三年行动实施方案》《新疆公司安全生产专项整治三年行动集中攻坚方案》《新疆公司安全生产大排查实施方案》，并对照方案稳步推进。目前，河南能源新疆公司“安全生产专项整治三年行动方案”制定的 68 项主要任务已完成 33 项，剩余的 17 项长期坚持工作及 18 项阶段性工作正在按计划推进实施。二是将安全生产大排查和“专项整治三年行动”有机融

合，梳理出深层次问题、突出问题、共性问题，动态完善问题隐患和制度措施“两个清单”，明确责任和整改措施，着力做好问题隐患整改，实现重大隐患“清零”。截至目前，河南能源新疆公司共梳理问题隐患清单 81 项，已整改 76 项，剩余 5 项正在推进；梳理制度措施清单 45 项，已完成 42 项，其余 3 项正在推进。三是深入贯彻落实《关于印发全面深入开展煤矿安全生产大排查实施方案的通知》（河南能源新〔2020〕184 号）文件精神，对照井工煤矿 221 项、露天煤矿 165 项自查清单深入开展安全生产大排查工作，共查出问题隐患 241 条，均已按照“五定”原则整改落实。

（四）构建长效机制，推动安全生产标准化再上新台阶

河南能源新疆公司认真贯彻执行《煤矿安全生产标准化管理体系基本要求及评分方法（试行）》，坚持高标准、严要求，以标准化促进精细化，推动煤矿安全生产标准化工作向纵深推进，实现生产现场全过程安全动态达标，夯实煤矿安全管理基础。一是按照“每月上一个台阶”的目标，制定各基层单位月度标准化动态达标规划，深入开展标准化自检自评工作，做到“月月有规划，季季有提升”。2021 年，河南能源新疆公司共组织开展 3 次安全生产标准化验收考核工作，查出问题隐患 1 279 条，已全部整改完毕。二是强化作业现场、岗位操作、班组管理等生产过程管理，加强对重点部位、关键环节的安全检查，实现现场安全达标。三是大力开展“示范单位、精品区域、亮点工程、本安线路”等示范建设，以点带面，提升矿井整体标准化水平。

（五）全面管控，确保化工安全

一是严格试车管理，确保安全投产。2021 年初甲醇项目进入试车准备的关键时期，为确保试车阶段安全平稳，河南能源新疆公司安全管理人员常驻甲醇项目生产一线，检查现场施工安全管理，核实试车期间人员和物质保证，审核试生产方案、应急预案和风险辨识及评估等文件的完善性。干熄焦及余热发电项目试生产期间，实行项目进度日报制，及时掌握并协调现场的安全管控情况，全方位为安全保驾护航。二是加强“两重点一重大”监管，紧盯关键装置。2021 年第一季度，众泰煤焦化 130 万 t/a 化产装置油库区由三级升级为二级危险化学品重大危险源，通过完善监测监控，将粗苯、硫酸储罐液位接入安全仪表系统，同时增设紧急切断阀，有效管控危险源。三是加强特殊作业管理。河南能源新疆公司于 6 月份和 8 月份对众泰煤焦化开展了“特殊作业安全管理”专题培训，通过授课讲解、动画演示等方式，详细讲述了特殊作业审批流程、作业细节及注意事项等，同时在开展日常安全检查时进行现场帮扶指导，从本质上提升特殊作业管

理的规范性。四是积极推进化工单位“专项整治三年行动”和双重预防体系建设，消除危险化学品生产、贮存、使用、经营、运输、处置等环节相关安全监管盲区、漏洞。强化主体责任落实，建立以风险分级管控和隐患排查治理为重点的危险化学品安全预防控制体系。

（六）严格责任追究，强化隐患整改落实

① 排查整改。2021 年，新疆煤矿安全监察局以及各监察分局共查出问题及隐患 200 条，已整改 197 条，剩余 3 条正在整改中；集团公司共查出问题及隐患 220 条，现已全部整改完毕；河南能源新疆公司各项检查共查出问题及隐患 2 265 条，现已全部整改完毕。② 责任追究。针对各级查出的隐患，按照河南能源新疆公司隐患整改和责任追究制度，对重复隐患、反弹隐患、整改不及时、整改不到位的一律严格进行责任追究，对重点问题一律倒查追究各级管理人员责任，并纳入单位、个人安全绩效考核。河南能源新疆公司共责任追究 693 人次，罚款 14.98 万元。③ 督查问效。河南能源新疆公司持续跟踪督促各单位隐患整改效果，由安全技术监察服务队对上级检查问题整改情况进行现场复查，公司月度检查时对重点问题隐患进行检查指导，确保实现闭合管理。

（七）多措并举，狠抓安全教育培训工作

河南能源新疆公司始终按照“管理、装备、素质、系统”四并重原则，多措并举，不断加强安全培训管理工作。一是坚持警示教育，提升全员安全意识。针对自身灾害特点、当前安全管理重点和存在的突出问题，筛选出典型事故案例视频，通过召开安全办公会、专项培训、区队车间班前会等进行播放，并安排专业人员对事故案例进行更深入具体的分析、点评，切实从警示教育活动中提高全员安全意识和防范水平。二是全面推行“系统首长负责制”，各专业系统的培训工作由分管领导亲力亲为、整体部署，大力推动安全培训主体责任全面落实。三是每季度末筛选出各单位安全不放心的人员“开小灶”再回炉，开展针对性的安全培训，考核合格后方可重新上岗。2021 年共筛选、培训不安全人员 213 人。四是周密安排，扎实开展“安全生产月”活动。围绕活动主题主要开展了安全生产“大讲堂”“大家谈”“公开课”“微课堂”等活动共计 21 场，参与人次达 1 559 人次；安全警示教育 89 场，参与人次达 10 432 人次，“当代矿工杯”安全知识竞赛 21 588 人次，参与率达到 93.2%。五是坚持开展“三查三必须”，提升职工主动学习法律法规、标准的积极性和主动性，把标准学透弄通，通过对标对表，不断提升安全管理水平。六是因企施策，狠抓中润煤业安全培训工作。针对中润煤业外包队伍人员安全素质偏低、不安全行为频发的情况，河南能源新疆公司积极采取对策，通

过领导干部上讲台轮训、拍摄反“三违”教学视频等措施，有效地减少了不安全行为。

（八）规范安全费用提取使用，确保安全投入到位

为建立安全生产投入长效机制，河南能源新疆公司进一步规范和加强安全费用的提取和使用管理。一是制定下发了《新疆公司安全费用管理办法》，严格遵循“足额提取、确保需要、预算管理、规范使用”的原则，确保安全费用足额提取使用。二是河南能源新疆公司所属煤矿依据开采的原煤产量及灾害治理情况，将安全费用使用范围归类、简化整理为十大项，科学测算安全投入规模，合理确定安全费用提取标准。三是严格考核。河南能源新疆公司安全、生产、审计、财务等部门采用静态与动态相结合方式对各单位安全费用管理情况进行检查，对安全费用提取、使用进行统一管理和统计，杜绝无安全费用预算以及随意挤占、挪用安全费用等违规现象。

三、环保工作主要举措

河南能源新疆公司始终以习近平总书记“绿水青山就是金山银山”的重要指示为指引，认真贯彻执行国家和地方环境保护方针、政策、法律、法规、标准，不断推进环保治理体系和治理能力现代化。一是加强对各单位污染治理设施运行、维护管理的监督考核，确保各项设施正常运行，“三废”达标排放。二是加强固体废物管理工作，各单位根据实际情况，产生的煤矸石均已回填塌陷区或外售，生活垃圾均已由第三方单位定期拉运集中处置，各单位矸石销售合同、生活垃圾处置合同均在有效期。其中榆树岭煤矿按照“三防”要求，建设了矸石周转场并已投入使用。三是加强煤场管理。众泰煤焦化完成 60 万 t/a 焦化项目煤场防风抑尘网建设，130 万 t/a 焦化项目煤场封闭已于 4 月底完成验收，并投入使用；四是积极开展矿（厂）绿化工作，2021 年新疆公司新增绿化面积 60 703 m^2；五是规范危险废物管理情况。各单位均按照建设规范对危险废物暂存间存在问题进行整改，并按照规定管理、处置危险废物。

四、工作亮点

（1）榆树岭煤矿 120 万 t/a 改扩建项目高分通过竣工验收，由基建矿井正式转为生产矿井，并顺利通过自治区二级标准化矿井验收。项目推进过程中，先后克服了新冠疫情等多重不利因素影响，仅用半年时间完成了全部验收工作，获得地方政府和行管部门的高度赞扬。

（2）河南能源新疆公司大力推动安全生产标准化达标创建工作，榆树泉煤矿、中润煤业、永宁煤化和榆树岭煤矿陆续通过二级安全生产标准化矿井验收，标准化工作取得长足进步。

（3）矿山安全监察局新疆局党组成员、副局长郑军一行到榆树泉煤矿召开煤矿智能化建设座谈会时，对榆树泉煤矿智能化建设工作给予肯定。榆树泉煤矿积极推广智能化建设，成为南疆第一家智能化矿井，在全疆走在了前列，有效提升了河南能源新疆公司安全生产保障能力和竞争力。

（4）河南能源新疆公司每季度筛选出安全不放心的人员再“开小灶”回炉培训，按照“干什么、学什么，缺什么、补什么”的原则，开展针对性的安全培训，有效减少不安全行为和现场安全隐患。

（5）针对中润煤业外包队伍人员安全素质偏低、不安全行为频发的情况，河南能源新疆公司积极采取对策，通过领导干部上讲台、拍摄“三违”教学视频等方式，创新培训教育新形式，“三违”行为大幅度减少，有效提升了外包队伍安全管理水平和效果。

五、存在的问题和不足

（1）河南能源新疆公司安全生产标准化与集团公司要求以及与兄弟单位相比还有差距，目前没有一级标准化矿井，生产矿井均为二级标准化矿井。

（2）河南能源新疆公司对标国际国内一流矿井管理提升行动还存在起步晚、底子不扎实等现实问题，且由于河南能源新疆公司距离内地较远加上受疫情影响，与内地先进单位交流机会较少，借鉴学习提升效果不明显。

参考文献

[1] 陈金国,朱金福.安全文化的平衡计分卡绩效评价方法[J].中国安全科学学报,2005,15(9):88-91.

[2] 陈艳.机械制造企业安全绩效考核指标研究[D].北京:首都经济贸易大学,2007.

[3] 成董浩,浑宝炬,游会迪,等.新标准下基于新媒体技术的煤矿安全培训分析探讨[J].煤矿安全,2018,49(8):310-312.

[4] 成连华,张良,李树刚.基于卓越模式的煤矿安全绩效管理模型体系[J].煤矿安全,2015,46(10):239-242.

[5] 成连华,张良,任璐.基于数据包络分析法的煤矿安全绩效评价[J].煤矿安全,2015,46(11):245-248.

[6] 程恋军,刘敬,仲维清.代际视角下组织文化对煤矿安全绩效的影响研究[J].中国安全科学学报,2015,25(7):9-15.

[7] 戴畅.论绩效管理的过程控制[J].现代经济信息,2017(11):70.

[8] 董小刚,高宁,夏雪.建筑企业安全文化对安全绩效的影响[J].公路,2014,59(8):140-146.

[9] 窦文林,赵士军,陈悦明.构建以KPI为核心的安全绩效管理体系:以A油田建设企业为例[J].中国人力资源开发,2010(11):61-64.

[10] 范庆妍.企业绩效管理提升策略探究[J].黑龙江人力资源和社会保障,2022(2):68-70.

[11] 方金香.企业绩效考核评价管理中存在的不足与对策分析[J].投资与创业,2021,32(7):123-125.

[12] 冯雪芹.全面实施预算绩效管理的实践与思考[J].中国农业会计,2022(1):7-8.

[13] 付亚和,许玉林.绩效管理[M].3版.上海:复旦大学出版社,2014.

[14] 郭文娇.浅谈如何对绩效形成的过程进行有效控制[J].现代商业,2019(33):124-126.

[15] 韩震霖,金志权,张秋月.医疗安全质量管理绩效考评办法的应用[J].中国医院管理,2004,24(4):27-28.

[16] 赫尔曼·阿吉斯. 绩效管理[M]. 3 版. 刘昕，柴茂昌，孙瑶，译. 北京：中国人民大学出版社，2013.
[17] 蒋丽，李永娟. 安全动机在安全绩效模型中的作用：自我决定理论的视角[J]. 心理科学进展，2012，20(1)：35-44.
[18] 蓝慧敏. 行政事业单位全面预算管理中绩效考核指标体系构建研究[J]. 行政事业资产与财务，2022(3)：14-16.
[19] 李博杨，李贤功，吴利高，等. 基于熵权法和集对分析的煤矿安全事故人因失误分析[J]. 矿业安全与环保，2017，44(1)：111-114.
[20] 李富军. 绩效管理的全过程控制[J]. 中国牧业通讯 养殖场顾问，2004(10)：32-33.
[21] 李红霞，李思琦. 煤矿工人安全认知与不安全行为关系研究[J]. 煤矿安全，2017，48(11)：233-236.
[22] 李强. 绩效管理在建筑工程安全管理中的应用[J]. 科技资讯，2017，15(23)：124，126.
[23] 梁新. 浅析企业绩效考核评价管理中存在的不足与对策[J]. 经贸实践，2017(1)：182.
[24] 廖海江. 化工企业建立职业安全健康体系绩效对照研究[C]//中国职业安全健康协会 2005 年学术年会论文集. 宜昌：中国职业安全健康协会，2005：548-466.
[25] 廖泉军. 绩效管理思想的演变与分析[J]. 统计与决策，2006(9)：137-138.
[26] 刘玲莉，孙亚菲，郑红运. 基于集对分析的民航运输事故征候预测模型研究[J]. 安全与环境工程，2013，20(5)：154-158.
[27] 刘素霞，梅强，沈斌，等. 安全绩效研究综述[J]. 中国安全科学学报，2010，20(5)：131-139.
[28] 罗帆，卢少华. 绩效管理[M]. 北京：科学出版社，2016.
[29] 马跃如，梁璟鑫，郭小闻. 领导—员工目标导向匹配对员工越轨创新行为与创新绩效的影响[J]. 科技进步与对策，2022，39(17)：132-141.
[30] 倪燕娜. 企业绩效反馈中的面谈技巧和薪酬激励策略[J]. 市场观察，2019(4)：66.
[31] 牛少龙. 员工绩效考核与评价人力资源管理活动的核心与基础[J]. 经济师，2012(4)：242-243.
[32] 潘恒. 机械制造行业的安全绩效管理发展研究[J]. 大众投资指南，2018(17)：187.
[33] 戚安邦，刘广平. 基于体制视角的煤矿矿难成因及对策研究[J]. 中国安全

科学学报,2010,20(8):22-29.
[34] 石荣,李明捷.变权综合法在航空公司风险评价中的应用研究[J].中国安全生产科学技术,2011,7(10):143-148.
[35] 司鹄,毕海普,李晓红.机械行业安全管理评价模式研究[J].中国安全科学学报,2007,17(8):54-58.
[36] 孙瑞山,刘汉辉.航空公司安全评估理论与实践[J].中国安全科学学报,1999,9(3):69-73.
[37] 孙淑英,申利明.利用群体动力提高家具企业的安全绩效[J].郑州航空工业管理学院学报,2008,26(2):72-74.
[38] 王宝.危险化学品企业实施安全评价工作绩效分析[J].中国安全生产科学技术,2007,3(5):130-134.
[39] 王长建,傅贵.安全绩效指标探讨[J].矿业研究与开发,2007,27(6):92-94.
[40] 王慧.探究企业绩效考核评价管理中存在的不足与解决策略[J].纳税,2019,13(20):257,259.
[41] 王金凤,刘振锋,冯立杰,等.煤矿安全投入与安全绩效的系统动力学[J].辽宁工程技术大学学报(自然科学版),2011,30(2):182-185.
[42] 王庆,毕津源,吕德全.甘肃实施预算绩效管理存在的问题及对策[J].财会研究,2021(11):13-19.
[43] 王廷春,孙德青,于菲菲,等.安全管理绩效模糊综合评价研究[J].中国安全生产科学技术,2012,8(3):185-188.
[44] 王燕青,徐晶,李楹.基于全过程的航空公司签派员安全绩效考核指标体系设计[J].安全与环境学报,2013,13(6):228-231.
[45] 王永刚,高宇恒.中大型机场停机坪安全风险分析与对策研究[J].安全与环境学报,2018,18(5):1716-1722.
[46] 王永刚,王灿敏.基于 ISM 和 ANP 的航空公司安全绩效影响因素研究[J].安全与环境学报,2013,13(4):221-226.
[47] 杨菀彤.探析绩效管理在企业发展中的作用[J].中国集体经济,2019(34):102-103.
[48] 杨修平.绩效管理流程中的实践策略及应用技术[J].改革与战略,2015,31(4):74-77,162.
[49] 由昌江.如何在建筑工程安全管理中应用绩效管理[J].祖国,2018(10):73.
[50] 张潮,王本涛,周剑.机场场务保障安全风险评估指标体系构建[J].交通企业管理,2014,29(4):59-61.

[51] 赵黎明,李振华. 对企业员工工作绩效考核问题的探讨[J]. 科技管理研究,2001,21(5):39-42.

[52] BLAIR E. Culture & leadership: seven key points for improved safety performance [J]. Professional safety,2003,48(6):18-22.

[53] COOPER D. Improving safety culture: a practical guide[M]. Chichester: John Wiley & Sons,1998.

[54] REASON J. Human error [M]. Cambridge:Cambridge University Press,1990.

[55] REASON J. Human error: models and management[J]. BMJ,2000,320(7237):768-770.

[56] SHANNON H S, WALTERS V, LEWCHUCK W, et al. Workplace organizational correlates of lost-time accident rates in manufacturing[J]. Cancers,1996,29(3):258-268.

[57] STEWART J M. Managing for world class safety [M]. New York:John Wiley & Sons,2001.

[58] ZOHAR D. Safety climate in industrial organizations: theoretical and applied implications [J]. Journal of applied psychology, 1980, 65 (1): 96-102.